冶金工业出版社

普通高等教育“十四五”规划教材

# 公路工程技能实训教程

主　编　张铁志
副主编　田　帅　林增华　张　晏
　　　　王　琰　陈　雷
主　审　潘宝峰

扫码获取教学资源

北　京
冶　金　工　业　出　版　社
2023

## 内容提要

本书根据道路桥梁与渡河工程专业生产实习要求编写。全书分9章，内容按路桥工程不同阶段的工作编排。

本书主要供道路桥梁与渡河工程专业实践环节的教学使用，可作为土木工程专业、道桥专业、公路工程造价、公路工程试验检测专业等专业课用书及生产实习用书。也可作为公路工程管理人员培训用书及在职人员继续教育和参考用书。


**图书在版编目(CIP)数据**

公路工程技能实训教程/张铁志主编. —北京：冶金工业出版社，2023.8

普通高等教育“十四五”规划教材

ISBN 978-7-5024-9626-5

Ⅰ.①公… Ⅱ.①张… Ⅲ.①道路工程—施工管理—高等学校—教材 Ⅳ.①U415.1

中国国家版本馆CIP数据核字(2023)第163342号

**公路工程技能实训教程**

| | | | |
|---|---|---|---|
| 出版发行 | 冶金工业出版社 | 电　话 | (010)64027926 |
| 地　址 | 北京市东城区嵩祝院北巷39号 | 邮　编 | 100009 |
| 网　址 | www.mip1953.com | 电子信箱 | service@mip1953.com |

责任编辑　王悟君　美术编辑　吕欣童　版式设计　郑小利

责任校对　石　静　责任印制　禹　蕊

三河市双峰印刷装订有限公司印刷

2023年8月第1版，2023年8月第1次印刷

787mm×1092mm　1/16；11.5印张；279千字；176页

**定价49.00元**

**投稿电话　(010)64027932　投稿信箱　tougao@cnmip.com.cn**

**营销中心电话　(010)64044283**

**冶金工业出版社天猫旗舰店　yjgycbs.tmall.com**

(本书如有印装质量问题，本社营销中心负责退换)

# 前　言

党的二十大报告第五部分“实施科教兴国战略，强化现代化建设人才支撑”明确指出，教育、科技、人才是全面建设社会主义现代化国家的基础性、战略性支撑。必须坚持科技是第一生产力、人才是第一资源、创新是第一动力，深入实施科教兴国战略、人才强国战略、创新驱动发展战略，开辟发展新领域新赛道，不断塑造发展新动能新优势。道桥专业作为国家基础设施建设的重要专业，更要坚持教育优先发展、科技自立自强、人才引领驱动，坚持为党育人、为国育才，全面提高人才自主培养质量。

为推进高校教学建设与改革，解决好应用型人才培养方面存在的突出问题，全面贯彻《教育部关于本科高校向应用型转变的指导意见》，我们根据多年从事公路工程实践的经验，依据交通土建专业培养目标，编写了《公路工程技能实训教程》。

在交通土建类基础设施快速发展的今天，生产实践能力强的应用型人才需求量很大。作为培养人才的高等院校，必将紧跟时代步伐，加快具备动手操作能力的人才的培养与输出。

目前，国内具有土建类专业的大多数高等院校在培养方案中都设置了生产实习或其他类实践实训环节，各个学校在教学中的做法不尽相同，但都希望有一本教材或指导书来规范实践环节的操作，使其教学效果更好，同时也解决实训环节不好分配任务、不好管理的问题。

本书可作为公路工程管理、道路勘测设计、路基路面工程、公路工程概预算、测量学等课程的配套教材，编写内容的基本顺序就是基本建设程序，每一部分均以案例为重点体现，以适应社会需要为目标，以“应用”为主旨，使学生真正能够上手，针对性和实用性强。本书主要供道路桥梁与渡河工程专业实践环节的教学使用，也可供从事公路工程管理、设计、施工、招投标的各类人员参考。

本书由辽宁科技大学张铁志教授主编，大连理工大学潘宝峰教授主审。

参加本书编写的还有辽宁科技大学田帅、林增华、张晏、孙立霞、王玉杰，仇成竹、费爱萍等几位教师；为使本教材内容紧密结合生产实际，实现校企合作，特邀中国建筑第四工程局有限公司王琰、鞍山公路工程有限公司陈雷作为副主编参加了本书的编写与校核工作。

本书参考了一些案例等资料，对涉及各方面的单位和个人深表谢意。

鉴于编者水平所限，书中不妥之处，诚请读者提出宝贵意见，来函请寄辽宁科技大学道路与桥梁工程系（邮编 114051），以便及时修订。

编　者

2023 年 2 月

# 目　　录

# 1 绪 论

第 1 章课件

**本章摘要：**

介绍了基本建设程序及其必要性、实训的目的与任务、形式与组织、内容与要求。

## 1.1 建设程序及其必要性

自改革开放以来，我国的道路、桥梁等基础设施建设迅猛发展。2022 年底，我国桥梁总数已超过 110 万座，居世界首位，其中公路桥梁 103. 32 万座，铁路桥梁约 10 万座，在世界跨径排名前十的拱桥、斜拉桥、悬索桥中，中国均已超过了半数。目前全国公路通车总里程达到 535. 48 万千米，其中高速公路里程达 17. 73 万千米，位居世界第一。道路工程的新材料、新工艺、新方法都取得了重大突破。截至 2022 年底，全国铁路营业里程达 15. 5 万千米，其中高速铁路达 4. 2 万千米，位居世界第一，高铁已成为当代中国的一张亮丽名片。交通基础设施建设需要懂技术、懂管理、懂经济、懂法律的高级应用型专门人才，需要大国工匠。特别是“一带一路”建设，使得交通基础设施在数量和质量上形成了可持续发展的趋势。

建设程序是在长期工程建设实践中总结出来的，应该遵循的内在规律。“先勘察、后设计、再施工”就是最基本的程序。建设程序不是一成不变的，是随人们认识的不断深化而完善的。建设程序是对基本建设项目从酝酿、规划到建成、投产所经历的整个过程中的各项工作开展先后顺序的规定，它反映工程建设各个阶段之间的内在联系，是从事建设工作的各有关部门和人员都必须遵守的原则。

我国按照基本建设的技术经济特点及其规律性，规定基本建设程序分为八个步骤。步骤的顺序不能任意颠倒，但可以合理交叉，这些步骤的先后顺序是：

（1）编制项目建议书。对建设项目的必要性和可行性进行初步研究，提出拟建项目的轮廓设想。

（2）开展可行性研究和编制设计任务书。具体论证和评价项目在技术和经济上是否可行，并对不同方案进行分析比较；可行性研究报告作为设计任务书（也称计划任务书）的附件，设计任务书对是否上这个项目，采取什么方案，选择什么建设地点，做出决策。

（3）进行设计。从技术和经济上对拟建工程作出详尽规划。大中型项目一般采用两段设计，即初步设计与施工图设计。技术复杂的项目，可增加技术设计，按三个阶段进行。

（4）安排计划。可行性研究和初步设计，送请有条件的工程咨询机构评估，经认可，报计划部门，经过综合平衡，列入年度基本建设计划。

（5）进行建设准备。包括征地拆迁，搞好“三通一平”（通水、通电、通道路、平整土地），落实施工力量，组织物资订货和供应，以及其他各项准备工作。

（6）组织施工。准备工作就绪后，提出开工报告，经过批准，即开工兴建；遵循施工程序，按照设计要求和施工技术验收规范，进行施工安装。

（7）生产准备。生产性建设项目开始施工后，及时组织专门力量，有计划、有步骤地开展生产准备工作。

（8）验收投产。

近几十年来主要的变化是在工程建设中实行了决策咨询评估制度、工程招投标制度、建设监理制度和项目法人制度。公路工程基本建设程序阶段如图 1-1 所示。

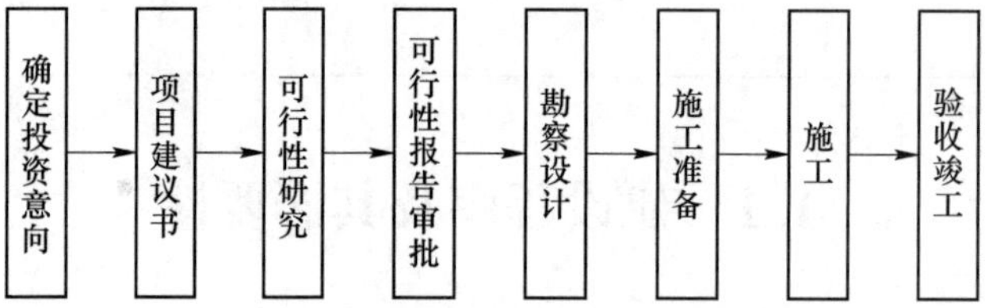


图 1-1　公路工程基本建设程序阶段

建设项目在运作过程中的各个阶段，都需要多个单位的密切配合，都有多个单位的职能与责任的交叉与划分。各个阶段需要哪些政策性或规范性文件，需要哪些部门或单位的决策、批复和执行，作为某一环节的工作人员，需要完成哪些工作和任务、掌握哪些能力或技能，工作处于什么阶段和状态，这些都是需要清楚和掌握的内容。

## 1.2　实训的目的与任务

作为实践的重要环节，实训的主要目的是了解交通土建建设过程和周期，掌握各个阶段的工作内容及所需的技能，以便更好地适应未来的工作。实训的主要任务是学会并独立完成各个阶段的主要工作，基本具备上手操作的能力。

## 1.3　实训的形式与组织

实训内容针对不同阶段不同课程设置，主要形式有编制前期文件、撰写公文、工程设计、编制招投标文件、试验检测、测量操作及工程管理等。组织形式以班级为单位，通过案例及模拟现场进行。

## 1.4　实训的内容与要求

实训的内容包括项目建议书、预可研、可研、设计任务书、初步设计、技术设计、施工图设计、工程概算、工程预算、招标、投标、室内主要试验、桥隧工程室内主要试验、路基路面现场主要检测、桥隧现场主要检测、工程质量管理方案措施文件、工程进度管理方案措施文件、工程费用管理方案措施文件、工程质量验收、工程质量评定、纬地软件应用、迈达斯（桥博士）软件工程应用、水准、经纬测量、GPS与全站仪测量等。实训要求达到懂管理、懂技术、懂经济、懂程序、能上手，具有一定的实战能力。

## 思 考 题

(1) 公路工程基本建设程序分为哪几个步骤？

(2) 如何将实训的内容与各门课程结合起来？

# 2 公路项目决策阶段实训

第 2 章课件

**本章摘要：**

介绍了项目建议书、预可研、可行性研究，设计任务书的定义、作用和要求，并分别给出撰写提纲和案例。

## 2.1 项目建议书与预可研

项目建议书：项目建议书（又称项目立项申请书或立项申请报告）由项目承建单位或项目法人根据国民经济的发展、国家和地方中长期规划、产业政策、生产力布局、国内外市场、所在地的内外部条件，就某一具体新建、扩建项目提出的项目的建议文件，是对拟建项目提出的框架性的总体设想。它要从宏观上论述项目设立的必要性和可能性，把项目投资的设想变为概略的投资建议。

项目建议书是由项目投资方向其主管部门上报的文件，目前广泛应用于项目的国家立项审批工作中。它要从宏观上论述项目设立的必要性和可能性。项目建议书的呈报可以供项目审批机关作出初步决策。它可以减少项目选择的盲目性，为下一步可行性研究打下基础。

对于大中型项目和一些工艺技术复杂、涉及面广、协调量大的项目，还要编制可行性研究报告。项目建议书是项目发展周期的初始阶段基本情况的汇总，是国家选择和审批项目的依据，也是制作可行性研究报告的依据。涉及利用外资的项目，只有在项目建议书批准后，才可以开展对外工作。

预可研：预可研是一种项目建设的工作程序，首先提出项目建议书，大项目随后做预可行性研究。在预可行性研究中，要从宏观上论证项目的必要性，为项目建议书提供必要的基础资料。工作内容包括：研究建设项目在路网中的意义和作用、邻接道路的能力制约及加强措施、设计线的客货运量调查、远期预测及设计能力、对地区国民经济发展的意义、外部协作条件及相关工程、线路走向、连接方案、主要技术标准的初步意见、建设年限、投资估算、资金筹措设想与经济评价、环保评价。

按照我国基本建设项目前期工作程序，分为投资机会研究、项目建议书、可行性研究、扩初设计等。每一个阶段所做的工作深度，投资预算的误差都有不同的要求。预可研阶段即编制项目建议书阶段，成品为项目建议书。

### 2.1.1 项目建议书的目的意义和要求

#### 2.1.1.1 目的和意义

（1）机会研究或规划设想的效益前途是否可信，是否可以在此阶段阐明的资料基础上得出投资建议的决策；

（2）建设项目是否需要和值得进行可行性研究的详尽分析；

（3）项目研究中有哪些关键问题，是否需要做专题研究；

（4）所有可能的项目方案是否均已审查甄选过；

（5）在已获资料基础上，是否可以决定项目有无足够吸引力和可行度。

#### 2.1.1.2 编制要求

根据现行规定，建设项目是指一个总体设计或初步设计范围内，由一个或几个单位工程组成，经济上统一核算，行政上实行统一管理的建设单位。因此，凡在一个总体设计或初步设计范围内经济上统一核算的主体工程、配套工程及附属设施，应编制统一的项目建议书；在一个总体设计范围内，经济上独立核算的各工程项目，应分别编制项目建议书；在一个总体设计范围内的分期建设工程项目，也应分别编制项目建议书。

项目建议书的编制同可行性研究报告一样属于工程咨询范畴，国家对工程咨询机构颁发甲、乙、丙三级工程咨询资质证书，全国具备工程咨询甲级资质的机构有几十家，例如中国产业竞争情报网、君略产业研究院、中国项目可行性研究中心、中元国际等。

#### 2.1.1.3 审批权限

目前，项目建议书要按现行的管理体制、隶属关系，分级审批。原则上，按隶属关系，经主管部门提出意见，再由主管部门上报，或与综合部门联合上报，或分别上报。

（1）大中型基本建设项目、限额以上更新改造项目，委托有资格的工程咨询、设计单位初评后，经省、自治区、直辖市、计划单列市计委及行业归口主管部门初审后，报国家计委审批，其中大型项目（总投资4亿元以上的交通、能源、原材料项目，2亿元以上的其他项目），由国家计委审核后报国务院审批。总投资在限额以上的外商投资项目，项目建议书分别由省计委、行业主管部门初审后，报国家计委会同外经贸部等有关部门审批；超过1亿美元的重大项目，上报国务院审批。

（2）小型基本建设项目，限额以下更新改造项目由地方或国务院有关部门审批。

1）小型项目中总投资1000万元以上的内资项目、总投资500万美元以上的生产性外资项目、300万美元以上的非生产性利用外资项目，项目建议书由地方或国务院有关部门审批。

2）总投资1000万元以下的内资项目、总投资500万美元以下的非生产性利用外资项目，本着简化程序的原则，若项目建设内容比较简单，也可直接编报可行性研究报告。

#### 2.1.1.4 准备工作

（1）确定项目建设的机构、人员、法人代表、法定代表人。

（2）选定建设地址，申请规划设计条件，做规划设计方案。

（3）落实筹措资金方案。

（4）落实供水、供电、供气、供热、雨污水排放、电信等市政公用设施配套方案。

（5）落实主要原材料、燃料的供应。

（6）落实环保、劳保、卫生防疫、节能、消防措施。

（7）外商投资企业申请企业名称预登记。

（8）进行详细的市场调查分析。

（9）编制可行性研究报告。

### 2.1.2 项目建议书编制案例

项目建议书研究内容包括进行市场调研、对项目建设的必要性和可行性进行研究，对项目产品的市场、项目建设内容、生产技术和设备及重要技术经济指标等分析，并对主要原材料的需求量、投资估算、投资方式、资金来源、经济效益等进行初步估算。

2.1.2.1 项目建议书格式

**一、总论**

1. 项目名称

2. 承办单位概况

新建项目指筹建单位情况，技术改造项目指原企业情况。

3. 拟建地点

4. 建设内容与规模

5. 建设年限

6. 概算投资

7. 效益分析

**二、项目建设的必要性和条件**

1. 建设的必要性分析

2. 建设条件分析

包括场址建设条件（地质、气候、交通、公用设施、征地拆迁工作、施工等）、其他条件分析（政策、资源、法律法规等）。

3. 资源条件评价（指资源开发项目）

包括资源可利用量（矿产地质储量、可采储量等）、资源品质情况（矿产品位、物理性能等）、资源赋存条件（矿体结构、埋藏深度、岩体性质等）。

**三、建设规模与产品方案**

1. 建设规模（达产达标后的规模）

2. 产品方案（拟开发产品方案）

**四、技术方案、设备方案和工程方案**

（一）技术方案

1. 生产方法（包括原料路线）

2. 工艺流程

（二）主要设备方案

1. 主要设备选型（列出清单表）

2. 主要设备来源

（三）工程方案

1. 建、构筑物的建筑特征、结构及面积方案（附平面图、规划图）

2. 建筑安装工程量及“三材”用量估算

3. 主要建、构筑物工程一览表

**五、投资估算及资金筹措**

（一）投资估算

1. 建设投资估算

先总述总投资，后分述建筑工程费、设备购置安装费等。

2. 流动资金估算

3. 投资估算表（总资金估算表、单项工程投资估算表）

（二）资金筹措

1. 自筹资金

2. 其他来源

**六、效益分析**

（一）经济效益

1. 销售收入估算（编制销售收入估算表）

2. 成本费用估算（编制总成本费用表和分项成本估算表）

3. 利润与税收分析

4. 投资回收期

5. 投资利润率

（二）社会效益

2.1.2.2　项目建议书范文

**一、项目概述**

项目名称：××道路建设工程

建设地点：××村民组

项目责任单位：××乡人民政府

项目责任人：

**二、项目建设的必要性**

××村民组位于××乡东南部东北与××市及本县家朋乡相接，东南毗邻××市××乡。该村民组现有农户 103 户，人口 373 人。境内有丰富的森林资源和得天独厚的旅游资源。独特的森林及地势山貌得到很多专家及旅游开发商的青睐。据林业部门森林资源调查，该地森林覆盖率达到 96%，木材储藏量 3.1$m^3$，山核桃年产量 25 吨，人均 1000 多千克。新种的山核桃约 500 多亩，产量将逐年攀升。

××道路的建成将成为以××乡通道为主干线与全乡××个村民组形成四通八达的交通网络，是实现县委提出的“一年一个样，三年大变样”战略目标，加快当地农村奔小康步伐，切实摆脱贫困村落后面貌的现实需要。当地群众改路、修路积极性很高，愿意集资、投劳。××道路建设将极大改善该区的交通条件，促进深山地区农民群众的经济发展，增加农民收入，实现共同富裕。

三、项目建设综合条件评价

（一）地形

项目区属于山丘区，四面崇山峻岭，中间地势平缓，是典型的盘地形状。整个项目区地势较高，平均海拔 720m 以上。

拟建路线与××道路相衔接，地形标高在 610~720m，全长 2.2km，路基宽 4.5m，行车道宽 3.5m。

（二）水文、气候、地质

溪流两边居住农户，溪水汇入××河流入钱塘江流域。

该地区属于亚热带季风湿润区，四季分明，雨量充沛，年平均降水量 1720mm，平均气温 12℃，极端最高气温 33℃，极端最低气温-12℃，无霜期 170 天。

项目区沿线大量分布花岗岩、石灰岩、平板岩与泥土混合，工程地质条件好，就地取材简易。

（三）筑路材料及运输条件

石料可采用路段边开采边利用方案，一举两得。间砂可在××河开采筛选。所需间砂、水泥、钢筋等材料以农用车运输为主，直接送往工程工地。

四、项目建设标准、规模

根据当地具体地理位置，发挥的作用和功能及经济发展的需要，再结合资金、施工技术等因素确定主线采用乡村道路建设标准，路线全长 2.2km，路面宽 4.5m（弯道 5~6m），最大纵坡 6%。

五、工程概算

人工工资：根据我乡相继几条道路建设惯例和当地农民群众修路的积极性，人工粗工工资不作编制说明，主要实行自愿投劳施工。技术工资根据基本建设工程的有关规定，技工 1500 工，按 40 元/工计算，计 6 万元。

材料：石料、河砂就地取材。原木按工程需要实行农民自愿捐助，不作编制说明。钢材 3t，按 3600 元/t，计 1.07 万元。水泥 70t，按 410 元/t（含运费），计 3.27 万元。炸药、雷管、钢钎及轰钻设备等估计 3 万元。

土地征用、三费补偿：水田征用 3 亩，按 1.4 万元/亩，计 4.2 万元。坡耕地 7.0 亩，按 0.8 万元/亩，计 5.6 万元。经济林补偿 6 万，共计 16.7 万元。

其他费用及不可预计费用 3 万元。

总计所需资金概算 33 万元。

六、工程的实施计划

根据当地农民生产、生活条件，结合该项目的特点，对工程进度如下安排：

2010 年 3 月前做路线测量、土地征用、房屋拆迁、经济林补偿等前期准备工作，6 月开工。

2010 年 7 月底完成土石方开挖，挡墙、路基、桥梁涵洞。

2010 年 10 月前完成排水沟及路面整平工作，并竣工通车。

**七、道路项目建议书范文结论**

××道路的建成解决了一村370多人交通，有利于乡村道路与主干线的合理衔接，提高区域内的综合运输能力，为深山区群众加快新农村建设奠定了基础，改善了投资环境，必将带动该地区自然资源的开发利用和相关产业的发展。因此，该项目实施是我乡经济发展和社会进步及加快我乡新农村建设的需要，是一项重要的民生工程，切实可行。建议上级给予批准建设和支持。

## 2.2 可行性研究

可行性研究报告，简称可研，是在制订生产、基建、科研计划的前期，通过全面的调查研究，分析论证某个建设或改造工程、某种科学研究、某项商务活动切实可行而提出的一种书面材料。

编制可行性研究报告的重要依据是批准的项目建议书。由项目建设单位法人代表，通过招投标或委托等方式，确定有资质的和相应等级的设计或咨询单位承担，项目法人应全力配合，共同进行这项工作。可行性研究报告，是项目建设程序中十分重要的阶段，必须达到规定要求，为组织审查、咨询金融等单位评估提供政策、技术、经济、科学的依据，为投资决策提供科学依据。可行性研究报告是确定建设项目前的具有决定性意义的工作，是在投资决策之前，对拟建项目进行全面技术经济分析论证的科学方法。

项目可行性研究报告主要是通过对项目的主要内容和配套条件，如市场需求、资源供应、建设规模、工艺路线、设备选型、环境影响、资金筹措、盈利能力等，从技术、经济、工程等方面进行调查研究和分析比较，并对项目建成以后可能取得的财务、经济效益及社会影响进行预测，从而提出该项目是否值得投资和如何进行建设的咨询意见，为项目决策提供依据的一种综合性的分析方法。可行性研究具有预见性、公正性、可靠性、科学性的特点。

可研报告的用途可分为审批性可研报告和决策性可研报告。审批性可研报告主要是项目立项时向政府审批部门申报的书面材料。根据国家投资体制改革要求，我国大部分地区，企业投资类项目采取项目备案制和项目核准制（编制项目申请报告）；政府性项目，使用财政资金的编制可研报告。可以细分为：

（1）用于企业融资、对外招商合作的可行性研究报告。此类研究报告通常要求市场分析准确、投资方案合理，并提供竞争分析、营销计划、管理方案、技术研发等实际运作方案。

（2）用于国家发展和改革委（以前的计委）立项的可行性研究报告。此文件是根据《中华人民共和国行政许可法》和《国务院对确需保留的行政审批项目设定行政许可的决定》而编写，是大型基础设施项目立项的基础文件，发改委根据可行性研究报告进行核准、备案或批复，决定某个项目是否实施。另外医药企业在申请相关证书时也需要编写可行性研究报告。

（3）用于银行贷款的可行性研究报告。商业银行在贷款前进行风险评估时，需要项目方出具详细的可行性研究报告，对于国家开发银行等国内银行，该报告由甲级资格单位出具，通常不需要再组织专家评审，部分银行的贷款可行性研究报告不需要资格，但要求融资方案合理、分析正确、信息全面。另外在申请国家的相关政策支持资金、工商注册时往往也需要编写可行性研究报告，该文件类似用于银行贷款的可研报告。

(4) 用于申请进口设备免税。主要用于进口设备免税用的可行性研究报告，申请办理中外合资企业、内资企业项目确认书的项目需要提供项目可行性研究报告。

(5) 用于境外投资项目核准的可行性研究报告。企业在实施“走出去”战略，对国外矿产资源和其他产业投资时，需要编写可行性研究报告报给国家发展和改革委或省发改委，需要申请中国进出口银行境外投资重点项目信贷支持时，也需要可行性研究报告。

在上述五种可研中，(2)(4)(5) 准入门槛最高，需要编写单位拥有工程咨询资格，该资格由国家发展和改革委员会颁发，分为甲级、乙级、丙级三个等级。

预可研是为建设项目能否立项提供决策咨询，可研是为建设项目投资决策提供咨询服务，两者的目的都是为建设前期提供立项和投资决策依据。预可研报告和可研报告的结构基本相同，主要区别在于掌握资料详细程度不同，前者内容深度较浅，后者内容深度深。

### 2.2.1 可行性研究的作用和要求

#### 2.2.1.1 可行性研究的作用

可行性研究是建设项目决策阶段最重要的工作。可行性研究的过程是深入调查研究的过程，也是多方案比较选择的过程。它一方面充分研究建设条件，提出建设的可能性。另一方面进行经济分析评估，提出建设的合理性。

可行性研究报告的作用概括起来有以下几个方面：

(1) 作为项目论证、审查、决策的依据。

(2) 作为编制设计任务书和初步设计的依据。

(3) 作为筹集资金，向银行申请贷款的重要依据。

(4) 作为与项目有关部门签订合作，协作合同或协议的依据。

(5) 作为引进技术，进口设备和对外谈判的依据。

(6) 作为环境部门审查项目对环境影响的依据。

#### 2.2.1.2 可行性研究的依据与要求

可行性研究的依据主要有：

(1) 项目建议书（或初步可行性研究报告）及其批复文件。

(2) 国家和地方的经济和社会发展规划、行业部门的发展规划。

(3) 有关法律、法规和政策。

(4) 有关机构发布的工程建设方面的标准、规范、定额。

(5) 拟建厂（场）址的自然、经济、社会概况等基础资料。

(6) 合资、合作项目各方签订的协议书或意向书。

(7) 与拟建项目有关的各种市场信息资料或社会公众要求等。

可行性研究的基本要求：1) 预见性；2) 客观公正性；3) 可靠性；4) 科学性。

### 2.2.2 可行性研究报告的编制纲要

第一章 项目总论
第二章 项目背景和发展概况
第三章 市场分析与建设规模
第四章 建设条件与地址选择
第五章 工厂技术方案
第六章 环境保护与劳动安全
第七章 企业组织和劳动定员
第八章 项目实施进度安排
第九章 投资估算与资金筹措
第十章 财务效益、经济与社会效益评价
第十一章 可行性研究结论与建议

## 2.3 设计任务书

### 2.3.1 设计任务书的定义、依据及要求

2.3.1.1 设计任务书的定义

设计任务书是确定工程项目和建设方案的基本文件，是项目承建单位或项目法人（业主）对工程项目设计提出的要求，是设计工作的指令性文件，也是编制设计文件的主要依据。进行可行性研究的工程项目，可以用批准的可行性研究报告代替设计任务书。

2.3.1.2 主要依据和设计要求

设计任务书的主要依据是批准的项目建议书和经过充分论证、审议的可行性研究报告。

设计任务书是对策划工作要点，通过系统的分析，得出决策性的文件。作为开发建设目标与规划设计工作方向的主要信息传递手段，设计任务书应较全面、准确地反映策划结论的主要信息点，使设计成果同样体现系统性、超前性、可行性和应变性的要求。

设计任务书中应包括如下的设计要求（不含设计依据基础资料、设计周期等程式内容）：

（1）设计成果的定性要求。包括设计内容应满足相关专业规范要求，材料设备选择，结构类型要求，整体风格要求，设计成果应满足基本要求和特殊要求。

（2）设计成果和定量要求。设计成果应符合上级对设计的要求及满足任务书所提供的主要技术经济指标。

（3）对未来项目的管理要求。设计成果应充分考虑未来项目建成后的管理需求。

（4）适应操作弹性的要求。设计工作应考虑建设项目分期开发的要求，设计过程中对可能引起的变更调整预先考虑。

（5）适当超前的设计要求。鼓励设计单位在满足设计要求的前提下，发挥能动性，力

争做到结构创新、设备创新、材料创新、工艺创新。

以上诸点设计要求演化为交通土建项目各组成部分的具体要求，即构成相对全面的设计任务书的具体内容，一份好的设计任务书，既可使设计单位得到明确的总体概念，又给设计单位留有充分的发挥空间。

### 2.3.2 设计任务书的编制

#### 2.3.2.1 设计任务书的内容

设计任务书一般应包括以下几方面内容：

（1）设计项目名称、建设地点。

（2）批准设计项目的文号、协议书文号及其有关内容。

（3）设计项目的用地情况，包括建设用地范围地形、场地内原有建筑物、构筑物、要求保留的树木及文物古迹的拆除和保留情况等。还应说明场地周围道路及建筑等环境情况。

（4）工程所在地区的气象、地理条件、建设场地的工程地质条件。

（5）水、电、气、燃料等能源供应情况，公共设施和交通运输条件。

（6）用地、环保、卫生、消防、人防、抗震等要求和依据资料。

（7）材料供应及施工条件情况。

（8）工程设计的规模和项目组成。

（9）项目的使用要求或生产工艺要求。

（10）项目的设计标准及总投资。

（11）建筑造型及建筑室内外装修方面要求。

#### 2.3.2.2 设计任务书案例

**××××湖西岸滨湖新区合作开发项目一期市政道路设计任务书**

**一、项目名称**

××××湖西岸滨湖新区合作开发项目一期市政道路管网工程。

**二、项目概况**

（1）工程地点。

项目位于××市经开区的××湖西岸地区南片区。四至范围：北至××市区东西主干道东海大道，东至环湖西路，南至环湖西路延伸段，西至××市区的南北主干道解放路。

（2）本次一期工程设计范围：

1）城市主干道一条：

宏业南路（东海大道—龙湖路—南湖路—龙滩路—铁东路），长约3107米，红线宽度40米，四幅路形式，双向六车道，沥青混凝土路面。

2）城市次干道四条：

① 南湖路（东海大道—龙湖路—环湖西路），长约1612米，红线宽度30米，三幅路形式，双向四车道，沥青混凝土路面。

② 环湖西路（龙湖路—公园南路—南湖路—龙滩路），长约2037米，三幅路形式，双向四车道，沥青混凝土路面。

③ 龙湖路（环湖西路—龙滩路），长约1646米，红线宽度30米，三幅路形式，双向四车道，沥青混凝土路面。

④ 龙滩路（东海大道—规划路—环湖西路），长约1941米，红线宽度30米，三幅路形式，双向四车道，沥青混凝土路面。

（3）设计依据：

《××市城市总体规划》（2005—2020年）；

《××龙子湖西岸地区控制性详细规划》（2007年12月）；

《××市经济技术开发区投资有限公司××市经济开发区综合环境整治市政部分岩土工程勘察报告》；

建设方、规划部门提供的其他相关设计资料，国家相关设计、施工及验收规范

（4）工程要求：

1）根据《××市城市总体规划》（2005—2020年）、《××××湖西岸地区控制性详细规划》（2007年）及《城市远景规划》，××湖西岸地区将建成××市新的城市中心区，包括新的行政管理中心、金融商务中心、信息文化中心、高端生活聚居区和城市建设示范区。为此，在道路设计时要求具有前瞻性、先进性，充分考虑设计与区域开发品质相一致。在实施方案上要做到切实可行，经济上合理。

2）区域内共有三条水系，分别为南北向河道、东西向河道及中央景观河道，在桥涵设计中应妥善处理好跨河景观桥与沿河路的关系。

3）规划南片区大部分区域地势较为低洼，应结合《蚌埠市城市防洪规划》做好区域内排水规划方案、防洪设计以及浸水路基段设计。

4）充分考虑外围区域客流出行特征，设计合理的线路平纵断面及和合理的交通配套方案，综合考虑公交接驳及港湾处理。

5）设计过程必须遵守有关城市道路设计有关方面的规定，并合国家有关规范和标准。

**三、设计内容**

按照国家城市道路设计规范标准完成以上五条市政道路初步设计包含（道路、雨污水管网、桥涵工程、道路交通工程等）、施工图设计及设计概算。

**四、设计深度与成果要求**

设计成果应符合国家关于城市市政道路设计标准，充分表达设计理念设计构思空间组织并与周边道路、河流和城市空间环境相协调。涉及成果主要内容包括：设计说明、总平面图、线型设计、造型设计、色彩设计、肌理设计、装饰设计、管线设计、排水管网设计、纵断面图、横断面图、鸟瞰图、效果图等，图件比例以及工程设计概算等设计文件统一按A3规格装订成册，共提供10套，另附电子文档一套。

**五、时间要求**

由于园区道路施工在即，要求在我方递交设计条件20天后完成以上五条道路初步设计任务并完成审查工作，15天后完成五条道路完整施工图。

## 思 考 题

(1) 项目建议书、预可研；可研的关系如何？

(2) 设计任务书包括哪些内容？

# 3 公路工程基本建设项目设计文件编制实训

第 3 章课件

**本章摘要：**

主要介绍设计阶段的划分，阐述初步设计、技术设计、施工图设计的目的与要求、组成与内容。

## 3.1 设计阶段

公路工程基本建设项目一般采用两阶段设计，即初步设计和施工图设计。对于技术简单、方案明确的小型建设项目，可采用一阶段设计，即一阶段施工图设计；技术上复杂而又缺乏经验的建设项目或建设项目中的个别路段、特殊大桥、互通式立体交叉、隧道等，必要时采用三阶段设计，即初步设计、技术设计和施工图设计。

初步设计应根据批准的设计任务书（或测设合同）和初测资料编制。

一阶段施工图设计应根据批准的设计任务书（或测设合同）和定测资料编制。

两阶段设计时，施工图设计应根据批准的初步设计和定测资料编制。

三阶段设计时，技术设计应根据批准的初步设计和补充初测（或定测）资料编制；施工图设计应根据批准的技术设计和定测（或补充定测）资料编制。

采用一阶段设计的建设项目，编制施工图预算。

采用两阶段设计的，初步设计编制设计概算；施工图设计编制施工图预算。

采用三阶段设计的，初步设计编制设计概算；技术设计编制修正概算；施工图设计编制施工图预算。

## 3.2 初步设计

### 3.2.1 目的与要求

#### 3.2.1.1 初步设计目的

初步设计应根据设计任务书（或测设合同）的要求，拟定修建原则，选定设计方案，计算主要工程数量，提出施工方案的意见，编制设计概算，提供文字说明及图表资料。初步设计文件经审查批准后，则为订购或调拨主要材料、机具、设备，安排重大科研试验项目，联系征用土地，进行施工准备，编制施工图设计文件及控制建设项目投资的依据。

采用三阶段设计时，批准的初步设计也为编制技术设计文件的依据。

3.2.1.2 初步设计要求

（1）选定路线设计方案，初步确定路线位置。

（2）调查沿线地质、水文、气候、地震等情况，进行必要的土工、材料试验。

（3）调查沿线筑路材料的质量、储量及运输情况。

（4）初步确定排水系统与防护工程的位置、结构形式和基本尺寸。

（5）初步拟定路基标准横断面和特殊路基横断面及沿线路基取土、弃土方案，计算路基土石方数量并进行必要的调配。

（6）初步选定路面设计方案，拟定路面结构类型及尺寸。

（7）初步选定大中桥桥位及设计方案。

（8）初步确定小桥、涵洞、漫水桥及过水路面等的位置、结构形式及主要尺寸。

（9）初步确定隧道位置及设计方案。

（10）初步选定路线与铁路、公路交叉的位置、形式及结构类型。

（11）初步确定通道和人行天桥的位置、形式及结构类型。

（12）初步确定沿线设施的位置、形式及结构类型。

（13）初步确定环境保护的内容，措施及方案。

（14）初步确定占用土地，拆迁建筑物及电力、电讯等设施的数量。

（15）提出需要试验、研究的项目。

（16）计算各项工程数量。

（17）初步拟定施工方案。

（18）计算人工及主要材料、机具、设备的数量。

（19）编制设计概算。

### 3.2.2 组成与内容

初步设计文件由下列十一篇组成：

第一篇 总说明书；

第二篇 路线；

第三篇 路基、路面；

第四篇 桥梁、涵洞；

第五篇 隧道；

第六篇 路线交叉；

第七篇 沿线设施及其他工程；

第八篇 环境保护；

第九篇 筑路材料；

第十篇 施工方案；

第十一篇 设计概算。

## 第一篇　总说明书

**一、路线地理位置**

图示出路线在交通网络中的关系及沿线主要城镇、工矿区等的概略位置。

**二、说明书**

（一）概述

（1）任务依据。

（2）设计标准。

（3）测试经过。

（4）路线起讫点、中间控制点、全长，所经主要河流、垭口及城镇等。

（5）沿线地形、地质、地震、气候、水文等自然地理特征。

（6）占用土地，与城镇规划及其他建设工程的协调情况。

（7）新技术采用情况。

（8）下一阶段需要进行实验、研究的项目。

（9）省、自治区、直辖市及有关部门对重大问题的意见，当地人民群众的要求和采纳情况。

（10）需要说明的其他事项。

（二）路线

（1）主要技术指标采用情况。

（2）路线布设情况及方案比选的论证，列出比较结果并提出推荐方案。

（3）下一阶段应解决的问题及注意事项。

（三）路基、路面

（1）一般路基设计原则及依据。

（2）土工试验资料的分析成果。

（3）不良地质地段及特殊地区路基设计原则及设计方案的论证。

（4）路基路面排水系统及防护工程设计情况。

（5）路面设计原则及依据，结构类型比选的论证。

（6）下一阶段应解决的问题及注意事项。

（四）桥梁、涵洞

（1）桥涵设计标准采用情况。

（2）沿线桥涵分布情况。

（3）逐座说明大桥和复杂中桥的流域及河段特征，桥位处地质、水文情况，通航要求，桥位方案比选，水文计算及孔径确定，桥型方案比选的论证，施工方案等。一般中桥可简要叙述或列表说明结构类型的选择、水文计算及孔径的确定。

（4）小桥涵结构类型的选择、孔径计算的依据，漫水桥、过水路面设置理由。

（5）下一阶段应解决的问题及注意事项。

（五）隧道

（1）设计原则及净空标准。

（2）逐处说明隧道（包括明洞）的位置、长度，设置理由，方案比选（包括隧道与明线方案）的情况。

（3）逐处说明工程地质、水文地质及地震情况，结构类型（包括衬砌类型）的确定，防、排水措施，抗震措施，通信、消防设施，通风、照明设计以及300米以上隧道施工方案的说明。

（4）下一阶段应解决的问题及注意事项。

（六）路线交叉

（1）逐处说明互通式立体交叉的平面位置、设置理由、交通量（现状、预测及分配）、设计标准、工程地质、布置形式、排水措施及方案比选等情况。

（2）分离式立体交叉的位置、设计标准、结构类型、排水措施以及方案比选等情况（跨线桥相当于小桥的，可列表说明）。

（3）主要平面交叉的位置、设计原则、采用形式及其比选情况。

（4）通道和人行天桥的设置原则、设计标准。

（5）下一阶段应解决的问题及注意事项。

（七）沿线设施及其他工程

（1）分项说明安全设施（护栏、防眩、照明、防护网等）、服务设施（车站、加油站、修理站、公共汽车停靠站、停车场、公用电话、休息区、服务区等）、管理设施（标志、标线、信号、通信系统、监测系统、控制系统、公路管理及养护用房等）的布置原则和方案。

（2）渡口码头的布置原则和方案。

（3）悬出路台、防雪走廊等其他工程的设置理由及设计原则。

（4）沿线水利设施迁、建理由及处理情况。

（5）下一阶段应解决的问题及注意事项。

（八）环境保护

（1）环境保护设计的依据。

（2）工程建设可能对周围环境的影响及其评价。

（3）环境保护设施的设计方案。

（4）下一阶段应解决的问题及注意事项。

（九）筑路材料

（1）沿线筑路材料种类、质量、储量与运距的说明。

（2）主要料场分布情况。

（3）有关采、购、运输等情况。

（4）下一阶段应解决的问题及注意事项。

（十）施工方案

（1）施工组织、施工力量和施工期限的安排。

（2）主要工程和控制工期的工程及特殊工程的施工方案。

（3）主要材料的供应，机具、设备的配备及临时工程的安排。

（4）下一阶段应解决的问题及注意事项。

（十一）设计概算

（1）概算编制的原则、依据，编制范围和总概算额。

（2）下一阶段应解决的问题及注意事项。

**三、路线平、纵面缩图**

平面缩图应示出路线（包括比较方案）起讫点、5千米（或10千米）标、控制点、地形、主要城镇、与其他交通路线的关系以及县以上境界。简明标出大中桥、隧道、主要路线交叉、主要沿线设施等的位置和形式。比例尺用1：50000~1：200000。平面缩图也可用相片略图绘制。

纵断面缩图绘于平面缩图之下，简明示出主要地名、垭口、河流、大中桥、隧道及主要路线交叉等的位置、名称与高程，分段注明地质概况。水平比例尺与平面缩图相同或与其长度相适应，垂直比例尺用1：1000~1：20000。

**四、主要技术经济指标表**

**五、附件**

批准的设计任务书（或测设合同）、有关协议和纪要等抄件。

## 第二篇　路线

**一、路线平面图**

示出地形、地物、导线点、路线位置及里程桩号、断链、大型构造物位置、水准点、平曲线要素以及县以上境界等。高等级公路（指高速公路和一级公路，下同）还应示出坐标网格、三角点、互通式立体交叉形式示意及主要沿线设施的位置等。比例尺用1：2000，平原、微丘地区也可用1：5000。路线平面图也可用影像地图绘制。比较方案可与推荐方案合并绘在一张平面图上，也可分开绘制。

**二、路线纵断面图**

示出地面线、设计线、断链、竖曲线、坡度及坡长、变坡点高程，大中桥和立体交叉的位置、结构类型、孔数及跨径，隧道的位置，以及影响路基设计的地下水位等。高等级公路加绘小桥涵、通道、人行天桥等的位置。图的下部各栏示出地质概况、里程桩号、直线及平曲线（包括缓和曲线，高等级公路尚应示出缓和曲线长度及其参数）等。水平比例尺与平面图一致，垂直比例尺相应地用1：200或1：500。比较方案的纵断面图应单独绘制。

**三、路线概略透视图**

对于高等级公路某些路段平面、纵面和横断面的配合需要检验的，应绘制本图。

**四、工程地质平面图**

图中示出地层年代符号、岩土类型界限、地质构造、主要构造物、村镇地名，路线、比较线、沿线不良地质地段及其里程桩号等。比例尺用1：10000~1：200000。不良地质地段应另绘比例尺为1：2000~1：10000的工程地质平面图。除高等级公路外，其他等级公路也可绘制不良地质地段的工程地质平面图。

**五、工程地质纵断面图**

图中示出高程、试坑、钻孔及地质构造等，下部各栏示出地质概况、里程桩号等。水平比例尺用1：2000~1：200000，垂直比例尺相应地用1：200~1：20000。不良地质地段应另绘水平比例尺为1∶2000~1∶10000，垂直比例尺相应地为1∶200~1∶1000的工程地质纵断面图。除高等级公路外，其他等级公路也可绘制不良地质地段的工程地质纵断面图。工程地质纵断面图也可与路线纵断面图合并绘制。

**六、公路用地表**

**七、拆迁建筑物表**

**八、拆迁电力、电讯及其他管线设施表**

**九、赔偿树木、青苗数量表**

**十、不良地质地段表**

## 第三篇　路基、路面

**一、路基标准横断面图**

**二、路基特殊设计图**

**三、路基土石方数量表**

**四、取土、弃土表**

**五、路基路面排水工程表**（包括排水沟、截水沟、边沟、跌水、急流槽、渗沟、渗井、盲沟等）

**六、路基防护工程表**（包括挡土墙、驳岸、护岸、护墙、防水堤坝和边坡加固等）

**七、路面表**

**八、路面结构方案图**

示出自然区划、设计参数，并分别示出推荐方案和比较方案的路面结构与厚度，列出主要工程、材料数量。

## 第四篇　桥梁、涵洞

**一、沿线水系分布示意图**

**二、桥梁表**（包括漫水桥）

**三、大中桥设计图**

（一）桥位平面图

大桥及复杂中桥应绘制本图。标出地形、桥梁位置及调治构造物、防护工程等。比例尺用1∶500~1∶2000。也可用影像地图或相片平面图绘制。比较桥位与推荐桥位除相距过远者外，一般应绘在同一张图上。

（二）桥位工程地质平面图

地质特殊复杂的大桥应绘本图。比例尺用1∶500~1∶2000。

（三）桥位工程地质纵断面图

大桥及复杂中桥应绘制本图。水平比例尺用1∶200~1∶5000，垂直比例尺相应地用1∶20~1∶500。也可与桥型布置图合并绘制。

（四）桥型布置图

绘出推荐桥型方案（包括主要调治构造物和防护工程）的立面（或纵断面）、平面、横断面。标出河床断面、地质分界线、特征水位、冲刷深度、墩台基础埋置深度、桥面纵坡等。当为弯桥或斜桥时，还应示出桥轴半径、水流方向及斜交角度。列出主要工程、材料数量（有比较方案时，可一并列在桥型比较方案图中）。比例尺用1∶200~1∶2000。

（五）桥型比较方案图

大桥及复杂中桥应绘制本图，内容与桥型布置图相同，但除弯桥或斜桥外，不绘平面。比例尺用1：200~1：2000。

**四、涵洞表**

**五、过水路面表**

## 第五篇　隧道

**一、隧道表**

**二、隧道设计图**

（一）隧道平面图

示出地形、地质、洞身及洞口布置、里程桩号等。比例尺用1：500~1：5000。

（二）隧道纵断面图

示出里程桩号、高程、地质、围岩类别、无衬砌段、有衬砌段及其衬砌形式和厚度等。水平比例尺用1：500~1：5000，垂直比例尺一般用1：50~1：500，也可视具体情况选用较小比例尺。纵断面可绘在平面图的下方，也可分开绘制。

（三）隧道横断面图

绘出洞门和洞身横断面图，示出净空限界。列出主要工程、材料数量。比例尺用1：50~1：500。

（四）隧道方案比较图

有比较方案时应绘制本图（包括平、纵、横面），并列出各方案的主要工程、材料数量。比例尺一般用1：500~1：5000。

## 第六篇　路线交叉

**一、互通式立体交叉表**

**二、互通式立体交叉设计图**

（一）互通式立体交叉交通量分布图

（二）互通式立体交叉平面图

参照路线平面图绘制，图中还应示出被交叉公路、匝道、变速车道、跨线桥及其交角，注出排水和主要附属设施的位置。比例尺用1：500~1：2000。并附布置形式方案比较表。

（三）互通式立体交叉纵断面图

分别绘出主线、非交叉公路和匝道的纵断面图，其内容与路线纵断面图相同。水平比例尺用1：2000，垂直比例尺用1：200。

（四）主线（或被交叉公路）跨线桥桥型布置图

内容及要求参照大中桥桥型布置图。

（五）主线（或被交叉公路）跨线桥桥型比较方案图

内容及要求参照大中桥桥型比较方案图。

（六）匝道跨线桥桥型布置图

内容及要求参照大中桥桥型布置图。

（七）匝道跨线桥桥型比较方案图

内容及要求参照大中桥桥型比较方案图。

**三、分离式立体交叉表**

**四、分离式立体交叉设计图**

（一）分离式立体交叉平面图

内容及要求参照大中桥桥位平面图，并标出被交叉公路或铁路、跨线桥及其交角、里程桩号和平曲线要素等。

（二）分离式立体交叉桥型布置图

内容及要求参照大中桥桥型布置图。有比较方案时，应加绘比较方案图，内容及要求参照大中桥桥型比较方案图。

当跨线桥属于小桥范围时，只列表，不绘设计图。

**五、通道、人行天桥表**

**六、通道一般布置图**

**七、人行天桥一般布置图**

**八、平面交叉表**

**九、平面交叉布置图**

复杂的平面交叉（如环形、渠化等）应绘制本图。标出地形、路线、被交叉公路或铁路、交通岛，注出里程桩号等。比例尺用 1∶200~1∶2000。

**十、管线交叉表**

## 第七篇　沿线设施及其他工程

**一、安全设施表**

包括护栏、防眩、照明、防护网等。

**二、安全设施一般布置图**

比例尺用 1∶500~1∶2000。

**三、服务设施表**

包括车站、加油站、修理站、公共汽车停靠站、停车场、公用电话、休息区、服务区等。

**四、服务设施一般布置图**

比例尺用 1∶500~1∶2000。

**五、管理设施表**

包括标志、标线、信号、通信系统、监测系统、控制系统、公路管理及养护用房等。

**六、管理设施一般布置图**

比例尺根据需要确定。

**七、渡口码头表**

**八、渡口码头平纵面布置图**

平面图比例尺用 1∶500~1∶2000；纵断面水平比例尺与平面图一致，垂直比例尺相应地用 1∶50~1∶200。

**九、其他工程表**

包括改移河道、悬出路台、防雪走廊以及线外灌溉涵洞、渡槽、水渠等沿线水利设施的移动或迁建等。

**十、其他工程一般布置图**

比例尺根据需要确定。

**第八篇　环境保护**

**一、环境保护设施表**

包括隔音墙、绿化等。

**二、环境保护工程布置图**

比例尺根据需要确定。

**第九篇　筑路材料**

**一、沿线筑路材料料场表**

**二、主要材料试验资料表**

**三、沿线筑路材料供应示意图**

示出路线的里程桩号、大中桥、隧道、立体交叉、大型挡土墙及两侧主要料场的相互位置，材料土路里程桩号及距离。大桥、隧道、互通式立体交叉应各自分别计算运距；路面及其他构造物等可全线或分段计算平均运距，其中复杂中桥和分离式立体交叉及大型挡土墙也可分别计算运距。

**第十篇　施工方案**

**一、人工、主要材料及机具、设备安排表**

**二、工程概略进度图**

根据劳动力、施工期限、施工条件以及施工方案进行概略安排。

**三、临时工程一览表**

**第十一篇　设计概算**

设计概算应按交通部现行《公路工程概算定额》和《公路基本建设工程概、预算编制办法》的规定编制。

## 3.3 技术设计

### 3.3.1 目的与要求

技术设计应根据批准的初步设计及审批意见，对重大、复杂的技术问题通过科学试验、专题研究、加深勘探调查及分析比较，解决初步设计中未能解决的问题，落实技术方案，计算工程数量，提出修正的施工方案，修正设计概算。批准后则为编制施工图设计的依据。

技术设计应根据初步设计的审批意见和需要解决的技术问题，满足下列相应的有关要求：

(1) 对初步设计所定设计方案详细研究，进一步比选和修改；

(2) 补充必要的地质、水文、气候、地震和地质钻探资料，以及土工、材料、结构试验成果；

(3) 提出科研试验成果、专题报告；

(4) 基本确定路线位置；
(5) 基本确定特殊路基的断面形式和尺寸；
(6) 基本确定路基路面排水系统和防护工程的位置、结构形式和尺寸；
(7) 基本确定沿线路基取土及弃土位置，计算路基土石方数量，并进行必要调配；
(8) 基本确定路面设计方案和各路段的路面结构类型及尺寸；
(9) 基本确定大中桥桥位及设计方案；
(10) 基本确定小桥、涵洞、漫水桥、过水路面等的位置、结构类型及尺寸；
(11) 基本确定隧道位置及设计方案；
(12) 基本确定路线交叉的位置、形式及结构类型；
(13) 基本确定沿线设施的位置及类型；
(14) 基本确定环境保护的措施及方案；
(15) 计算占用土地、拆迁建筑物及电力、电讯等设施的数量；
(16) 计算各项工程数量；
(17) 计算人工及主要材料、机具、设备的数量；
(18) 提出修正的施工方案；
(19) 编制修正概算。

### 3.3.2　组成与内容

公路工程建设项目（包括独立工程建设项目如独立大桥）的技术设计文件，应根据技术设计的目的与要求以及工程需要解决的技术问题，参照有关规定编制，其深度介于初步设计和施工图设计之间。

对于公路工程建设项目中某些路段或特殊大桥、立体交叉、隧道等的技术设计文件，除按规定编制外，还必须对整个建设项目的总说明书和总概算加以修正。

## 3.4　施工图设计

### 3.4.1　目的与要求

(1) 两阶段（或三阶段）施工图设计应根据批准的初步设计（或技术设计），进一步对所审定的修建原则、设计方案、技术决定加以具体和深化，最终确定各项工程数量，提出文字说明和适应施工需要的图表资料以及施工组织计划，并编制施工图预算。

(2) 一阶段施工图设计应根据批准的设计任务书（或测设合同）的要求，拟定修建原则，确定设计方案和工程数量，提出文字说明和图表资料以及施工组织计划，编制施工图预算，满足审批的要求，适应施工的需要。

(3) 施工图设计应：

1) 确定路线具体位置。

2) 确定路基超高、加宽，计算土石方数量并进行调配；确定取土、弃土的位置。

3) 确定路基特殊设计的结构类型及尺寸。

4) 确定路基路面排水系统和防护工程的结构类型及尺寸。

5）确定各路段的路面结构类型及尺寸。

6）确定大中桥的位置、孔数及跨径、结构类型及各部尺寸，绘制结构设计图；确定小桥、涵洞、漫水桥、过水路面等的位置、孔数及跨径、结构类型及各部尺寸，绘制布置图，特殊设计的应绘制特殊设计详图。

7）确定隧道及其附属设施的形式和尺寸，绘制布置图和设计详图。

8）确定路线交叉形式、结构类型及各部尺寸，绘制布置图及必要设计详图。

9）确定沿线设施各项工程位置、类型及各部尺寸，绘制布置图和设计详图。

10）落实沿线筑路材料的质量、储量及运距。

11）确定环境保护设施位置、类型及数量、绘制必要的布置图和设计详图。

12）计算各项工程数量，确定征用土地、拆迁建筑物以及电力、电讯等设施的数量。

13）提出施工组织计划。

14）提出劳动力数量，主要材料、机具、设备的规格及数量。

15）编制施工图预算。

### 3.4.2 组成与内容

两阶段（或三阶段）施工图设计文件由下列十一篇组成：

第一篇 总说明书；

第二篇 路线；

第三篇 路基、路面；

第四篇 桥梁、涵洞；

第五篇 隧道；

第六篇 路线交叉；

第七篇 沿线设施及其他工程；

第八篇 环境保护；

第九篇 筑路材料；

第十篇 施工组织计划；

第十一篇 施工图预算。

一阶段施工图设计文件的组成和内容与两阶段（或三阶段）施工图设计文件基本相同，但总说明及分篇说明应参照有关初步设计说明书的内容编写并补充必要的比较方案图表资料，报送审批的设计文件可免报结构设计图和设计详图。

**第一篇 总说明书**

**一、说明书**

（一）扼要说明任务依据及测试经过

（二）路线起讫点、中间控制点、全长、所经主要河流、垭口、城镇及工程概况

（三）沿线地形、地质、地震、气候、水文等自然地理特征

（四）与周围环境和自然景观相协调情况

（五）初步设计（或技术设计）审批意见执行情况

对初步设计（或技术设计）所拟定的修建原则、设计方案、技术决定等如有变更时，应说明其变更理由或依据。

（六）新技术、新材料、新设备、新工艺的采用情况

（七）施工图预算与批准的设计概算（或修正概算）的比较情况

（八）与有关部门协商情况

**二、路线平纵面缩图**

与初步设计要求相同，但不绘路线比较方案。

**三、主要技术经济指标表**

**四、附件**

初步设计（或技术设计）审批意见，有关指示、协议和纪要等抄件。

## 第二篇 路线

**一、说明**

（一）初步设计（或技术设计）审批意见执行情况

（二）路线平面、纵断面线形设计的说明

（三）施工注意事项

**二、路线平面图**

绘出地形、地物，示出路线（标出里程桩号、断链、平曲线的要素及主要桩位）、水准点、大中桥、路线交叉（注明形式及结构类型）、隧道、主要沿线设施（高等级公路绘在平面设计图内）的位置以及县以上境界等。比例尺用 1∶2000，平原微丘地区也可用 1∶5000。

高等级公路尚应示出坐标网格、导线点，列出导线点、交点坐标表。

高等级公路应另增绘平面设计图。绘出地形、地物，标出坐标网格、路线位置、里程桩号、桥涵、隧道、路线交叉、沿线排水系统、主要沿线设施的布置等。路线位置应标出中心线、中央分隔带、路基边线、坡脚（或坡顶）线以及曲线主要桩位。比例尺用 1∶1000 或 1∶2000。

**三、路线纵断面图**

示出高程、地面线、设计线、竖曲线及其要素，注出桥涵、隧道、路线交叉等的位置、结构类型、孔数及跨径，水准点编号、位置和高程以及断链、设计洪水位，影响路基设计的地下水位等。水平比例尺与平面图一致，垂直比例尺相应地用 1∶200 或 1∶500。图的下部各栏示出地质概况、地面高程、设计高程、坡度及坡长、直线及平曲线（包括缓和曲线）里程桩号等。

高等级公路水平比例尺用 1∶1000 或 1∶2000，垂直比例尺相应地用 1∶100 或 1∶200。下部栏目中应增加超高过渡方式一栏。

**四、直线、曲线及转角表**

**五、逐桩坐标表**（用于高等级公路）

**六、用地、树木及青苗补偿表**

**七、拆迁建筑物表**

**八、拆迁电力、电讯及其他管线设施表**

**九、砍树挖根数量表**

**十、挖淤泥排水数量表**

**十一、耕地填前夯（压）实数量表**

**十二、总量程及断链桩号表**

**十三、水准点表**

**十四、路线固定表**

**十五、纸上移线图**

在编制三、四级公路施工图设计文件时，如发现路线有局部修改需作纸上移线的始绘本图。

**十六、公路用地图**

示出路线用地界线（变宽点处注明前后用地宽度及里程桩号），土地类别及其分界线，土地所属县、乡等。高等级公路在用地范围以外还应标出建筑红线。比例尺用1∶500~1∶2000。本图单独成册，只送建设单位。

## 第三篇　路基、路面

**一、说明**

（一）初步设计（或技术设计）审批意见执行情况

（二）路基横断面布置及加宽、超高方案的说明

（三）路基设计（包括特殊设计）说明

（四）路基路面排水系统及防护工程设计说明

（五）路面设计（包括行车道、变速车道、爬坡车道、慢行车道、紧急停车带、路缘带、硬路肩等）、路肩加固形式的说明

（六）取土、弃土方案及节约用地的措施

（七）施工方法及注意事项

**二、路基设计表**

**三、公路断面高程设计表（用于高等级公路）**

**四、路基标准横断面图**

包括加宽、超高形式图，图中应注出用地界，绿化、护栏、防护网的位置，路堤和路堑边坡等。比例尺用1∶100或1∶200。

**五、路基横断面图**

绘出所有整桩、加桩的横断面，包括边坡、边沟、开挖台阶、视距台等。注出用地界。挡土墙、驳岸、护坡、护脚均可绘在本图上，并注明其起讫桩号、圬工种类及断面尺寸（另绘防护工程设计图的，只注明起讫桩号）。比例尺一般用1∶200。

**六、超高方式图**（用于高等级公路）

**七、中央分隔带设计图**

中间带、路缘石应绘制大样图。

**八、中央分隔带开口设计图**

**九、路基特殊设计图**

示出地质、各种防护设施及构造物布置的大样图。比例尺用1∶100~1∶500。必要时应加绘比例尺为1∶200~1∶2000的平面图及水平比例尺为1∶200~1∶2000、垂直比例尺相应地为1∶20~1∶200的纵断面图。

**十、路基土石方数量计算表**（包括调配）

**十一、路基每公里土石方数量表**

**十二、取土坑及弃土堆一览表**

**十三、取土坑纵横断面图**

**十四、路基路面排水及防护工程数量表**

**十五、路基路面排水系统布置图**

路基路面排水困难地段应绘制本图。比例尺根据需要确定。

**十六、路基路面排水一般结构设计图**

包括排水沟、截水沟、边沟、跌水、急流槽、渗沟、渗井、盲沟等。比例尺用1∶50~1∶500。

**十七、路基防护工程设计图**

包括挡土墙、护坡、护墙、丁坝等。比例尺用1∶50~1∶500。简单的防护工程可绘在路基横断面图上，不另绘图。

**十八、路面工程数量表**

包括行车道、变速车道、爬坡车道、慢行车道、紧急停车带、路缘带、硬路肩、路面加宽、路肩加固、路缘石以及拦水缘石等。

**十九、路面结构图**

绘出行车道、变速车道、爬坡车道、慢行车道、紧急停车带、路缘带、硬路肩等的路面结构层次、材料种类及其厚度，路肩加固种类及其宽度、厚度。注明路基、路面宽度，路面、路肩横向坡度，并对不同结构类型编以代号。

**二十、平曲线上路面加宽表**

## 第四篇　桥梁、涵洞

**一、说明**

（一）初步设计（或技术设计）审批意见执行情况

（二）大中桥桥位、桥型及墩台基础埋置深度等的修正以及大桥和特殊设计的中桥的结构设计说明

（三）一般中桥、小桥、涵洞、漫水桥、过水路面设计说明

（四）施工方法及注意事项

**二、桥梁工程数量表（包括漫水桥）**

**三、大中桥设计图**

（一）桥位平面图

要求与初步设计同，但一般中桥也应绘制。

（二）桥型布置图

包括立面（或纵断面）、平面、横断面。绘出河床断面、地质分界线、特征水位、冲刷深度、墩台高度及基础埋置深度、桥面纵坡以及各部尺寸和高程。弯桥或斜桥尚应示出桥轴半径、流向、斜交角度。比例尺用 1∶200~1∶2000。

（三）结构设计图

包括上下部结构、基础及其他细部结构设计。比例尺用 1∶50~1∶200，细部结构用 1∶5~1∶50。当采用标准图时，本图可不绘制，但应在桥型布置图中注明所采用图纸的名称及编号。

（四）调制构造物设计图

绘出平面、横断面，必要时增绘立面。比例尺用 1∶50~1∶500。

**四、小桥设计图**

（一）布置图

包括立面（或纵断面）、平面、横断面。绘出河床断面，注明水位、地质概况、各部尺寸和高程。比例尺用 1∶50~1∶200。

（二）结构设计图

一般采用标准图。在布置图内注明标准图的名称及编号，不再绘结构设计图。特殊设计的，应绘结构设计图。比例尺用 1∶50~1∶200。

**五、涵洞工程数量表**

**六、涵洞设计图**

（一）布置图

绘出设置涵洞处原地面线及涵洞纵向面置，斜涵尚应绘出平面和进出口的立面。图内注明地基土质情况，各部尺寸和高程。比例尺用 1∶50~1∶200。

（二）结构设计图

一般采用标准图。在布置图内注明标准图的名称及编号，不再绘结构设计图。特殊设计的（包括进出口式样特殊或铺砌复杂的），应绘结构设计图。比例尺用 1∶50~1∶200。

**七、过水路面工程数量表**

**八、过水路面设计图**

包括立面（或纵断面）、平面、横断面。比例尺用 1∶50~1∶500。对于混合式过水路面中的涵洞，应注明所采用标准图的名称及编号，可不另绘图。

## 第五篇　隧道

**一、说明**

（一）初步设计（或技术设计）审批意见执行情况

（二）隧道设计（包括衬砌类型，防、排水及抗震措施，通信、消防设施，通风、照明及特殊结构设计等）的说明

（三）施工方法及注意事项

**二、隧道工程数量表**

**三、隧道设计图**

（一）隧道平面图 要求与初步设计相同

（二）隧道纵断面图 要求与初步设计相同

（三）隧道横断面图 要求与初步设计相同

（四）隧道结构设计详图

包括洞门、洞身及衬砌、路面、通信、通风、照明、防水、排水及消防设施等。比例尺用 1∶5~1∶200。

## 第六篇　路线交叉

**一、说明**

（一）初步设计（或技术设计）审批意见执行情况

（二）路线交叉（包括互通式立体交叉、分离式立体交叉、人行天桥、通道、平面交叉及管线交叉）设计说明

（三）施工方法及注意事项

**二、互通式立体交叉工程数量表**

**三、互通式立体交叉设计图**

（一）互通式立体交叉平面图

参照路线平面图绘制。绘出被交叉公路、匝道、变速车道、跨线桥及其交角。标出标志、护栏、防护网、管线及排水设施等的位置。比例尺用 1∶100 或 1∶2000，根据需要绘制必要的设计详图。

（二）互通式立体交叉线位图

示出主线、被交叉公路、匝道、变速车道、平曲线要素等。列出交点、平曲线控制点坐标表。比例尺用 1∶1000 或 1∶2000。根据需要绘制必要的设计详图。

（三）互通式立体交叉纵断面图

包括主线、被交叉公路、匝道的纵断面。标出高程、地面线、设计线，注出桥涵位置、桥梁结构类型、孔数及跨径、水准点位置及其编号和高程、影响路基设计的地下水位。图的下部列出设计高程、地面高程、坡度及坡长、路拱形式、竖曲线要素（包括变坡点高程及其桩号）、直线及平曲线、超高形式、里程桩号等栏目。水平比例尺用 1∶1000 或 1∶2000，垂直比例尺相应地用 1∶100 或 1∶200。图的上方绘出路拱形式图，比例尺根据需要确定。

（四）主线、被交叉公路及匝道横断面图

参照本条第三篇中路基标准横断面图、路基横断面图及路面结构图绘制，并标出管线及排水设施的位置等。比例尺用 1∶100~1∶200，根据需要绘制必要的设计详图。

（五）主线及匝道跨线桥桥型布置图

参照桥型布置图的有关内容绘制。

（六）主线及匝道跨线桥结构设计图

参照桥梁结构设计图的有关规定绘制。

（七）管线设计图

比例尺根据需要确定。

（八）附属设施设计图

示出各项设施（包括挡土墙、阶梯、灯柱、灯具、绿化等）的位置、形式，并视需要绘制设计详图。比例尺根据需要确定。

**四、分离式立体交叉工程数量表**

**五、分离式立体交叉设计图**

（一）分离式立体交叉平面图

参照大中桥桥位平面图绘制，并标出主线、被交叉公路和铁路、跨线桥及其交角、里程桩号和平曲线要素，护栏、防护网、管线及排水设施的位置等。比例尺用 1：1000 或 1：2000。

（二）分离式立体交叉布置图

绘出主线、被交叉公路和铁路、跨线桥及其他附属构造物的平面布置，标出主线设计高程，跨线桥的跨径及长度。标出被交叉公路和铁路的立面及其相应的里程桩号、设计高程、地面高程、坡度及坡长、竖曲线要素、直线及平曲线、地下水位、管线及排水设施的位置等。比例尺用 1：200～1：2000。

（三）分离式立体交叉结构设计图

跨线桥参照本条第四篇内桥梁结构设计图的有关规定绘制。当引道内有挡土墙、涵洞等其他构造物时，还应绘出设计图。

**六、人行天桥工程数量表**

**七、人行天桥设计图**

参照本条第四篇内桥梁设计图的有关规定绘制。

**八、通道工程数量表**

**九、通道设计图**

（一）通道布置图

包括平面、纵断面、横断面。示出地质断面、地下水位等。比例尺用 1：50～1：200。

（二）通道结构设计图

参照小桥涵结构设计图的规定绘制。

**十、平面交叉工程数量表**

**十一、平面交叉设计图**

（一）平面交叉布置图

绘出地形、地物、主线、被交叉公路和铁路、交通岛。注出里程桩号、水准点位置及其编号和高程、管线及排水设施等的位置。比例尺用 1：500～1：2000。

（二）平面交叉设计详图

包括环形和渠化交叉的平面、纵断面和横断面。平面设计图比例尺用 1：500～1：2000；纵断面图水平比例尺用 1：500～1：2000，垂直比例尺相应地用 1：50～1：200；横断面图比例尺用 1：100～1：200。

**十二、管线交叉工程数量表**

**十三、管线交叉设计图**

管线交叉需修建人工构造物时应绘本图。比例尺用1∶50~1∶200，细部结构用1∶5~1∶50。

## 第七篇 沿线设施及其他工程

**一、说明**

（一）初步设计（或技术设计）审批意见执行情况

（二）沿线设施设计说明

（三）施工方法及注意事项

**二、安全设施数量表**

包括护栏、防护网、照明等。

**三、安全设施设计图**

绘出布置图和设计详图。布置图比例尺用1∶500~1∶2000，设计详图比例尺用1∶5~1∶200。

**四、服务设施数量表**

包括车站、修理站、加油站、公共汽车停靠站、停车场、公用电话和休息区等。

**五、服务设施设计图**

绘出布置图和设计详图。布置图包括服务设施联络线的位置和平曲线要素等，比例尺用1∶500~1∶2000；设计详图比例尺用1∶5~1∶200。

**六、管理设施数量表**

包括标志、标线、里程碑、百米桩、公路界碑、信号、通信系统、监测系统、控制系统、公路管理及养护用房屋等。

**七、管理设施设计图**

绘出布置图和设计详图。比例尺根据需要确定。

**八、渡口码头数量表**

**九、渡口码头设计图**

包括渡口码头平面、引道纵断面及有关结构详图，示出河流、停车场的位置，注明水位及结构各部分尺寸。平面图比例尺用1∶500~1∶2000；码头引道纵断面图水平比例尺用1∶500~1∶2000，垂直比例尺相应地用1∶50~1∶200；结构详图比例尺用1∶5~1∶200。

**十、其他工程数量表**

包括改移河道、悬出路台、防雪走廊以及线外灌溉涵洞、渡槽、水渠等沿线水利设施的移动或修建等。

**十一、其他工程设计图**

比例尺根据需要确定。

## 第八篇 环境保护

**一、说明**

（一）初步设计（或技术设计）审批意见执行情况

（二）路线位置、路基填挖与当地自然环境协调的说明

（三）环境保护设计及措施的说明

（四）施工注意事项

**二、环境保护工程数量表**

包括隔音墙、绿化等。

**三、环境保护工程设计图**

绘出布置图和设计详图。布置图比例尺用1∶500～1∶2000，设计详图比例尺用1∶5～1∶200。

## 第九篇 筑路材料

**一、说明**

（一）初步设计（或技术设计）审批意见执行情况

（二）沿线筑路材料质量、储量及采运条件的说明

（三）大型料场及带形料场的说明

**二、沿线筑路材料料场表**

**三、沿线筑路材料供应示意图**

要求与初步设计相同，但一般料场也应示出。

## 第十篇 施工组织计划

**一、说明**

（一）初步设计（或技术设计）审批意见执行情况

（二）施工组织、施工期限，主要工程的施工方法、工期、进度及措施

（三）劳动力计划及主要施工机具的使用安排

（四）主要材料供应、运输方案及临时工程的安排

（五）对缺水、风沙、高原、严寒等地区以及冬季、雨季施工所采取的措施

（六）施工准备工作的意见

如拆迁、用地，修建便道、便桥、临时房屋，架设临时电力、电讯设施等。

**二、工程进度图**

包括劳动力计划安排。

**三、主要材料计划表**

包括型号、规格及数量。

**四、主要施工机具、设备计划表**

**五、临时工程表**

包括通往工地、料场、仓库等的便道、便桥以及电力、电讯设施等。

**六、重点工程施工场地布置图**

绘出仓库、工棚、便道、便桥、运输路线、构件预制场地、沥青（或水泥）混凝土拌和场地、材料堆放场地等工程和生活设施的位置。

**七、重点工程施工进度图**

## 第十一篇 施工图预算

施工图预算应按交通部现行《公路工程预算定额》和《公路基本建设工程概、预算编制办法》的规定编制。

### 3.4.3 独立工程与改建公路

（1）独立工程建设项目（如独立大桥）的施工图设计文件，应根据规定的有关内容编制，并视需要增加必要的图表。

（2）改建公路的施工图设计文件除参照规定办理外，尚应增加下列内容：

1）说明利用和废弃原有公路的情况；

2）拆毁原有桥涵及其他构造物表；

3）原有路基、路面、桥涵及其他构造物的利用、加固、加宽、接长等，应在有关图表中反映或说明。

## 3.5 其　　他

（1）各阶段的设计文件幅面尺寸应采用 296mm×420mm（横式），也可采用 210mm×296mm（立式）。设计文件应装订成册，每册不宜过厚或过薄，以便于保管和使用。

各种设计图纸的幅面尺寸一般采用 296mm×420mm。必要时可增大幅面，其尺寸应符合国家现行《建筑制图标准》的规定。送审的图纸应按 296mm×420mm 折叠，也可按 210mm×296mm 折叠；交付施工的图纸可不折叠。

（2）设计文件每册封面上一般应列出公路路段或独立工程名称（或工程代号）及里程全长、设计阶段及设计文件名称、册数、测设单位名称等。

设计文件每册扉页的内容应包括公路路段或独立工程名称（或工程代号）及里程全长、设计阶段及设计文件名称、册篇组成、各级负责人签署、参加测设人员姓名及职务、勘察设计证书等级及编号、设计文件编制年月。

设计文件每册应有目录。

设计文件中的图表均应经设计人员签署。

（3）路线平纵面缩图、路线平面图、路线纵断面图等的起讫方向均应从左到右，里程桩号由小到大。

（4）设计文件中的计量单位应采用《中华人民共和国法定计量单位》；公路工程名词应采用《公路工程技术标准》《公路工程名词术语》及有关技术规范、规程所规定的名词，无规定的可采用习惯使用的名词。

（5）施工图设计文件一般应在施工前交付施工单位，必要时经设计、施工部门协商，也可在施工时分批、分期交付。

（6）所有勘测记录和地质、材料、水文、地震、调查、试验资料，设计计算及工程数量计算资料，均不附入文件中，但应整理归档备查。

（7）本办法所提出的各阶段设计图表的式样，按照交通部公路局颁布的《公路工程基本建设项目设计文件图表示例》办理。在保证质量的前提下，可根据具体情况对图表及其内容作适当的调整和增减。

（8）设计文件报送主管部门或委托单位的份数为：两阶段（或三阶段）初步设计 10 份，技术设计 10 份，施工图设计 7 份；一阶段施工图设计 14 份。与国防有关的大中型项目的初步设计应增报2份，小型项目的初步设计或一阶段施工图设计应增报1份。如有关部门需要增加份数时，可与设计单位协商解决。

（9）设计文件所用符号规定如表3-1所示。

**表3-1　符号规定**

| 国家标准或中文意义 | 国际通用汉语拼音 | 备注字母（下角标为汉语拼音字母） |
|---|---|---|
| 交点 | JD | （交点） |
| 转点 | ZD | （转点） |
| 导线点 | DD | （导点） |
| 圆曲线起点 | ZY | （直圆） |
| 圆曲线中点 | QZ | （曲中） |
| 圆曲线终点 | YZ | （圆直） |
| 公切点 | GQ | （公切） |
| 第一缓和曲线起点 | ZH | （直缓） |
| 第一缓和曲线终点 | HY | （缓圆） |
| 第二缓和曲线终点 | YH | （圆缓） |
| 第二缓和曲线起点 | HZ | （缓直） |
| 变坡点 | SJD | （竖交点） |
| 竖曲线起点 | SZY | （竖直圆） |
| 竖曲线终点 | SYZ | （竖圆直） |
| 竖曲线公切点 | SGQ | （竖公切） |
| 比较线标记 | A、B、C、…、G | 冠在比较线桩号前改线、局部改移、量距差错冠在桩号前以拼音字母（改）改正 |
| 改线、局部改移、量距差错 | *G* | 以拼音字母（改）冠在桩号前改正 |
| 公里标 | K | |
| 转　角 | $a$ | |
| 左转角 | $a_2$ | |
| 右转角 | $a_Y$ | |
| 偏　角 | △ | |
| 缓和曲线角 | $\beta$ | |
| 缓和曲线参数 | $A$ | |
| 曲线半径 | $R$ | |
| 曲线长（包括缓和曲线长） | $L$ | |
| 圆曲线长 | $LY$ | （L圆） |
| 缓和曲线长 | $l$ | |
| 切线长（包括设置缓和曲线所增切线长） | $T$ | |
| 外距（包括设置缓和曲线所增外距长） | $E$ | |

续表 3-1

| 国家标准或中文意义 | 国际通用汉语拼音 | 备注字母（下角标为汉语拼音字母） |
|---|---|---|
| 校正值（包括设置缓和曲线所引起的变动） | $J$ | （校） |
| 超高值 | $h$. | |
| 超高缓和长度 | $l$. | |
| 加宽线和长度 | $l$j | |
| 中央分隔带护栏 | hl. | （护栏中） |
| 路侧护栏 | hl. | （护栏侧） |
| 中央分隔带轮廓标 | lb. | （轮标中） |
| 路侧轮廓标 | lb. | （轮标侧） |
| 防护网 | hw | （护网） |
| 混凝土导流块 | hd | （混导） |
| 横坐标 | $X$ | |
| 校纵座 | $Y$ | |
| 方位角 | $\theta$ | |
| 计算方位角 | $\theta$J | |
| 方向角 | $\phi$ | |
| 计算方位角 | $\phi$J | |
| 水准点 | BM | |
| 高程 | El | elevation |
| 路基宽度 | $B$ | |
| 路面宽度 | $b$ | |
| 路基加宽度 | $B$J | |
| 路面加宽度 | $b$j | |
| 流量 | $Q$，q | |
| 流速 | $v$ | |
| 设计洪水位 | SW | （设位） |
| 历年最高洪水位 | GW | （高位） |
| 多年平均洪水位 | PW | （平位） |
| 历史最高流冰水位 | BW | （冰位） |
| 历史最高潮水位 | CW | （潮位） |
| 通航水位 | HW | （航位） |
| 普通水位 | TW | （通位） |
| 测量时水位 | LW | （量位） |
| 地下水位 | DW | （地位） |
| 东 | E | |
| 南 | S | |
| 西 | W | |

续表 3-1

| 国家标准或中文意义 | 国际通用汉语拼音 | 备注字母（下角标为汉语拼音字母） |
| --- | --- | --- |
| 北 | N | |
| 左 | Z | （左） |
| 右 | Y | （右） |
| 面 积 | *A* | |
| 填高 | *T* | （填） |
| 挖深 | *W* | （挖） |
| 填面积 | AT | |
| 挖面积 | AW | |
| 体积 | *V* | |
| 长 | *L*，*l* | |
| 宽 | *B*，*b* | |
| 高 | *H*，*h* | |
| 厚 | *d*，*σ* | |
| 直径 | *D*，*ϕ* | |
| 半径 | *R*，*r* | |
| 初步设计标记 | C | （初） |
| 施工图设计标记 | S | （施） |
| 技术设计标记 | J | （技） |

注：桥涵设计图纸用符号可参照现行公路桥涵设计规范有关规定办理。

## 思 考 题

（1）初步设计、技术设计、施工图设计的目的、组成与内容各是什么？

（2）各阶段对图纸的要求有哪些？

# 4 工程概预算与招投标实训

第 4 章课件

**本章摘要：**

主要介绍公路工程概算、预算、招标、投标的目的意义和要求；给出了工程概预算、招标、投标案例。

## 4.1 工 程 概 算

### 4.1.1 工程概算的目的意义和要求

工程概算是初步设计文件的重要组成部分，是在投资估算的控制下，由设计单位根据初步设计图纸、概算定额（或概算指标）、各项费用定额或取费标准（指标）、建设地区自然、技术、经济条件和设备、材料预算价格等资料，按照设计要求，粗略地确定建设项目从筹建到竣工要付使用所需的全部费用的文件。

4.1.1.1 工程概算的目的意义

（1）工程概算是国家编制建设项目投资计划，确定和控制建设项目投资的依据。

（2）工程概算是控制施工图设计和施工图预算的依据。

（3）工程概算是衡量设计方案技术经济合理性和选择最佳设计方案的依据。

（4）工程概算是编制招标标底和投标报价的依据，签订建设工程合同和贷款合同的依据。

（5）工程概算是考核和评价建设项目工程成本和投资效果的依据。

4.1.1.2 工程概算的编制依据

（1）初步设计图表资料及文字说明；

（2）施工方案；

（3）公路工程概算定额；

（4）补充定额；

（5）人工、材料、施工机械台班预算价格；

（6）各项取费标准；

（7）设计概算编制办法及计算表格；

（8）工程量计算规则；

（9）国家颁发的建设征用土地补偿标准、勘察设计收费标准，及其他费用标准；

（10）可行性研究报告投资估算文件；

（11）国家有关公路工程建设的方针、政策及工程造价管理的有关规定。

4.1.1.3 工程概算的编制要求

熟悉初步设计图纸和资料，根据现行标准、规范、初步设计文件和概算定额按编制依据和编制程序进行编制。

### 4.1.2 工程概算案例

核对初步设计图纸和工程量，准确查找概算定额，计算费用，形成概算文件。公路工程概算案例见附录1。

## 4.2 工 程 预 算

### 4.2.1 工程预算的目的意义和要求

工程预算即施工图预算是施工图设计预算的简称，是指在施工图设计完成后，工程开工前，施工方案（或施工组组织设计）已经确定的前提下，由设计单位根据国家或地区现行的统一预算定额、预算基价、施工图纸和设计说明等有关规定，编制和确定建筑安装工程造价的文件。

4.2.1.1 编制工程预算的目的意义

对建设单位：

(1) 工程预算是建设单位在施工期间安排建设资金计划和使用建设资金的依据。

(2) 工程预算是审计工作的依据，是进行竣工决算的依据。

(3) 工程预算是招投标的重要基础，是标底编制的依据。

(4) 施工图预算是拨付进度款及工程结算的依据。

对施工单位：

(1) 工程预算是施工单位组织施工的依据。

(2) 工程预算是施工单位统计完成工作量的依据。

(3) 工程预算是施工企业进行经济核算和成本控制的依据。

对其他单位：

(1) 对工程咨询单位而言，客观准确地做出施工图预算是其业务水平、素质的体现。

(2) 对工程造价管理部门而言，工程预算是监督检查执行定额标准、合理确定工程造价、测算造价指数及审定招标工程标底的重要依据。

(3) 对设计单位而言，工程预算是衡量设计方案是否经济合理的依据。

4.2.1.2 工程预算的编制依据

(1) 国家发布的有关法律、法规、规章、规程等。

(2) 现行《公路工程预算定额》《公路工程机械台班费用定额》及相关办法。

(3) 工程所在地省级交通主管部门发布的补充计价依据。

(4) 批准的初步设计文件（或技术设计文件）等有关资料。

(5) 施工图纸等设计文件。

(6) 工程所在地的人工、材料、设备预算价格等。

(7) 工程所在地的自然、技术、经济条件等资料。

(8) 工程施工组织设计或施工方案。

(9) 有关合同、协议等。

(10) 其他有关资料。

4.2.1.3 工程预算的编制要求

熟悉施工图设计图纸和资料，根据现行标准、规范、市场价格、施工图设计文件、预算定额按编制依据和编制程序进行编制。

### 4.2.2 工程预算案例

核对施工图设计图纸和工程量，准确查找预算定额，计算费用，形成预算文件。公路工程预算案例见附录2。

## 4.3 招　　标

### 4.3.1 招标的目的意义和要求

4.3.1.1 招标的目的意义

招标有利于建设单位择优选用施工企业，有利于降低工程造价，有利于提高工程质量及保证按工期交付使用。同时，建设项目开展招投标活动，可以深化工程建设体制的改革，规范建筑市场行为，完善工程建设管理体制。

4.3.1.2 招标的要求

招标人应当按照项目审批、核准部门确定的招标范围、招标方式、招标组织形式开展招标。公路工程建设项目履行项目审批或者核准手续后，方可开展勘察设计招标；初步设计文件批准后，方可开展施工监理、试验检测招标；施工图设计文件批准后，方可开展施工招标。确定招标方式，按照下列程序进行：

(1) 编制资格预审文件；

(2) 发布资格预审公告，发售资格预审文件；

(3) 接收资格预审申请文件；

(4) 组建资格审查委员会对潜在投标人进行资格审查，资格审查委员会编写资格审查报告；

(5) 向通过资格预审的潜在投标人发出投标邀请书；向未通过资格预审的潜在投标人发出资格预审结果通知书；

(6) 编制招标文件；

(7) 发售招标文件；

(8) 必要时，组织潜在投标人踏勘项目现场，召开投标预备会；

(9) 接收投标文件，公开开标；

(10) 组建评标委员会评标，评标委员会编写评标报告、推荐中标候选人；

(11) 公示中标候选人相关信息；

(12) 确定中标人；

(13) 编制招标投标情况的书面报告；

（14）向中标人发出中标通知书，将中标结果通知所有未中标的投标人；

（15）与中标人订立合同。

### 4.3.2 招标（公告、书）案例

根据《公路工程建设项目招标投标管理办法》《公路工程招标文件范本》，按照要求进行招标文件的编制。公路工程施工标准招标文件见《公路工程标准施工招标文件》2009年版（上下册）。

## 4.4 投　　标

### 4.4.1 投标的目的意义和要求

4.4.1.1 投标的目的意义

投标促使施工单位在竞争中注重自身的经营管理、技术进步，提高管理水平，树立良好的信誉，改革企业内部的经营体制和管理体制，达到最好的经济效益。

4.4.1.2 投标的要求

投标人应具备招标文件规定的资格条件，具有承担所投标项目的相应能力。

（1）精读、分析招标文件；

（2）考察施工现场；

（3）核实工程数量；

（4）参加标前会议；

（5）调查收集影响投标报价的资料和数据；

（6）制定施工方案、编制施工组织设计；

（7）进行成本分析、编制成本预算；

（8）分析投标环境、制定投标策略；

（9）制定报价方案、填写工程量清单；

（10）编制投标文件、办理投保担保手续；

（11）按规定密封和递交投标文件；

（12）开标前的方案修正。

### 4.4.2 投标（书）案例

根据招标文件，结合工程实际，编写投标书。投标书主要内容目录如下：

一、投标书
二、投标报价表
三、法定代表人身份证明、授权委托书
四、合同实质性条款承诺书
五、承包价款的确定方法（含优惠说明）

六、施工图预算价计算书及工程量计算手稿
七、施工组织设计
第一章　工程概况
第二章　主要施工方法
第三章　劳动力计划
第四章　主要施工机械计划
第五章　工程质量保证措施
第六章　确保安全施工的技术组织措施
第七章　确保工期的技术组织措施
第八章　施工工期网络图
第九章　施工总平面布置图
第十章　拟投入本工程施工的项目经理、技术负责人及主要技工人员名单
八、投标保证金交付证明复印件
九、拟投入的项目经理及技术负责人简历和相关证件
十、其他资料

## 思 考 题

(1) 工程概算、工程预算编制依据有哪些?
(2) 招标书、投标书的主要内容包括哪些?

# 5　公路工程试验检测能力实训

第 5 章课件

**本章摘要：**

主要介绍工程材料室内相关试验、工程现场主要相关项目检测。

试验检测是公路工程质量保证的重要手段和措施，主要包括公路、桥梁、隧道、路基、材料等方面的试验检测设备和操作方法，由于试验检的项目和方法很多，在此节选几个试验检测项目作为实训的代表，更多内容参见不同类别的试验检测规程。

## 5.1　工程材料室内主要试验

### 5.1.1　水泥细度筛析试验

5.1.1.1　试验目的

细度是表示水泥颗粒粗细程度或水泥分散度的指标，它对水泥的水化硬化速度、水泥需水量、和易性、放热速率和强度都有影响。本试验通过测试水泥试样的筛余百分率，检验水泥细度是否合格。

5.1.1.2　试验原理

本试验是采用 80μm 方孔筛对水泥试样进行筛析试验，用筛上筛余物的质量百分数来表示水泥样品的细度。

5.1.1.3　仪器和设备

（1）试验筛：负压筛析仪由筛座、负压筛、负压源及收尘器组成，其结构见图 5-1。

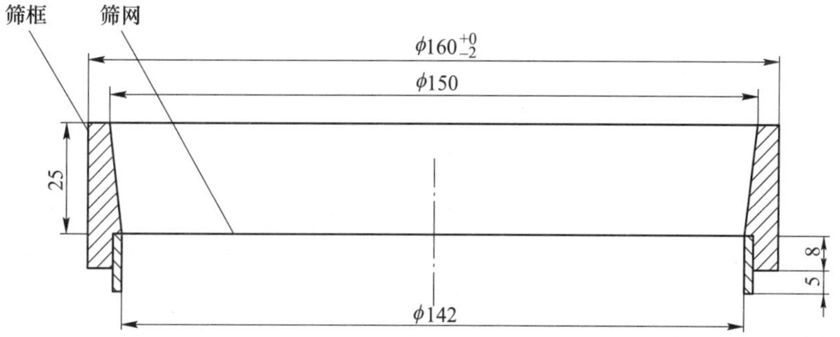


图 5-1　负压筛（尺寸单位：mm）

（2）天平：天平最大称量为 100g，分度值不大于 0.05g。

5.1.1.4 试验内容、方法、步骤

（1）将水泥样品充分拌匀，通过 0.9mm 方孔筛，记录筛余物情况。在水泥过筛时应防止混入其他品种水泥。

（2）将负压筛置于筛座上，盖上筛盖，接通电源，检查控制系统，调节负压至 4000~6000MPa。

（3）称取试样 25g，置于洁净的负压筛中，盖上筛盖，放在筛座上，开动筛析仪连续筛析 2min。在此期间如有试样附着在筛盖上，可轻轻敲击，使试样落下。

（4）筛毕，用天平称量筛余物。

5.1.1.5 试验记录及数据处理

水泥试样筛余百分率按下式计算，计算结果精确到 0.1%。

$$F = \frac{m_s}{m} \times 100 \tag{5-1}$$

式中，$F$ 为水泥试样筛余百分率,%；$m_s$ 为水泥试样在 80 目筛上筛余物质量，g；$m$ 为水泥试样的质量，g。

合格评定时，每个样品应称取两个试样分别筛析，取筛余平均值为筛析结果。

若两次筛余结果绝对误差大于 0.5%时（筛余值大于 5.0%时可放宽至 1.0%）应再做一次试样，取两次相近结果的算术平均值作为最终结果。

5.1.1.6 注意事项

遵守试验室的规章制度，不得高声喧哗，不准随地吐痰，不准乱抛纸屑杂物。

禁止吸烟，保持试验室安静、整齐、清洁。遵守纪律，服从试验老师的统一安排。

### 5.1.2 沥青标准黏度试验

5.1.2.1 试验目的

本试验采用道路沥青标准黏度计测定液体石油沥青、煤沥青、乳化沥青等材料流动状态时的黏度。本方法测定的黏度应注明温度及流孔孔径，以 $C_{t,d}$表示（$t$ 为试验温度；$d$ 为孔径，mm）。

5.1.2.2 试验原理

本试验是采用液体沥青试样流出道路沥青标准黏度计流孔为 50mL 所经过的时间，以 s 计，即为试样的黏度。

5.1.2.3 仪器和设备

（1）道路沥青标准黏度计。

（2）水槽：环槽形。

（3）盛样管：管体为黄铜而带流孔的底板为磷青铜制成。盛样管的流孔有 3+0.025mm、4+0.025mm、5+0.025mm、10+0.025mm 四种。根据试验需要，选择盛样管流孔孔径。

（4）球塞：用以堵塞流孔。

（5）水槽盖：盖的中央有套筒，可套在水槽的圆井上，下附有搅拌叶，盖上有把手，转动把手可借搅拌叶调匀槽内水温。盖上还有一插孔，可放置温度计。

（6）温度计：分度为 0.1℃。

（7）接收瓶：开口，圆柱形玻璃容器或量筒，100mL，在 25mL、50mL、75mL、100mL 处有刻度。

（8）秒表：分度 0.1s。

（9）其他：肥皂水或矿物油、加热炉、大蒸发皿等。

5.1.2.4　试验内容、方法、步骤

（1）准备沥青试样，根据沥青材料的种类和稠度选择需要流孔孔径的盛样管，置水槽圆井中。用规定好的球塞堵好流孔，流孔下放蒸发皿，以备接收不慎流出的试样。除 10mm 流孔采用直径 12.7mm 球塞外，其余流孔均采用直径为 6.35mm 球塞。

（2）根据试验需要，调整恒温水槽的水温为试验温度±0.1℃，并将其进出口与黏度计水槽的进出口用胶管接妥，使热水流进行正常循环。

（3）将试样加热至比试验温度高 2~3℃时注入盛样管，其数量以液面到达球塞杆垂直时杆上的标记为准。

（4）试样在水槽中保持试验温度至少 30min，用温度计轻轻搅拌试样，测量试样的温度为试验温度+0.1℃时，调整试样液面至球塞杆的标记处，再继续保温 1~3min。

（5）将流孔下蒸发皿移去，放置接收瓶或量筒，使其中心正对流孔。接收瓶或量筒可预先注入肥皂水或矿物油 25mL，以利洗涤及读数准确。

（6）提起球塞，借标记悬挂在试样管边上，待试样流入接收瓶或量筒达 25mL（量筒刻度 50mL）时，按动秒表，待试样流出 75mL（量筒刻度 100mL）时，按停秒表。

（7）记取试样流出 50mL 所经过的时间，以 s 计，即为试样的黏度。

5.1.2.5　试验记录及数据处理

取三次试验的平均值为试验结果，允许误差为平均值的 4%。

5.1.2.6　注意事项

（1）遵守试验室的规章制度，不得高声喧哗，不准随地吐痰，不准乱抛纸屑杂物，禁止吸烟，保持试验室安静、整齐、清洁。遵守纪律，服从试验老师的统一安排。

（2）注意沥青加热安全，避免烫伤。

（3）试验结束后将仪器用具清洗干净，放回原处。

## 5.2　工程现场主要检测实训

### 5.2.1　承载板测定土基回弹模量试验方法

5.2.1.1　目的和适用范围

（1）本方法适用于在现场土基表面，通过承载板对土基逐级加载、卸载的方法，测出每级荷载下相应的土基回弹变形值。

（2）本方法测定的土基回弹模量可作为路面设计参数使用。

5.2.1.2　仪具与材料

本试验需要下列仪具与材料：

（1）加载设施：载有铁块或集料等重物、后轴重不小于 60kN 的载重汽车一辆，作为加载设备。在汽车大梁的后轴之后约 80cm 处，附设加劲小梁一根作反力架。汽车轮胎充气压力 0.50MPa。

（2）现场测试装置，由千斤顶、测力计（测力环或压力表）及球座组成。

（3）刚性承载板一块，板厚 20mm，直径 30cm，直径两端设有立柱和可以调整高度的支座，供安放弯沉仪测头，承载板安放在土基表面上。

（4）路面弯沉仪两台，由贝克曼梁、百分表及支架组成。

（5）液压千斤顶一台，80~100kN，装有经过标定的压力表或测力环，其容量不小于土基强度，测定精度不小于计量程的 1/100。

（6）秒表。

（7）水平尺。

（8）其他：细砂、毛刷、垂球、镐、铁锹、铲等。

#### 5.2.1.3 方法与步骤

准备工作：

（1）根据需要选择有代表性的测点，测点应位于水平的路基上，土质均匀，不含杂物。

（2）仔细平整土基表面，撒干燥洁净的细砂填平土基凹处，砂子不可覆盖全部土基表面，避免形成一层。

（3）安置承载板，并用水平尺进行校正，使承载板呈水平状态。

（4）将试验车置于测点上，在加劲小梁中部挂垂球测试，使之恰好对准承载板中心，然后收起垂球。

（5）在承载板上安放千斤顶，上面寸垫钢圆筒、钢板，并将球座置于顶部与加劲横梁接触。如用测力环时，应将测力环置于千斤顶与横梁中间，千斤顶及寸垫物必须保持垂直，以免加压时千斤顶倾倒发生事故并影响测试数据的准确性。

（6）安放弯沉仪，将两台弯沉仪的测头分别置于承载板立柱的支座上，百分表对零或其他合适的初始位置上。

测试步骤：

（1）用千斤顶开始加载，注视测力环或压力表，至预压 0.05MPa，稳压 1min，承载板与土基紧密接触，同时检查百分表的工作情况是否正常，然后放松千斤顶油门卸载，稳压 1min 后，将指针对零或记录初始读数。

（2）测定土基的压力-变形曲线。用千斤顶加载，采用逐级加载法，用压力表或测力环控制加载量，荷载小于 0.1MPa 时，每级增加 0.02MPa，以后每级增加 0.04MPa 左右。为了使加载和计算方便，加载数值可适当调整为整数。每次加载至预定荷载（$P$）后，稳定 1min，立即读记两台弯沉仪百分表数值，然后轻轻放开千斤顶油门卸载至 0，待卸载稳定 1min 后，再次读数，每次卸载后百分表不再对零。当两台弯沉仪百分表读数之差小于平均值的 30%时，取平均值。如超过 30%，则应重测。当回弹变形值超过 1mm 时，即可停止加载。

（3）各级荷载的回弹变形和总变形，按以下方法计算：

回弹变形($L$)=(加载后读数平均值 − 卸载后读数平均值) × 弯沉仪杠杆比

总变形($L'$)=(加载后读数平均值 - 加载初始前读数平均值)× 弯沉仪杠杆比

(4) 测定总影响量 $a$。最后一次加载、卸载循环结束后，取走千斤顶，重新读取百分表读数，然后将汽车开出 10m 以外，读取终读数，两只百分表的初、终读数差之平均值即为总影响量 $a$。

(5) 在试验点下取样，测定材料含水量。取样数量如下：

最大粒径不大于 5mm，试样数量约 120g；

最大粒径不大于 25mm，试样数量约 250g；

最大粒径不大于 40mm，试样数量约 500g。

(6) 在紧靠试验点旁边的适当位置，用灌砂法或环刀法等测定土基的密度。

(7) 本试验的各项数值可记录于记录表上。

5.2.1.4 计算

(1) 各级压力的回弹变形值加上该级的影响量后，则为计算回弹变形值，是以后轴重 60kN 的标准车为测试车的各级荷载影响量的计算值。当使用其他类型测试车时，各级压力下的影响量 $a_i$ 为：

$$a_i = \frac{(T_1 + T_2)\pi D^2 P_1}{4T_1 Q} \cdot a \tag{5-2}$$

式中，$T_1$ 为测试车前后轴距，m；$T_2$ 为加紧小梁距后轴距离，m；$D$ 为承载板直径，m；$Q$ 为测试车后轴重，N；$P_1$ 为该承载板压力，Pa；$a$ 为总影响量，0.01mm；$a_i$ 为该级压力的分级影响量，0.01mm。

(2) 将各级计算回弹变形值点绘于标准计算纸上，排除显著偏离的异常点并绘出顺滑的 $P$-$L$ 曲线。

(3) 计算相应于各级荷载下的土基回弹模量 $E_i$ 值：

$$E_i = \frac{\pi D p_i}{4(1 - \mu_0^2) L_i} \tag{5-3}$$

试中，$E_i$ 为相应于各级荷载下的土基回弹模量，MPa；$\mu_0$ 为土的泊松比，根据部颁路面设计规范规定选用；$D$ 为承载板直径，30cm；$p_i$ 为承载板压力，MPa；$L_i$ 为相对于荷载 $p_i$ 时的回弹变形，cm。

(4) 取结束试验前的各回弹变形值按线性回归方法计算土基回弹模量 $E_0$ 值：

$$E_0 = \frac{\pi D \sum p_i}{4 \sum L_i}(1 - \mu_0^2) \tag{5-4}$$

式中，$E_0$ 为土基回弹模量，MPa；$\mu_0$ 为土的泊松比，根据部颁路面设计规范规定选用；$L_i$ 为结束试验前的各级实测回弹变形值；$p_i$ 为对应于 $L_i$ 的各级压力值。

### 5.2.2 钻芯取样试验

5.2.2.1 试验目的

在路面工程中，各结构层的厚度与道路整体承载能力密切相关，只有保证厚度的情况下，路面的各个层次及整体强度才能得到保证。另外，严格控制各结构层的厚度还能对路面高程起到一定的控制作用。

5.2.2.2 试验原理

本试验是通过取芯机在需要检测的路段钻取试样，用于路基路面工程质量检验。

5.2.2.3 仪器和设备

(1) 取芯机；

(2) 台秤；

(3) 电子静水天平；

(4) 盛样皿。

5.2.2.4 试验内容、方法、步骤

(1) 确定检测路段，并将取样部位打扫干净。

(2) 在选取采样地点的路面上，先用粉笔对钻孔位置作出标记。

(3) 钻机行走到需要工作的位置后，将行走轮向后摆动180°，并操纵手柄，使行走轮方向离开地面，使底座稳妥地置在工作位置上。

(4) 把钻机立柱与升降丝杆等部位擦干净，调整好主轴位置。

(5) 安装上所要求钻孔尺寸的钻头。

(6) 用钻机在取样地点垂直对准路面放下钻头，牢固安防钻机，使其在转动过程中不得移动。

(7) 开放冷却水，启动电动机，徐徐压下钻杆，钻取芯样，但不得使劲下压钻头、待钻透全厚后，上抬钻杆，停止转动，不使芯样损坏，取出芯样。沥青混合料芯样及水泥混凝土芯样可用清水漂洗干净备用。

(8) 采用的里面混合料试样应整层取样，试样不得破碎。

(9) 将钻取的芯样妥善盛放在盛样皿中，用塑料袋封装。

5.2.2.5 试验记录及数据处理

记录并处理试验数据，结果如表5-1所示。

**表5-1 试验记录及数据处理表**

| 芯样编号 | 位 置 | 芯样厚度/cm |
|---|---|---|
| 1 | | |
| 2 | | |
| 3 | | |

5.2.2.6 注意事项

取芯检测试验属于破坏性检测试验，对钻孔路面坑洞，应采用同类型材料填补压实，取样时留下的水分用面纱吸走，干燥后应进行补坑。

## 思 考 题

(1) 简述水泥细度和凝结速度、早期强度的关系。

(2) 水泥颗粒是否越细越好？简述理由。

(3) 简述沥青标准黏度试验的步骤。

(4) 测定沥青标准黏度的作用是什么?
(5) 该取芯检测试验的适用范围是什么?
(6) 取芯检测试验对路面工程质量控制的作用是什么?
(7) 工程材料室内试验还有哪些?
(8) 工程现场试验检测项目还有哪些?

# 6 工程管理能力实训

第 6 章课件

**本章摘要：**

主要介绍了工程质量管理方案措施案例和工程进度管理方案措施案例。

工程项目管理是建筑市场发展到一定阶段的必然产物，因为随着社会分工日益细化，专业化程度日益提高，建筑市场的规范也得到大大提升。建筑管理人员应具备的素质包括：

（1）知识素质。建筑工程管理人员要在工程中承担工程管理任务，实现工程的目标，要解决工程中的问题，首先必须掌握相关的知识。

首先，具备较强的技术素质，必须掌握先进的工程技术知识，当前大部分建筑管理人员都能具备这一素质。

其次，要具备较强的管理和经济素质，许多建筑工程管理人员对经济学和管理学方面的知识知之甚少，认为有经验就行，但随着市场经济向纵深发展，各种经济关系，纵横交织，错综复杂，这要求建筑工程管理人员必须有良好的经济学造诣和管理学修养。

（2）能力素质。仅仅只有知识却不会运用于实践的管理者也不是合格的管理人员，社会所期望的建筑工程管理人员应具有良好的决策、计划、组织、沟通、协调、应变和创新能力。

（3）人格素质。由于建筑工程对社会的重要作用和建筑工程管理职业的特殊性，建筑工程管理人员需要有特殊的职业道德要求。应培养建筑工程管理人员乐岗敬业、诚信、合作精神、使命感和责任感。

## 6.1 工程质量管理方案措施文件案例

工程质量管理是指为保证和提高工程质量，运用一整套质量管理体系、手段和方法所进行的系统管理活动。工程质量好与坏，是一个根本性的问题。工程项目建设，投资大，建成及使用时期长，只有合乎质量标准，才能投入生产和交付使用，发挥投资效益，结合专业技术、经营管理和数理统计，满足社会需要。世界上许多国家对工程质量的要求，都有一套严密的监督检查办法。下面是关于质量管理案例。

### 6.1.1 钢混凝土桥梁施工案例

#### 6.1.1.1 背景资料

某公司低价中标一钢混凝土桥梁工程，为（30+45+30）m 三跨连续梁，采用钢梁（单箱单室钢箱梁）分为 5 段工厂预制，现场架设拼装，分段长度为 22+20+21+20+22m。桥面板采用现浇后张预应力混凝土结构，拼缝位于主干道上，主干道上设置施工支架，搭设钢梁段拼接平台对现状道路交通存在干扰。项目部编制施工组织设计方案及支架专项方案，支架专项方案通过专家论证。钢梁加工分包给专业公司，签订分包合同。

**问题：**

（1）除支架专项方案外，还需编制其他哪些专项方案？

（2）钢梁安装时，主干道应设几座支架，是否需要占用机动车道，并说明理由。

（3）施工支架专项方案需要哪些部门审批？

（4）钢梁分包经济合同需要注意哪些事项？

6.1.1.2 参考答案

（1）除支架专项方案外，还需编制其他哪些专项方案？

答：除支架专项方案外，还需编制钢梁吊装方案、预应力张拉方案、桥面混凝土浇筑方案、交通导行方案、钢梁连接（焊接或栓接）方案。

（2）钢梁安装时，主干道应设几座支架，是否需要占用机动车道，并说明理由。

答：钢梁安装时，主干道应设 2 座支架，需要占用机动车道。因为钢梁分为五段施工，除两端架在桥台处外，四处接缝需要搭设四座支架。一般钢混凝土结合梁桥为跨线桥，主跨跨越主路，所以主干道（机动车道）要设两个支架（上、下行各设一个）。另两座搭在辅路或绿地上。

（3）施工支架专项方案需要哪些部门审批？

答：施工支架专项方案属于危险性较大的分部、分项工程施工方案，项目部编制完成后需要报企业技术负责人审批，然后由施工单位组织有设计、监理、甲方参加的专家论证会，并根据与会专家提出的问题修改、补充、完善。再报企业技术负责人、项目总监理工程师、建设单位项目负责人审批。P267 支架占用主路，施工支架专项方案须经市政工程行政主管部门和公安交通部门批准。如果边跨支架占用了城市绿地或道路中间隔离带，施工支架专项方案还需经城市人民政府绿化行政主管部门同意，并按照有关规定办理临时用地手续。

（4）钢梁分包经济合同需要注意哪些事项？

答：因为该工程是低价中标，成本控制风险较大。在签订分包合同时应注意以下问题：

1）在签订分包合同时要以施工图预算控制分包价格，量入为出，避免成本失控，尽量争取签订固定总价的分包合同；2）在分包合同中，充分利用合同条款，增设保值条款，增设风险合同条款，增设支付条款，减少承包方资金、设备投入条款，加强索赔和反索赔管理。

### 6.1.2 基坑施工案例

6.1.2.1 背景资料

桥台基坑开挖 50m×7m×4.5m，河道水位-4.0m，A 公司为总包单位，将桥台土方开挖工程分包给 B 公司，基坑开挖图见图 6-1。

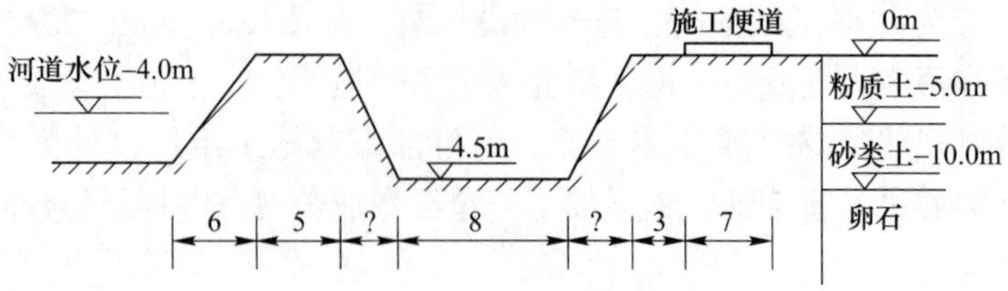


图 6-1 基坑开挖侧面示意图

在施工前，B 公司按 A 公司项目部提供的施工组织设计编制了基坑开挖施工方案和施工安全技术措施。施工方案的基坑坑壁坡度按照图 6-1，提供的地质情况按表 6-1 确定。

**表 6-1 基坑坑壁容许坡度表**

| 坑壁土类 | 坑壁坡度（高：宽） | | |
|---|---|---|---|
| | 基坑顶缘无荷载 | 基坑顶缘有静载 | 基坑顶缘有动载 |
| 粉质土 | 1：0.67 | 1：0.75 | 1：1.0 |
| 黏质土 | 1：0.33 | 1：0.5 | 1：0.75 |
| 砂类土 | 1：1 | 1：1.25 | 1：1.5 |

在施工安全技术措施中，B 公司设立了安全监督员，明确了安全管理职责，要求在班前、班后对施工现场进行安全检查。在施工安全技术措施中，B 公司设立了安全监督员，明确了安全管理职责，要求在班前、班后对施工现场进行安全检查。施工时进行安全值日，对机械等危险源进行了评估，并制定了应急预案。

基坑开挖前项目部对 B 公司做了书面的安全技术交底并双方签字。

**问题：**

（1）B 公司上报 A 公司施工安全技术措施后，A 公司下一步处理的内容主要有什么？

（2）水平投影宽度分别为多少米？

（3）依据现场条件，采用何种降水方式及平面布置形式？

（4）简述现场安全监督员职责及危险源辨识内容。

（5）安全技术交底包括哪些内容？

6.1.2.2 参考答案

（1）B 公司上报 A 公司施工安全技术措施后，A 公司下一步处理的内容主要有什么？

答：B 公司安全技术措施上报 A 公司项目部后，应该由项目技术负责人组织相关技术人员对安全技术措施进行评审，然后随施工方案一起上报企业技术负责人和项目总监理工程师，签批后方可实施。安全技术措施应该在技术部门、安全部门备案。

（2）水平投影宽度分别为多少米？

答：基坑深 4.5m，小于 5m，若选择坡度为 1：0.5，则基坑的平面尺寸（水平投影）为 54.5m×12.5m（根据土质情况选取放坡坡度）。

（3）依据现场条件，采用何种降水方式及平面布置形式？

答：基坑平面尺寸为 54.5m×12.5m，深度小于 6m，降水井宜采用环形井点布置，挖土运输设备出入道可不封闭，间距为 4m，设在地下水下游方向，即离河道远的一侧。

（4）简述现场安全监督员职责及危险源辨识内容。

答：现场安全监督员职责：在现场经理的直接领导下，负责项目安全生产工作的监督管理。本工程属于深基坑施工，主要危险源有：高处坠落、触电、物体打击、机械伤害、坍塌。

(5) 安全技术交底包括哪些内容？

答：安全技术交底包括：现场勘查与环境调查报告；施工组织设计；主要施工技术、关键部位施工工艺工法、参数；各阶段危险源分析结果与安全技术措施；应急预案与应急响应等。

## 6.2 工程进度管理方案措施文件案例

项目进度管理重要性项目进度管理的地位管理集中反映在项目成本、质量和进度三个方面。这三个方面通常称为项目管理的“三要素”。进度是三要素之一，它与成本、质量二要素有着辩证与有机联系。对进度的要求是通过严密的进度计划及合同条款的约束，使项目能够尽快地竣工。首先，项目范围会影响项目进度。一般来讲（指假设其他要素不变，下同），项目范围越大，项目所要完成的任务越多，项目耗时越长；反过来，项目范围越少，项目所要完成的任务越少，项目耗时越短。项目成本、质量也都会影响进度。一般来讲，追加成本，可以增加更多的进度管理，比如设备和人力，从而使某些工作能够并行完成或者加班完成。当然，进度与成本不是线性替代关系，成本增加的速度一般都比进度缩短的速度高。下面是关于进度管理的案例。

### 6.2.1 高速公路施工进度案例

#### 6.2.1.1 背景资料

某施工单位承接了一高速公路标段 K10+300～K24+400 的施工。合同中约定，工程价款采用调值公式动态结算。该工程材料费、人工费各占工程价款中的 30%，不调值费用占 40%。6 月材料价格指数比基期上升 30%。6 月完成工程量金额为 463 万元。其主要施工工作衔接关系如表 6-2 所示。

**表 6-2 主要工作衔接表**

| 工作说明 | 工作代号 | 紧后工作 | 持续时间/天 | 主要设备 |
|---|---|---|---|---|
| — | A | B、D | 20 | |
| 土方开挖 | B | C、E | 20 | 每天 2 台挖掘机 |
| 土方开挖 | C | F | 20 | 每天 4 台挖掘机 |
| 基础开挖 | D | E、G | 30 | 每天 2 台挖掘机 |
| — | E | F、H | 30 | |
| — | F | J、I | 30 | |
| — | G | H | 20 | |
| — | H | I | 40 | |
| — | I | K、L | 20 | |
| — | J | M | 20 | |
| — | K | M | 10 | |
| — | L | N | 20 | |
| — | M | P、N | 40 | |
| … | … | … | … | |

施工单位编制的时标网络计划如图 6-2 所示。

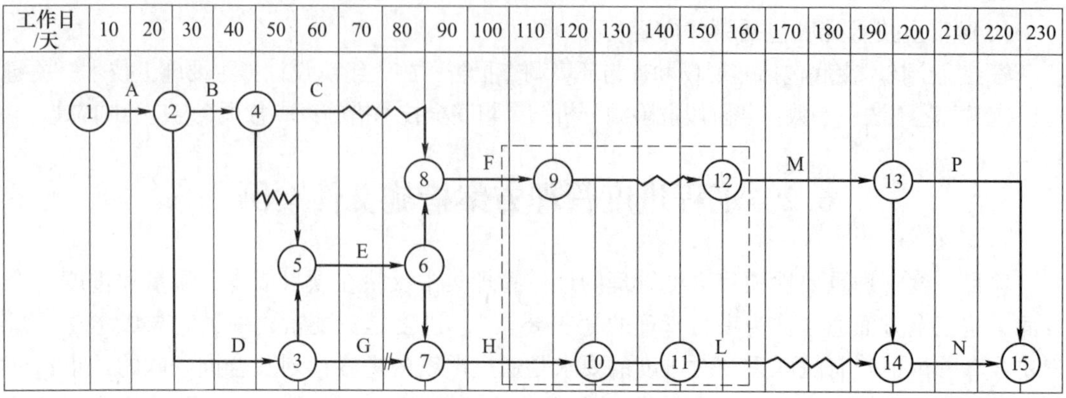

图 6-2 原时标网络图

施工中，由于业主原因，导致 G 停工 20 天。

**问题：**

(1) 按最早开始时间补充绘制时标网络图中虚框内的图形（将虚框内的内容复制在答题卡上作答)，并写出关键线路和工期。

(2) 若按计划执行，施工中每天最多需要多少台挖掘机？如果施工单位只配置了 4 台，并且保证全部投入使用，写出 C 连续作业的工作安排。

(3) 计算 6 月份调价后的工程款。

(4) 为保证 4~6 月的施工安全，应在季节性安全措施中考虑防范哪些安全风险？

(5) 写出 G 工作的总时差，计算因业主原因导致的工期拖延天数。

(6) 对于土方挖运施工，除挖掘机外，还需配置哪些主要施工机械？

6.2.1.2 参考答案

(1) 补充完整的时标网络图如图 6-3 所示。

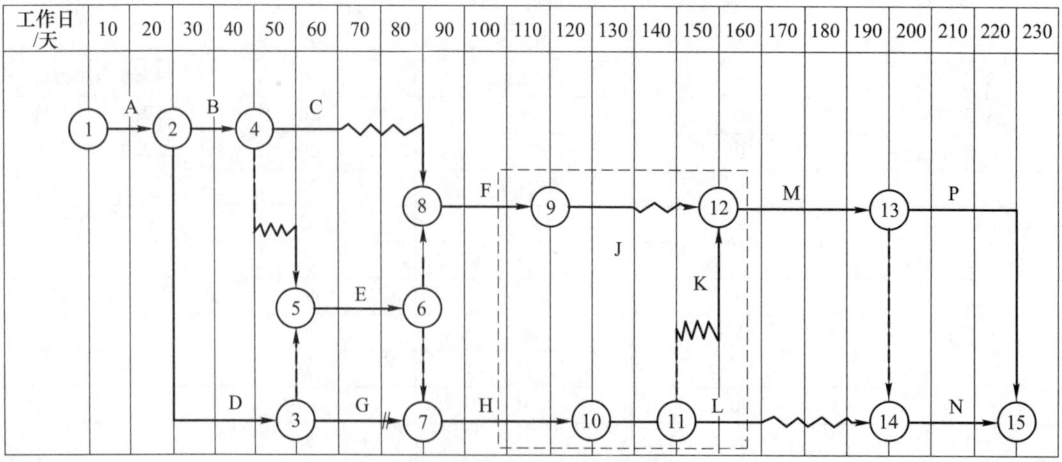

图 6-3 补充的时标网络图

关键路线有两条：①②③⑤⑥⑦⑩和①②④⑤⑥⑦⑩。

总工期：220 天。

（2）如果按计划执行，施工中每天最多需要 6 台挖掘机；如果只配备了 4 台挖掘机并且全部投入使用，那么 C 连续作业的工作安排是这样的：C 工作按最早开始时间安排进度，前 10 天与 D 工作平行施工，每天用两台设备；10 天后 D 工作结束，则 C 工作用 4 台设备工作 15 天。

（3）6 月份调价后的工程款 = 463×[70%+30%×(1+30%)] = 504.66 万元。

（4）4、5、6 月属于雨期，因此在施工过程中应考虑防范洪水、泥石流、路堑塌方、施工便道冲毁、机械设备防护等。

（5）G 工作的总时差为 10 天；因业主原因导致的工期拖延天数为 20−10 = 10 天。

（6）对于土方挖运施工，除了配置挖掘机外，还应当配置推土机、自卸汽车、装载机、铲运机。

### 6.2.2 公路桥梁施工进度案例

#### 6.2.2.1 背景资料

某城市郊区新建一级公路长 3km，路面设计宽 15m，含中型桥梁一座。路面面层结构为沥青混凝土。粗粒式下面层厚 7cm，中粒式中面层厚 6cm，细粒式上面层厚 4cm。

经批准的路面施工方案为：沥青混凝土由工厂集中厂拌（不考虑沥青拌和厂设备安装拆除费、场地平整、碾压及地面垫层等费用），7t 自卸汽车运输，平均运距 3.97km，摊铺机分两幅摊铺。预算定额分项（直接工程费）如表 6-3 所示。

**表 6-3 预算定额分项**（直接工程费）

| 序号 | 定额号 | 名　　称 | 单位 | 单价/元 |
|---|---|---|---|---|
| 1 | 2-2-11-16 | 细粒式沥青混合料拌和（拌和设备生产能力 60t/h） | $m^3$ | 631.31 |
| 2 | 2-2-13-21 | 15t 内自卸汽车运沥青混合料第 1km | $m^3$ | 5.643 |
| 3 | 2-2-13-22 | 15t 内自卸汽车每增运 0.5km | $m^3$ | 0.5 |
| 4 | 2-2-14-44 | 7.5m 内摊铺机摊铺沥青混合料 | $m^3$ | 13.74 |
| 5 | 2-2-15-4 | 沥青混合料拌和设备安拆 | $m^3$ | 405453 |

合同中路基回填土方量为 11000$m^3$，综合单价为 20 元/$m^3$，且规定实际工程量增加或减少超过（或等于）10%时可调整单价，单价调整为 17 元/$m^3$ 或 22 元/$m^3$。

在工程开工前，施工单位向监理单位提交了桥梁施工进度计划，如图 6-4 所示。监理工程师批准了该计划。

施工过程中发生了如下事件：

事件一：经监理工程师计量，施工单位实际完成的路基回填土方量为 10000$m^3$。

事件二：工地附近无电源，为此施工单位准备了一台发电机组。西桥台基础第一个桩从 6 月 16 日 6:00 开始灌注混凝土，12:00 因发电机组故障，灌注作业被迫停工，施工单位立即组织人员抢修，于 3h 后修复，导管拔出就位到原灌注顶部后继续灌注。

事件三：东桥台施工过程中，基础出现裂缝，裂缝产生的原因是设计方案不完善，监理工程师立即下达了该工作暂停令。经监理工程师审核，裂缝处理费用增加 20 万元，工

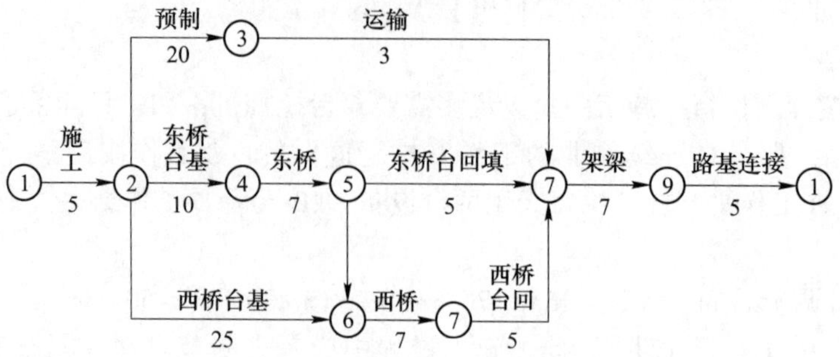


图 6-4　桥梁工程施工进度计划（单位：天）

期增加 10 天，停工期间窝工费用补偿 1 万元。

事件四：基础施工完成后，业主要求增加一小型圆管涵。施工单位接到监理指令后立即安排施工。由于原合同中无可参考价格，施工单位按照定额计价并及时向监理工程师提交了圆管涵的报价单。监理工程师审核后认为报价太高，多次与施工单位协商未能达成一致，最后总监理工程师做出价格确定。施工单位不接受监理审批的价格，立即停止了圆管涵施工，并书面通知监理工程师，明确提出只有在圆管涵价格可接受后才能继续施工。

**问题：**

（1）按 6-4 表计算细粒式沥青混凝土的直接工程费。（表中序号与题干中序号一致，计算结果保留小数点后一位）

**表 6-4　直接工程费计算空表**

| 序号 | 单价/元 | 工程量 | 合计/元 |
|---|---|---|---|
| 1 | | | |
| 2 | | | |
| 3 | | | |
| 4 | | | |
| 5 | | | |
| 直接工程费总计 | | | |

（2）针对事件一，根据合同规定是否可以调整单价？说明理由。路基回填土石方的结算工程款为多少万元？

（3）按照施工单位提交的桥梁施工进度计划，计算桥梁的计划工期，并写出关键线路。

（4）针对事件二，施工单位在桩基施工准备方面存在的主要问题是什么？

（5）针对事件二，判断桩基质量是否合格？说明理由。

（6）针对事件三，计算施工单位可以获得的工期索赔和费用索赔。

（7）针对事件四，施工单位停工的做法是否正确？说明理由。

6.2.2.2　参考答案

（1）细粒式沥青混凝土的直接工程费如表 6-5 所示。

表 6-5 直接工程费计算表

| 序号 | 单价/元 | 工程量 | 合计/元 |
|---|---|---|---|
| 1 | 631.31 | 1700 | 1136357.0 |
| 2 | 5.643 | 1700 | 10336.4 |
| 3 | 3.00 | 1700 | 5400.0 |
| 4 | 13.74 | 1700 | 24912.0 |
| 5 | | | 0 |
| 直接工程费总计 | | | 1166006.4 |

（2）不调整单价。理由：1000/11000×100%＝9.09%，不超过10%。

（3）由网络可知，关键路线为：1-2-6-6-7-9-10；则总工期 $T=5+25+7+5+6+5=53$ 天。

（4）灌注桩施工只有一台发电机组。应有备用发电机组，确保在施工过程中不断电，保持施工的连续性。

（5）桩基质量不合格。理由：中断时间3h，从6:00开始至15:00结束，浇筑周期达到7h，超过首盘浇筑的混凝土的初凝或能重塑时间，容易形成断桩。

（6）工期和费用索赔可以索赔。

以监理批准的工期延长10天为准，东桥台本身的（总时差）机动时间有6天。可索赔的工期 $T=10-6=4$ 天。

索赔的费用为20+1＝21万元。

（7）施工单位停工的做法不正确。理由：施工单位应在变更工程施工完毕后，同监理工程师按合同约定协商单价及办理费用结算工作（不能在单价未确定之前停工）。

# 6.3 工程费用管理方案措施文件案例

## 6.3.1 水泥混凝土路面费用管理

### 6.3.1.1 背景资料

某施工单位承接了某一级公路水泥混凝土路面“白改黑”工程施工，该工程路基宽2×12m，路面宽度2×10m，长45.5km，工期4个月。施工内容包括：旧路面病害的治理、玻纤格栅铺设、6cm厚AC-20下面层摊铺、5cm厚AC-16中面层摊铺，4cm厚SBS改性沥青SMA上面层摊铺。设计中规定上面层SMA混合料必须采用耐磨值高的玄武岩碎石。

施工单位采用厂拌法施工。为保证工期，施工单位配置了两台3000型间歇式沥青混凝土拌和站（假设SMA沥青混合料的压实密度为2.36t/m$^2$，每台3000型拌和站每拌制一满盘料的质量为3000kg），4台10m可变宽摊铺机，7台双钢轮压路机及4台胶轮压路机。

玻纤格栅采用人工铺设：先洒一层热沥青作黏层油（0.4~0.6kg/m$^2$），然后用固定器将一端固定好，用人工将玻纤格栅拉平、拉紧后，用固定器固定另一端。

施工单位采用马歇尔试验配合比设计法通过三阶段确定了混合料的材料品种、配合比、矿料级配及最佳沥青用量，用以指导施工。

该工程施工期间，原材料价格波动很大，施工合同中约定只对沥青、柴油及玄武岩采用调值公式法进行价差调整。

基期为当年5月，工程款按月计量，每月调整价差，该工程投标函投标总报价中，沥青占35%，柴油占15%，玄武岩占20%。各月价格如表6-6所示。

**表6-6 各月现行价格**

| 月 份 | 沥青/元·$t^{-1}$ | 柴油/元·升$^{-1}$ | 玄武岩/元·$m^{-3}$ |
|---|---|---|---|
| 5月（基期） | 3700 | 5.9 | 200 |
| 6月 | 4050 | 6.13 | 195 |
| 7月 | 4270 | 6.13 | 215 |
| … | … | … | … |

施工单位6月份完成工程产值3156万元，7月份完成工程产值4337万元。

**问题：**

（1）该工程中，铺设玻纤格栅的主要作用是什么？

（2）指出并改正玻纤格栅施工的错误之处。

（3）配合比设计包含了哪三个阶段？

（4）该工程SMA沥青混合料最少需要拌制多少盘？（列式计算）

（5）7月份调价之后的当月工程款是多少？（列式计算）

6.3.1.2 参考答案

（1）主要作用是防止反射裂缝（防止水泥面板的接缝反射到新铺的沥青路面上）。

（2）施工顺序错误，应改为先铺设玻纤格栅，再洒热沥青作黏层油。

（3）目标配合比设计阶段、生产配合比设计阶段、生产配合比验证阶段。

（4）SMA混合料质量：$T=0.04\times20\times45500\times2.36=85904(t)$。

至少要拌制的盘数：85904/3＝28635（盘）。

（5）7月份：

$4337\times(0.3+0.35\times4270/3700+0.15\times6.13/5.9+0.2\times215/200)$

$=4337\times(0.3+0.404+0.156+0.215)$

$=4337\times1.075$

$=4662.28$ 万元

### 6.3.2 跨江大桥施工控制及费用管理

6.3.2.1 背景资料

某高速公路跨江特大桥项目，中标价2.49亿元，主桥为（105+170+105）m预应力混凝土连续箱梁刚构桥，两岸引桥均为40m预制T梁，南岸16孔，北岸20孔，均为4孔一联先简支后连续结构。设计通航水位+12.30m，该标高对应的河面宽460m，主墩处水深6.2~7.6m。由于有通航要求和受流凌影响，所以不准搭设施工便桥。主桥主墩采用$\phi$2.0m钻孔桩基础，低桩承台，矩形空心墩，墩高34~37m。每个承台20根桩，承台长30m，宽20m，厚4.5m，所需混凝土由现场制备，引桥采用钻孔桩基础，圆柱墩，设系梁和盖梁，墩高7~27m，平均高度25m，地势起伏较大。施工单位进场后，经实地考察和校对设计文件，编制了施工组织设计。

项目经理部设立了安全机构，配备了 3 名持有交通部颁发的《安全生产考核合格证书》的专职安全生产管理人员。机务部检查确认施工船只证照齐全，船机性能良好，船员满员且持证上岗，能满足施工要求，报项目经理批准后，随即开始水上钻孔桩平台打桩作业。项目经理部为保证钻孔桩质量，设置了钻孔桩质量控制关键点：① 桩位坐标控制；② 护筒埋深控制；③ 泥浆浓度控制；④ 桩底贯入度控制；⑤ 护筒内水头高度控制；⑥ 导管接头质量检查与水下混凝土浇筑质量。施工单位进场后，业主另外又委托其施工进场道路，并约定只按实际发生的工程费支付进场道路直接费，其他工程费的综合费率为 10%，其中安全文明施工措施费 1%，雨期施工增加费 1 万元（费率 1%）。进场道路完工后，经监理工程师核实确认，施工机械使用费 20 万元，材料费 60 万元。

在 1 号主墩钻孔桩开钻前夕，承包人接到监理工程师指令：石油部门要在墩位处补充调查地下石油管线，要求 1 号主墩停止钻孔桩施工 3 天，监理工程师根据机械设备进退场申请单和现场核实，确认有两台钻机停工，其中一台为租赁，其分摊进退场费用后的实际租赁费 2000 元/天；另一台为自有，投标报价为台班费 1600 元，停置费 1000 元/天，利润率 6%。

**问题：**

(1) 本项目配备的专职安全生产管理人员数量是否符合《公路水运工程安全生产监督管理办法》的规定？并说明配备标准，项目经理部还有哪些人员需持有《安全生产考核合格证书》？钻孔桩平台打桩作业前，还应向地方海事部门提出什么申请？

(2) 本工程主桥施工需在水上搭设的临时工程有哪些？

(3) 对项目经理部设置的钻孔桩质量控制关键点存在的错误之处进行修正、补充。

(4) 根据背景资料，针对引桥 40m 预制 T 梁的架设，采用双导梁架桥机、吊车、跨墩龙门吊这三种架设方法哪种最合理？说明理由。

(5) 列式计算施工单位施工进场道路可获得的直接费。

(6) 列式计算 1 号主墩钻孔桩停工 3 天可索赔的钻机停工费用。

6.3.2.2 参考答案

(1) 1) 不符合，配备标准为：每 5000 万元合同额配备一名，不足 5000 万元的至少配备 1 名。2) 还应有项目经理、项目副经理、项目总工程师。3) 还应向施工所在地海事部门提出施工作业通航安全审核申请，批准并取得水上水下施工许可证。

(2) 临时码头、围堰及施工平台。

(3) 更正质量控制点两项："③ 泥浆浓度控制" 应更改为："泥浆指标控制"，"④ 桩底贯入度控制" 应更改为："桩顶、桩底标高控制"。

遗漏的四个质量控制点分别为清孔质量、垂直度控制、孔径控制、钢筋笼接头质量控制。

(4) 双导梁架桥机假设法最合理：

理由：1) 地质起伏较大，不宜用跨墩龙门吊架设；2) 桥墩较高，梁重（长、大），不宜用吊车架设；3) 双导梁架桥机适用于孔数较多的重型梁吊装，对桥下地形没有要求，该架设方法最合理。

(5) 其他工程费 = 1 万元/1%×10% = 10 万元，直接工程费 = 10 万元/10% = 100 万元，

直接费=100万元+10万元=110万元。

（6）租赁钻机停置索赔费=2000元/天×3天=6000元，自有钻机停置索赔费1000元/天×3天=3000元，合计6000+3000=9000元。

## 思 考 题

（1）工程质量管理的意义有哪些？
（2）工程进度管理与质量管理、费用管理的关系如何？

# 7 工程质量验收与评定能力实训

第 7 章课件

**本章摘要：**

主要介绍什么是工程质量验收、工程质量评定及其意义，并给出了工程质量验收案例和工程质量评定案例。

在工程项目管理过程中，进行工程项目质量的评定和验收，是施工项目质量管理的重要内容。项目各方必须根据合同和设计图纸的要求，严格执行国家颁发的有关工程项目质量检验评定标准和验收标准，及时地配合监理工程师、质量监督站等有关人员进行质量评定和办理竣工验收交接手续。工程项目质量评定和验收程序是按分项工程、分部工程、单位工程依次进行；工程项目质量等级，均分为“合格”和“优良”两级，凡不合格的项目则不予验收。

## 7.1 工程质量验收案例文件

### 7.1.1 ××高速公路改造项目

7.1.1.1 ××高速公路改造概况

××高速位于长常高速公路的第一段，地处洞庭湖南滨地区，1995 年动工建设，于 1997 年 6 月建成通车，对湖南实施湘西大开发战略，促进湘西北地区经济发展和繁荣，加强与川、鄂、渝等省、市人流、物流沟通联系，起着不可或缺的作用。××高速公路也对拉动沿线经济发展、加速沿线城镇化进程，起到了极大的推动作用。通车运行 13 年以来，交通量保持年均 15%的高速增长，特别是近年来，随着沿线经济和社会的快速发展和湖南省“3+5”城市群的融合，××高速的交通流量迅速攀升，2010 年日均流量已超过 20000 辆，相比 1997 年刚通车时翻了 4 倍，而在交通较为紧张的节假日交通量竟达到近 10 万台次，使其路面遭受严重的负荷，通行能力下降，承载能力也有所下降，路面出现较为严重的破坏，此外，由于此种原因，××高速公路路段的拥堵，车祸事件也频繁发生。

为了改变这种情况，不影响交通运输及车流行车速度和行车舒适度，国家和政府对此进行了改造修补立项，由省发改委批准。××高速公路大修工程，已于 2011 年 6 月正式动工。大修工程主线全长 56.620km(K14+400~K62+020)；互通 5 座，匝道共计长 1.169km；主线桥梁 46 座，其中特大桥 1 座；另有天桥 37 座。

根据项目实际情况，按照项目业主的要求，本项目划分为 6 个施工合同段，具体如表 7-1 所示。

**表 7-1 各合同段桩号、施工单位和监理单位**

| 合同段 | 起止桩号 | 长度/km | 互通/座 | 施工单位 | 监理单位 |
|---|---|---|---|---|---|
| S1 | K14+400～K35+500 | 21.100 | 2 | 长沙市公路桥梁建设有限责任公司 | 湖南省交通建设工程监理有限公司 |
| S2 | K35+500～K54+700 | 19.200 | 1 | 湖南路桥建设集团公司 | |
| S3 | K54+700～K72+020 | 17.320 | 2 | 杭州市交通工程集团有限公司 | |
| S4 | 房建工程 | | 0 | 湖南省第四工程有限公司 | |
| S5 | 机电工程 | | 0 | 陕西政台汉唐工程有限公司 | |
| S6 | 交通安全设施工程 | | 0 | 茂名市公路建设有限公司 | |

合同段主要工程数量如表 7-2 所示。

**表 7-2 主要工程数量表**

| 项　目 | 单　位 | 主要工程数量 | 备　注 |
|---|---|---|---|
| 征用土地 | 亩 | 15.1 | |
| 路线长度 | km | 57.620 | |
| 防护及排水工程 | $m^3$ | 4902 | |
| 路面工程（不含桥面） | $1000m^2$ | 1400.187 | |
| 桥梁 | m/座 | 2408.8/46 | 维修加固 |
| 涵洞 | 道 | 18 | 维修加固 |
| 天桥 | 座 | 27 | 维修加固 |
| 通道 | 道 | 83 | 维修加固 |
| 收费站扩建 | 处 | 3 | |
| 通信管线 | km | 57.62 | |

工程完工后，目前的水泥路面将提质升级为沥青路面，届时行车环境和舒适度都将大幅提升。此次大修改造，全路段除维持四车道高速公路标准、路面采用沥青砼结构形式外，宁乡收费站将增建 1 进 1 出 2 条车道，泉交河收费站增建 1 进 3 出 4 条车道，朝阳收费站增建 1 进 2 出 3 条车道，通过路面提质与收费站车道扩建，将大幅提升通行效率和行车环境。

#### 7.1.1.2 ××高速公路的主要质量问题

##### A 水泥混凝土路面破损状况

××高速公路原有路面结构层设计为：25cm 水泥混凝土路面面层、17cm 水泥稳定砂砾基层、15cm 水泥稳定砂砾底基层。在××高速公路运营的 12 年期间，路面破损状况不断恶化，行驶质量等级不断降低。

（1）土路面破损状况判定标准。《公路水泥混凝土路面养护技术规范》（JTJ 073.1—2001）、《公路水泥混凝土路面设计规范》（JTG D40—2002）、《高速公路养护质量检评方法》中将水泥混凝土路面破损分为 11 种破损，包括：破碎板、裂缝、板角断裂、拱起、唧泥、错台、坑洞、边角剥落、接缝料破损、修补损坏、层状剥落。同时，每种病害又根据其损坏的程度分为轻度、中度、重度等级别。表 7-3、表 7-4 列举了几个重要指标的评价标准。

**表 7-3 路面破损状况等级评价标准（一）**

| 评价标准 | 优 | 良 | 中 | 次 | 差 |
|---|---|---|---|---|---|
| 路面状况指数 | ≥85 | 84~70 | 69~55 | 54~40 | <40 |
| 断板率 DBL/% | ≤1 | 2~5 | 6~10 | 11~20 | >20 |

**表 7-4 路面破损状况等级评价标准（二）**

| 等 级 | 优良 | 中 | 次 | 差 |
|---|---|---|---|---|
| 接缝传荷系数/% | >80 | 56~80 | 31~55 | <31 |
| 板底脱空率/% | 0~5 | 5~10 | 10~20 | >20 |

（2）旧路面调查检测结果。通过对路面调查及试验检测，发现原××高速水泥混凝土路面以断裂类病害（交叉裂缝、角隅断裂、纵横斜向裂缝）为主，接缝传荷能力较差，板底脱空比例较大，板下基础支撑均匀性较差。在养护部门不断及时维护的情况下，病害仍频繁出现，说明该路面结构存在问题。通过钻芯调查，发现水泥板抗弯拉强度不够，这也是水泥板破坏的原因。具体的检测结果如表 7-5 所示。

**表 7-5 原有路面检测结果**

<table>
<tr><th rowspan="2">评价指标</th><th colspan="4">检 测 结 果</th><th rowspan="2">评 价</th></tr>
<tr><th>左行车道</th><th>左超车道</th><th>右行车道</th><th>右超车道</th></tr>
<tr><td>断板率/%</td><td>28</td><td>11</td><td>20</td><td>6</td><td>（中，差，次，差）</td></tr>
<tr><td>断裂板比例/%</td><td>53</td><td>23</td><td>47</td><td>19</td><td>（中，差，次，差）</td></tr>
<tr><td>路基及排水</td><td colspan="5">全线路基情况较稳定，调查未见明显破坏。全线边坡较稳定，未见明显坍塌、亏坡。绝大路段边沟完好，无堵塞。中分带排水系统存在先天不足，雨雪天气局部路段排水不畅</td></tr>
<tr><td>脱空率/%</td><td colspan="2">56</td><td colspan="2">39</td><td>全线脱空严重</td></tr>
<tr><td>接缝传荷能力</td><td colspan="2">25%为中，66%为次，8%为差</td><td colspan="2">2%为中，92%为次，7%为差</td><td>左、右幅全部为中及中以下</td></tr>
<tr><td>基层顶面当量回弹模量/MPa</td><td>135</td><td>134</td><td>166</td><td>130</td><td>板下基础承载能力较差</td></tr>
<tr><td>面板厚度标准值/cm</td><td>24.3</td><td>24.5</td><td>24.3</td><td>24.2</td><td>板厚偏低</td></tr>
</table>

B 桥梁病害

表 7-6 为各主线桥的病害描述。

**表 7-6 主线桥病害**

| 桥 名 | 主 要 病 害 描 述 |
|---|---|
| 金星一桥 | 1. 锥坡破损；2. 桥面局部破损；3. 伸缩缝积沙被堵塞 |
| 金星二桥 | 1. 铰缝处有渗水；2. 长沙岸桥台多条水平裂缝，有少部分竖向裂缝，益阳岸桥台多条横向裂缝 |

续表 7-6

| 桥 名 | 主要病害描述 |
|---|---|
| 友仁互通桥 | 1. 铰缝处有渗水；2. 桥面局部破损 |
| 荆州桥 | 1. 空心板板底有渗水；2. 排水孔积水；3. 伸缩缝被破坏 |
| 八曲河桥 | 1. 墩顶开裂；2. 行车道破损、开裂；3. 防撞墙破损、剥落，表面有刮痕；4. 伸缩缝堵塞；5. 排水孔堵塞 |
| 新联桥 | 1. 空心板板底破损、蜂窝、麻面；2. 支座剪切变形，被水浸泡；3. 锥坡长草 |
| 全民桥 | 1. 空心板板底钢筋锈胀，边板渗水；2. 台帽渗水、开裂；3. 桥面开裂；4. 锥坡破损 |
| 丹家河桥 | 1. 桥台渗水严重，钢筋锈胀；2. 支座被水浸泡；3. 桥面开裂，伸缩缝积沙被堵塞；4. 锥坡破损 |
| 沩水大桥 | 1. 空心板底蜂窝、空洞、锈胀露筋、渗水泛碱、有汽车刮痕，空心板底面跨中位置有纵向裂缝；2. 横隔板露筋；3. 盖梁渗水泛碱、锈胀露筋、有施工垃圾；4. 支座垫石破损，支座被水浸泡、脱空、变形；5. 行车道板破损、裂缝；6. 防撞墙破损、剥落有刮痕，钢筋锈胀；7. 伸缩缝积沙被堵塞 |
| 石垅村过水桥 | 1. 空心板底有纵向裂缝、泛碱，铰缝泛碱；2. 支座脱空、变形；3. 盖梁泛碱，挡块被空心板挤坏；4. 桥台有竖向裂缝，宽度 1mm |
| 石垅村乡道桥 | 1. 空心板底面用砂浆修补过，有纵横向裂缝；2. 桥台渗水、有裂缝 |
| 寿石桥 | 1. 空心板底面有破损；2. 盖梁钢筋锈胀；3. 桥面破损 |
| 宁乡互通桥 | 1. 空心板底面被钢板加固过；2. 桥台有贯通裂缝；3. 桥面破损；4. 锥坡破损 |
| 石山桥 | 1. 空心板底面有纵向裂缝、泛碱；2. 桥台渗水；3. 桥面破损、裂缝多、大面积麻面、露骨；4. 伸缩缝堵塞 |
| 响塘湾桥 | 1. 空心板底被环氧砂浆修补过；2. 桥面破损；3. 排水孔堵塞 |
| 石泉桥 | 1. 桥台裂缝、泛碱；2. 桥面破损；3. 排水孔堵塞；4. 伸缩缝积沙，橡胶条出现破损 |
| 金龙桥 | 1. 支座轻微渗水；2. 桥台裂缝被修补过 |
| 新立桥 | 1. 空心板底面有裂缝、泛碱；2. 桥台有裂缝、渗水；3. 桥面有裂缝 |
| 龙海洲大桥 | 1. 空心板底面有裂缝，钢筋锈胀，铰缝渗水泛碱；2. 盖梁钢筋锈胀、渗水、泛碱；3. 桥面破损、开裂、磨损较严重；4. 伸缩缝堵塞；5. 防撞墙破损、钢筋锈胀 |
| 先锋桥 | 1. 铰缝渗水；2. 桥台竖向裂缝，耳墙竖向裂缝被碳纤维布补强过 |
| 黄土坑一桥 | 1. 空心板底渗水泛碱；2. 桥台多条裂缝，有两条竖向贯通裂缝 |
| 黄土坑二桥 | 1. 桥台渗水，台帽钢筋锈胀；2. 防撞墙破坏 |
| 万家洲中桥 | 1. 铰缝渗水；2. 盖梁钢筋锈胀；3. 桥台渗水严重；4. 伸缩缝积沙；5. 排水孔堵塞；6. 桥面破损、开裂；7. 防撞墙有刮痕 |
| 樟树嘴桥 | 1. 耳墙有纵横向裂缝；2. 排水孔积水 |
| 清水寺桥 | 1. 个别板底面保护层厚度不足，钢筋外露；2. 桥台侧墙 1 处开裂；3. 桥面泄水孔堵塞 |
| 新禾乡道桥 | 1. 桥台底部出现竖向裂缝；2. 桥面铺装在超车道位置出现纵向开裂及混凝土破损 |
| 新禾过水桥 | 1. 主梁铰缝多处渗水；2. 主梁混凝土 1 处蜂窝；3. 桥台台身及桥墩盖梁渗水 |
| 泉交河互通桥 | 1. 桥台修补裂缝局部重新开裂缝；2. 桥台和边板均出现渗水；3. 底板出现蜂窝现象 |
| 沧水铺中桥 | 1. 个别空心板底面麻面、蜂窝较多；2. 桥台侧墙出现斜向裂缝，最大宽度达 0.2mm；3. 左幅变梁底面出现刮痕 |

续表 7-6

| 桥名 | 主要病害描述 |
| --- | --- |
| 谭家河大桥 | 1. 空心板铰缝出现较多渗水、泛碱；2. 空心板出现混凝土破损及露筋；3. 各墩盖梁及台帽均出现较多渗水现象；4. 锥坡出现下沉，最大约 5cm |
| 谭家河故道桥 | 1. 主梁出现钢筋外露及锈胀；2. 梁底出现渗水、泛碱；3. 桥台护坡出现下沉；4. 桥面铺装磨耗及破损较多；5. 伸缩缝堵塞 |
| 谭家河小桥 | 1. 桥台挡块均出现开裂；2. 桥台台身渗水；3. 伸缩缝堵塞 |
| 谭家河中桥 | 1. 长沙岸桥台台身出现竖向裂缝及斜向裂缝；2. 台帽及侧墙出现局部混凝土剥落和破损；3. 伸缩缝堵塞 |
| 傍山渠中桥 | 1. 个别空心板出现纵向裂缝；2. 个别盖梁出现混凝土破损、露筋；3. 益阳侧锥坡出现开裂；4. 桥面铺装出现破损；5. 伸缩缝出现堵塞 |
| 新屋桥 | 1. 桥台台身出现竖向裂缝（最大宽度 0. 25mm），个别裂缝修补区域重新开裂缝；2. 锥坡出现破损 |
| 花明楼西 1 号桥 | 1. 钢筋混凝土空心板底面跨中位置出现横向裂缝；2. 空心板铰缝出现多处渗水、泛碱；3. 墩台盖梁出现渗水；4. 锥坡局部出现沉降，最大为 5cm；5. 桥面铺装出现破损；6. 反光标志出现缺失 |
| 花明楼西 2 号桥 | 1. 桥梁墩台位置出现渗水；2. 桥台出现竖向裂缝；3. 排水管道出现破损；4. 桥台翼墙出现破损、开裂；5. 桥面铺装出现破损 |
| 宁家铺支渠 | 1. 空心板出现破损露筋及锈胀；2. 桥墩盖梁出现破损、露筋；3. 空心板铰缝及盖梁出现渗水泛碱；4. 部分挡块挤压破损；5. 部分支座出现脱空；6. 桥面铺装破损及坑槽；7. 反光标志出现缺失 |
| 烂泥湖中桥 | 1. 主梁及横隔板出现多处破损、露筋；2. 主梁间湿接缝出现裂缝泛碱；3. 桥台及桥墩盖梁出现渗水泛碱；4. 挡块出现开裂及破损；5. 支座出现横向剪切变形；6. 桥台护墙出现竖向裂缝；7. 桥面铺装破损及伸缩缝堵塞；8. 反光标志缺失 |
| 华林桥 | 1. 桥台发现 3 处台身竖向裂缝，1 处裂缝修补重新开裂；2. 空心板铰接缝间出现渗水；3. 桥台锥坡顶部出现塌陷、破损 |
| 黄家坝中桥 | 1. 第 1、3 跨梁底均出现加厚层剥落和龟裂现象；2. 主梁和墩台均出现渗水和泛碱现象；3. 支座出现横向剪切；4. 桥墩出现钢筋锈胀；5. 挡块出现挤压破损；6. RO 号台前护坡顶部竖向开裂 |
| 粟山桥 | RO 号台台身竖向裂缝 |
| 朝阳东桥 | 1. 桥台出现竖向贯通裂缝；2. 梁底出现划伤痕迹；3. 桥面泄水孔盖缺失 |
| 朝阳西桥 | 1. 右幅桥台泄水孔排水腐蚀混凝土，桥台台身底面 1 处竖向裂缝；2. 左侧益阳台及右幅长沙台渗水结晶；3. 左幅锥坡顶局部破损；4. 伸缩缝堵塞 |
| 赫山镇 | 1. 空心板铰接缝渗水；2. 空心板底面出现划痕；3. L1 号墩盖梁渗水严重；4. 益阳岸桥台侧面严重开裂 |

### 7.1.2 ××高速公路改造方案

#### 7.1.2.1 改造前的旧路处治方案

方案采用换板灌浆综合处治法。旧路面经过换板、灌浆、灌缝等处置方法，保持水泥混凝土原有结构的整体稳定，保持较高的抗弯拉强度和刚度，作为加铺设计的主要承重结构层。

（1）灌浆：解决路面唧泥导致混凝土面板下脱空的有效方法，按灌浆深度分为浅层灌浆和深层灌浆，前者用于处理路面结构层各层之间的脱空和唧泥；后者用于处理基层以下的路基，主要治理路基不均匀沉降、底基层与土基的脱空或唧泥。灌浆材料用水泥浆液，因其具有渗透力强、耐久性好的特点。

（2）换板：对于已破碎的旧水泥混凝土，采用灌浆、灌缝等手段已不能有效地恢复其承载能力，必须对水泥混凝土面板进行更换，换板并不都是独立地更换面板，而是要根据路面情况和基层状况，必要时还须同基层一起处理。

（3）灌缝：起封水作用，防止雨水渗入旧面层底、基层、底基层甚至路基，从而减少唧泥和唧浆，减少旧砼接缝、裂缝引起面层的反射裂缝，所有旧混凝土板的接缝、裂缝均采用沥青进行灌缝。一般情况下，采用直接清缝并灌注填缝料，对于小于 3mm 的轻微裂缝，应采用先扩缝后灌缝的方法；对于宽度大于 3mm 且没有碎裂的非扩展性裂缝，采用直接清缝灌缝法；对于贯穿全厚的大于 3mm 小于 15mm 的中等裂缝，采用条带罩面进行修补。

#### 7.1.2.2　加铺方案选择

根据××高速公路的使用要求、性质，结合本项目区的气候、水文、地质、施工经验和养护条件以及当地筑路材料的供应状况等进行路基路面综合设计，本工程决定采用如下方案，即 4cm 改性沥青 SMA13+5cm 改性沥青 AC20C+1cm 橡胶沥青 SAMI+16cm 连续配筋混凝土加铺层+2cm AC10 隔离调平层+旧砼板换板灌浆综合处治，加铺总厚度为 27cm。

#### 7.1.2.3　桥梁改造加固方案

##### A　桥面加铺方案

根据桥梁检测评定和桥梁结构检算，本项目桥梁可分为两大类，一类为钢筋混凝土空心板桥，一类为预应力混凝土空心板桥和预应力混凝土 T 梁桥。对于钢筋混凝土空心板桥，计算结果表明，不宜再增加恒载；对于本项目预应力桥梁，计算结果表明桥梁可适度增加恒载。

对于桥面铺装层，设计提出以下两种方案进行比选。

（1）方案 A：5cm 薄层沥青罩面+1cm 橡胶沥青 SAMI。

采用薄层沥青罩面，需采用特别的聚合物改性沥青结合料，施工后的罩面层，有不变形和高黏着性的特点。作为薄层罩面，具有良好的抗滑性能、抗渗性能和抗车辙性能。同时，因为桥面上只增加了 6cm 厚沥青混凝土恒载，桥梁承载能力储备较大，对桥梁结构安全有利。

（2）方案 B：4cm SMA13+6cm 改性沥青 AC20C+1cm 橡胶沥青 SAMI。

该方案为常规方案，沥青砼铺装与路面结构一致，施工方便，病害较少。其缺点是恒载增加较大，承载能力储备较小，且造价较高。同时，对于钢筋混凝土空心板桥，需要将原桥梁混凝土铺装凿除 11cm，才能加铺此结构。表 7-7 为桥面铺装方案比较。

**表 7-7　桥面铺装方案比较**

| 方案 | 方案优点 | 方案缺点 |
| --- | --- | --- |
| A | 罩面层薄，具有良好的抗滑性能、抗渗性能和抗车辙性能，恒载增加少，桥梁承载能力储备较大 | 沥青混凝土铺装与路面结构一致，施工方便 |
| B | 施工要求高 | 恒载增加较大，承载能力储备较小，造价高于方案 A |

综合考虑方案的优缺点，设计推荐采用方案 A，根据桥梁结构形式不同，加铺方案如下：

钢筋混凝土空心板桥——凿除原水泥混凝土表面 5cm 厚防水砼，再从下往上依次铺设：1cm 橡胶沥青 SAMI、5cm 厚薄层沥青罩面。

预应力混凝土空心板桥和预应力混凝土 T 梁桥——原桥面水泥混凝土铺装病害处置后，再从下往上依次铺设：1cm 橡胶沥青 SAMI、5cm 厚薄层沥青罩面。

B 常规修补方案

(1) 混凝土表面缺陷：一般将松散、破碎混凝土凿除至新鲜密实部位，或对渗水部位和蜂窝麻面部位打磨或凿除表层至坚实界面，然后采用环氧树脂砂浆修复；如缺损较大较深，则还需挂设钢筋网片并分层（一般 3cm/层）修补。

(2) 钢筋外露锈蚀：清理钢筋锈蚀区域，并对外露钢筋进行除锈、阻锈处理，然后按混凝土表面缺陷修复法修复。

(3) 裂缝：缝宽小于 0.15mm 的裂缝采用裂缝修补胶涂刷封闭；缝宽不小于 0.15mm 的裂缝采用低压灌浆，经修补后，使结构恢复其刚度、整体性和耐久性。

C 特殊措施

(1) 钢筋混凝土空心板板底横向裂缝：板底粘贴钢板或碳纤维布。

(2) 钢筋混凝土空心板铰缝渗水：铰缝局部破坏的可采取铰缝注浆。

(3) 桥墩台盖梁裂缝：在按常规措施进行处治以恢复其耐久性的基础上，对裂缝宽度大于 0.3mm 的盖梁还需采用粘贴钢板进行加固补强。

(4) 薄壁桥台台身竖向裂缝：此类裂缝对结构的耐久性和正常使用功能有较大影响，根据薄壁桥台病害原因和严重程度，有针对性地进行加固，如病害较轻则对裂缝做常规处理，对病害严重的桥台采用横向粘贴钢板的方法加固。

(5) 桥面纵向裂缝：凿除纵向裂缝两侧各 70cm 区域桥面铺装，在铰缝两侧种植骑马筋，板顶植筋，再重新浇筑桥面铺装。

(6) 桥面连续开裂：结合路面大修统一处理，措施为凿除后，按改进后的桥面连续修复。

D 桥梁与路基纵面衔接措施

在桥台搭板两端的路基段设置 70m 长的纵坡过渡段，消除路面铺装与桥面铺装结构厚度差，实现路面与桥面纵断面平顺衔接，具体设计详见路基路面相关设计文件。

E 其他

(1) 空心板板底渗水：在板底钻直径 2cm 小孔引出排净板内积水后，采用环氧树脂砂浆封闭。

空心板底板间勾缝如有脱落，则清理后重新勾缝，如无关联病害且无美观要求不做勾缝处理。

(2) 支座：对《G5513××段大修工程桥梁检测报告》提出已经破坏需要更换的支座进行更换，支座脱空的采用支座顶部与空心板之间垫入钢板的方法处置。

(3) 护栏：按常规措施处理，重新安装脱节的钢撑架和钢管扶手。

F 涵洞、通道

本项目的涵洞、通道使用状况良好，存在的主要病害及维修处置方案见表 7-8。

表 7-8 通道、涵洞病害及维修处置方案

| 结构类型 | 病害类型 | 病害程度 | 维修处置方案 |
|---|---|---|---|
| 管涵 | 淤泥沉积 | 少量 | 清除淤泥 |
| 盖板涵 | 顶板裂缝 | | 缝宽小于 0.12mm 的裂缝采用裂缝修补胶涂刷封闭；缝宽不小于 0.12mm 的裂缝采用低压灌浆 |
| 盖板通道 | 涵身裂缝 | | |

G 天桥

本项目天桥使用状况良好，根据检测报告，结构方面基本无病害，影响项目大修方案的主要是天桥净高问题。本项目全线共有 37 座天桥。

### 7.1.3 质量控制结果与评价

项目质量控制的结果评价主要通过项目的交工质量验收得以反映。按交通部《公路工程竣（交）工验收办法实施细则》（公路发［2010165］号）对大修工程路面质量进行评定；同时通过对大修工程施工过程中关键质量项目的抽检，消除路面工程质量隐患。

工程质量等级从分部工程到单位工程，再到合同段，最后到建设项目进行逐级评定，其中分部工程的质量等级有合格与不合格两个等级；而单位工程、合同段以及建设项目的工程质量等级为优良、合格、不合格三个等级。合同段及建设项目的质量等级判断标准同单位工程，只是前者包含的工程对象为单位工程后者为合同段；此外对于经加固、整修、返工或补强的原不合格分部工程后可获得重新鉴定的机会。

7.1.3.1 质量验收方案

××高速公路改造工程的质量验收方案由以下四部分组成：工程实体检测实施方案、工程外观检查实施方案、内业资料检查实施方案、桥梁荷载试验实施方案。

A 工程实体检测实施方案（表 7-9）

表 7-9 工程实体抽查项目、频率及计划检测量

| 工程类别 | 抽检项目 | 权值 | 检测方法与频率 | 计划检测量（分标段） | | | |
|---|---|---|---|---|---|---|---|
| | | | | S1 | S2 | S3 | 合计 |
| 旧路处置 | 板边脱空 | 1 | 贝克曼梁弯沉法检测，每千米不少于 50 块板 | 1055 板 | 960 板 | 866 板 | 2881 板 |
| 连续配筋混凝土结构层 | 抗压强度 | 3 | 钻芯取样，每千米不少于 1 点 | 21 点 | 19 点 | 17 点 | 57 点 |
| | 板厚度 | 2 | | 21 点 | 19 点 | 17 点 | 57 点 |
| | 纵断高程 | 1 | 全站仪测量，每千米不少于 3 处，每处 4 断面 | 63 处 | 58 处 | 52 处 | 173 处 |
| | 钢筋数量 | 2 | 雷达或计数，每千米测量长度不少于 50m | 1055 m | 960 m | 866 m | 2881m |
| 路面面层 | 沥青路面压实度 | 3 | 灌砂法，每千米不少于 1 点 | 21 点 | 19 点 | 17 点 | 57 点 |
| | 沥青路面弯沉 | 3 | 每评定单元检测不少于 40 点，各车道交替检测 | 1688 点 | 1536 点 | 1386 点 | 4610 点 |

续表 7-9

| 工程类别 | | 抽检项目 | 权值 | 检测方法与频率 | 计划检测量（分标段） | | | |
|---|---|---|---|---|---|---|---|---|
| | | | | | S1 | S2 | S3 | 合计 |
| 路面面层 | | 沥青路面车辙构造深度 | 1 | 各车道连续监测 | 84.4 km | 76.8 km | 69.3 km | 230.5 km |
| | | 路面渗水系数 | 2 | 每千米不少于1点 | 21点 | 19点 | 17点 | 57点 |
| | | 平整度 | 2 | 各车道连续监测 | 84.4 km | 76.8 km | 69.3 km | 230.5 km |
| | | 抗滑 | 2 | 各车道连续检测横向力系数 | 84.4 km | 76.8 km | 69.3 km | 230.5 km |
| | | 厚度 | 3 | 钻芯法，每千米不少于1点 | 21点 | 19点 | 17点 | 57点 |
| | | 横坡 | 1 | 水准仪，每千米不少于1个断面 | 21点 | 19点 | 17点 | 57点 |
| 桥面系 | | 伸缩缝与桥面高差 | 1 | 逐条缝检测 | | | | ≥92条 |
| | | 桥面铺装平整度 | 1 | 每联长于100m各车道连续检测，不足100m用三米直尺测3处，每处3尺 | | | | |
| | | 桥面抗滑 | 2 | 长于100m各车道连续检测横向力系数。不足100m摆式法每座测不少于2处 | | | | |
| 交通安全设施 | 标志 | 立柱竖直度 | 1 | 每柱测两个方向 | 5柱 | | | |
| | | 标志板净空 | 2 | 取不利点 | 5块 | | | |
| | | 标志板厚度 | 1 | 每块测不少于2点 | 5块 | | | |
| | | 标志面反光膜等级及逆射光系数 | 2 | 每块测不少于2点 | 5块 | | | |
| | 标线 | 反光逆反射系数 | 2 | 每块测不少于5点 | 285点 | | | |
| | | 标线厚度 | 2 | 每块测不少于5点 | 285点 | | | |
| | 防护栏 | 波形梁板基底金属厚度 | 2 | 每处不少于5点 | | | | |
| | | 波形梁钢护栏立柱壁厚 | 2 | 每处不少于5点 | | | | |
| | | 波形梁钢护栏立柱埋入深度 | 2 | 每处不少于1根 | | | | |
| | | 波形梁钢护栏横梁中心高度 | 1 | 每处不少于5点 | 285点 | | | |
| | | 混凝土护栏强度 | 2 | 用回弹仪或超声波每处不少于2个测区，测区总数不少于10个 | | | | |
| | | 混凝土护栏断面尺寸 | 2 | 每处不少于5点 | | | | |

## B 工程外观检查实施方案（表7-10）

**表7-10 工程外观检查内容及扣分标准**

| | | |
|---|---|---|
| 连续配筋混凝土结构 | 混凝土的表面脱皮、印痕、裂纹、石子外露和缺边掉角等病害现象，不得超过受检面积的0.2%，不符合要求时，每超过0.1%扣2分。因干缩、温缩产生的裂缝，可不扣分 | 每千米计扣分平均值扣分 |
| 桥梁顶升施工 | 1. 桥梁梁体新出现裂缝，宽度超过设计规定或设计未规定时，超过0.15mm，每条扣2~3分，项目法人应对其是否影响结构承载力组织分析论证。<br>2. 混凝土结构原有空洞或钢筋外露，应进行处理，不符合要求时每处扣2~5分。<br>3. 支座（含预制垫块）位置应准确，不得有偏歪、不均匀受力、脱空及非正常变形现象，不符合要求时每个扣1分。<br>4. 梁板及接缝渗、漏水，每处扣1分。<br>5. 栏杆、护栏应牢固、直顺、美观，不符合要求时，扣1~2分。<br>6. 桥面铺装沥青混凝土表面应平整密实，不能有松散、泛油、明显离析、裂缝等现象，有上述缺陷的面积之和不能大于受检面积的0.03%，每超过0.03%扣1分。<br>7. 伸缩缝无阻塞、开裂、变形现象，不符合要求的扣1~3分；对于桥头有跳车现象的，每处减2~4分。<br>8. 泄水管安装不阻水，桥面无低凹，排水良好，不符合要求时扣3~5分 | 按每座累计扣分平均值扣分 |
| 沥青混凝土面层 | 1. 面层有修补现象，每处扣1~3分。<br>2. 表面应平整密度，不应有泛油、松散、裂缝、粗细料明显离析等现象，有上述缺陷的面积和不得超过受检面积0.03%。不符合要求时每超过0.03%或0.05%扣2分。<br>3. 搭接处应紧密、平顺、烫缝不应枯焦。不符合要求，累计每10米扣1分。<br>4. 面层与路缘石及其他构筑物应衔接平顺，不得有积水现象，不符合要求时，每处扣1分。<br>5. 路面侧石应直顺、曲线圆滑，越位20mm以上者，每处扣1~2分 | 按每千米累计扣分的平均值扣分 |
| 交通安全设施 | 一、标志<br>1. 更新的标志金属构件镀锌面不得有划痕、擦伤等损伤，不符合要求时，每一构件扣2分。<br>2. 更新的标志板面不得有划痕、较大气泡和颜色不均匀等表面缺陷，不符合要求时，每块板扣2分。<br>二、标线<br>1. 标线施工污染路面应及时清理，每处污染面积不超过10cm$^2$，不符合要求时，每处扣1分。<br>2. 标线线形应流畅，与道路线形相协调，曲线圆滑，不允许出现折线，不符合要求时，每处扣2分。<br>3. 反光标线玻璃珠应撒布均匀，附着牢固，反光均匀，不符合要求时，每处扣2分。<br>4. 标线表面不应出现网状裂缝、断裂裂缝、起泡现象，不符合要求时，每处扣1分。<br>三、防护栏<br>1. 波形梁线形顺畅舒适，色泽一致，不符合要求的，每处扣1~2分。<br>2. 立柱顶部应无明显变形、塌边、开裂等情况，不符合要求的，每处扣2分。<br>3. 混凝土护栏预制块不能有断裂痕迹，不符合要求的每处扣1分；混凝土表面麻面、蜂窝、脱皮、裂缝等缺陷面积不得大于该构件面积的0.5%，对于不符合要求的，每超过0.5%扣2分；掉角、掉边的每处长度不得大于2cm，不符合要求的，每块混凝土构件扣1分 | 按每千米累计扣分的平均值扣分 |

C 内业资料检查实施方案

内业资料主要审查以下资料：

(1) 所用原材料、成品、半成品的质检结果。

(2) 材料配比、拌和加工试验数据和控制检验。

(3) 各质量控制指标的试验记录及质量检验图表汇总。

(4) 施工过程中发生的质量事故，经补救处理后，满足设计要求的证明认可文件。

(5) 施工过程中发生的非正常情况的相关记录以及它对工程质量的影响分析。

(6) 中间交工验收资料。

(7) 施工过程各方指出较大质量问题处理情况资料。

评分标准如下：

存在资料不全的情况，缺 1 处，每项扣 1 分，缺项超过 40%的为不合格，不予计分，并责令补齐相关资料。

D 桥梁荷载试验实施方案

(1) 结构初始状态调查；

(2) 结构静载荷载试验；

(3) 结构动力荷载试验。

7.1.3.2 质量验收结果

××高速公路改造工程根据以上质量验收方案进行质量验收结果如下：

工程实体检测总分为 51 分，得分 42 分；

工程外观检查总分 34 分，得分 26 分；

内业资料总分 15 分，得分 10 分。

质量验收总得分 69 分。

此外，桥梁荷载试验检验合格。

质量等级评定结果如下：

分部工程质量、单位工程、合同段、建设项目工程质量均为合格。

7.1.3.3 质量控制结果评价

综上所述，××高速公路改造工程质量控制结果为合格，即工程质量满足要求。

## 7.2 工程质量评定案例文件

### 7.2.1 工程概况

黑龙江省道 S204 线伊春到嘉荫公路，是省级第二层次公路网的重要组成部分，是连接伊春北部七个行政区唯一的纵向运输通道，被列为省交通厅“十五”规划的重点公路建设项目。汤旺河至嘉荫段是伊嘉公路的一部分，路线全长 119.934km，其中主线长 96.212km，以平原微丘区二级公路标准建设。本项目的建成，加大了该地区的路网密度，对提高沿线公路整体水平，改善沿线地区的交通状况，完善公路路网结构将起积极作用。项目基本情况如表 7-11 所示。

**表 7-11 工程项目基本情况**

| | |
|---|---|
| 项目名称 | 伊嘉公路汤旺河至嘉荫段 |
| 建设单位 | 龙建路桥股份有限公司 |
| 建设地点 | 汤旺河边防检查站—嘉荫县朝阳镇内 |
| 路线全长 | 119.934 千米 |
| 概算总金额 | 54335.64 万元 |

省道伊嘉公路汤旺河至嘉荫段路线起点位于汤旺河边防检查站前100米处，沿线经过二清河林场、守虎山林场、育林林场、团结林场、嘉荫农场场部及稻田村，终点至嘉荫县朝阳镇内，伊嘉公路与嘉绥公路交叉口处。主要技术标准：主线：全长96.212km；公路等级：采用二级公路标准；设计速度：70km/h；路基宽度：12m；行车道宽度：9m；土路肩宽度：2×0.65m；全线主要工程量有：土石方565万立方米，大桥3座，中桥7座，小桥7座，圆管涵90道，盖板涵27道，黑色路面54.6万平方米，白色路面44.1万平方米。

### 7.2.2 工程质量评定情况

本项目共划分了10个标段，土建工程6个标段，其中，路基、路面工程6个合同段，共抽检120个断面，每段200延长米，共计24000延长米。大桥6座，抽查3座，抽检频率100%，中桥7座，抽检6座，抽检频率65%。其中，分部（子分部）工程质量检验记录表如表7-12所示。分部工程、单位工程质量检验评定表如表7-13、表7-14所示。

**表 7-12 分部（子分部）工程质量检验记录**

<table>
<tr><td>工程名称</td><td colspan="5"></td></tr>
<tr><td>施工单位</td><td colspan="5"></td></tr>
<tr><td>单位工程名称</td><td colspan="2"></td><td>分部工程名称</td><td colspan="2"></td></tr>
<tr><td>项目经理</td><td></td><td>项目技术负责人</td><td></td><td>制表人</td><td></td></tr>
<tr><td>施工负责人</td><td></td><td>质量检查员</td><td></td><td>日期</td><td>年 月 日</td></tr>
<tr><td>序号</td><td>分项名称</td><td>检验批数</td><td colspan="2">合格率/%</td><td>质量情况</td></tr>
<tr><td></td><td></td><td></td><td colspan="2"></td><td></td></tr>
<tr><td></td><td></td><td></td><td colspan="2"></td><td></td></tr>
<tr><td></td><td></td><td></td><td colspan="2"></td><td></td></tr>
<tr><td>质量控制资料</td><td colspan="5"></td></tr>
<tr><td>安全和功能检验（检测）报告</td><td colspan="5"></td></tr>
<tr><td>外观质量验收</td><td colspan="5"></td></tr>
<tr><td>分部（子分部）工程检验结果</td><td colspan="2"></td><td colspan="2">平均合格率/%</td><td></td></tr>
<tr><td rowspan="6">参加验收单位</td><td>建设单位</td><td colspan="4">项目负责人： 年 月 日</td></tr>
<tr><td>施工单位</td><td colspan="4">项目经理： 年 月 日</td></tr>
<tr><td>监理单位</td><td colspan="4">总监理工程师： 年 月 日</td></tr>
<tr><td>设计单位</td><td colspan="4">设计负责人： 年 月 日</td></tr>
<tr><td>勘察单位</td><td colspan="4">勘察负责人： 年 月 日</td></tr>
<tr><td></td><td colspan="4"></td></tr>
</table>

**表 7-13 分部工程质量检验评定表**

分部工程名称：涵洞 所属单位工程：路基工程

工程部位：K2+620 所属建设项目：西昌市太和钒钛工业园区专用公路

(桩号墩台号孔号) 施工单位：四川天丰路桥工程有限公司

监理单位：青海省育才公路工程监理咨询有限公司

| 施工单位 | 分项工程 | | | | | 备注 |
|---|---|---|---|---|---|---|
| | 工程名称 | 质量评定 | | | | |
| | | 实得分数 | 权值 | 加权得分 | 等级 | |
| | 涵洞总体 | 97 | 1 | 97 | 合格 | |
| | 涵台实测 | 97 | 2 | 194 | 合格 | |
| | 盖板安装 | 98 | 2 | 196 | 合格 | |
| | 盖板制作 | 97 | 1 | 97 | 合格 | |
| | 一字墙和八字墙 | 96 | 1 | 96 | 合格 | |
| | | | | | | |
| | | | | | | |
| | | | | | | |
| | | | | | | |
| | | | | | | |
| | | | | | | |
| | | | | | | |
| | | | | | | |
| | 合计 | | 7 | 680 | 质量等级 | 合格 |
| 加权平均分 | 97.1 | | | | | |
| 评定意见 | 检查分项工程均达到合格标准 | | | | | |

检测负责人： 计算： 复核： 年 月 日

**表 7-14 单位工程质量检验评定表**

分部工程名称：路面工程 所属单位工程：K115+300~155+000 路面工程

所属建设项目：省道 203 线乌零一级公路 工程部分（桩号、墩台号、孔号）：K115+300~155+000

施工单位：山西省机械施工公司

监理单位：鄂尔多斯市工程公路监理所

| 施工单位 | 分项工程 | | | | 备注 |
|---|---|---|---|---|---|
| | 工程名称 | 质量评定 | | | |
| | | 实得分数 | 权值 | 加权得分 | |
| | K124+000~K125+000 路面工程 | 98.6 | 2 | 197.2 | |
| | K125+000~K126+000 路面工程 | 98.7 | 2 | 197.4 | |
| | K126+000~K127+000 路面工程 | 98.7 | 2 | 197.4 | |
| | K127+000~K128+000 路面工程 | 98.7 | 2 | 197.4 | |
| | K128+000~K129+000 路面工程 | 98.9 | 2 | 197.8 | |
| | K129+000~K130+000 路面工程 | 98.6 | 2 | 197.2 | |

续表 7-14

| 施工单位 | 分项工程 | | | | 备注 |
|---|---|---|---|---|---|
| | 工程名称 | 质量评定 | | | |
| | | 实得分数 | 权值 | 加权得分 | |
| | K130+000~K131+000 路面工程 | 98.8 | 2 | 197.6 | |
| | K131+000~K132+000 路面工程 | 98.7 | 2 | 197.4 | |
| | K132+000~K133+000 路面工程 | 98.7 | 2 | 197.4 | |
| | 合计 | | | | |
| 单位工程得分 | | 质量等级 | | | |
| 评定意见 | | | | | |

检验负责人： 计算： 复核： 年 月 日

## 思考题

（1）工程质量检验与评定的意义是什么？

（2）工程质量检验与评定的内外业表格有哪些？

# 8 MIDAS 软件工程应用实训

第 8 章课件

**本章摘要：**

主要介绍 MIDAS 软件的应用领域及 MIDAS 软件在简支梁、连续梁的建模过程与分析。

1989 年由 POSCO 集团成立专门机构开始开发 MIDAS 软件，MIDAS/Civil 是针对土木结构，特别是分析像预应力箱型桥梁、悬索桥、斜拉桥等特殊的桥梁结构形式，同时可以做非线性边界分析、水化热分析、材料非线性分析、静力弹塑性分析、动力弹塑性分析。为能够迅速、准确地完成类似结构的分析和设计，填补目前土木结构分析、设计软件市场的空白，开发了“土木结构专用的结构分析与优化设计软件”。该软件适用领域包括钢筋混凝土桥梁（板型桥梁、刚架桥梁、预应力桥梁）；联合桥梁（钢箱型桥梁、梁板桥梁）；预应力钢筋混凝土箱型桥梁（悬臂法、顶推法、移动支架法、满堂支架法）；大跨度桥梁（悬索桥、斜拉桥、拱桥）；大体积混凝土的水化热分析（预应力钢筋混凝土箱型桥梁、桥台、桥脚、防波堤）；地下结构（地铁、通信电缆管道、上下水处理设施、隧道）；工业建筑（水塔、压力容器、电力输送塔、发电厂）；国家基础建设（飞机场、大坝、港口）。下面是 MIDAS 在简支梁方面的应用。

## 8.1 MIDAS 简支梁建模

工程题目：工字钢简支梁，该结构为 Q345 型工字钢，其截面特性为 HM594×302×14/23，共长 2m×10=20m，在梁中部节点加一竖向集中力 100kN。

### 8.1.1 主要的建模步骤

（1）建立新项目，并命名及保存，定义单位体系，（如将力的单位由 tonf 改为 kN），订制相应工具条。

（2）确定结构的类型。本模型处于整体坐标系的 x-z 平面，即 x 方向为杆系长度方向，z 方向为竖直方向。

（3）定义材料和截面。在“材料”工具栏添加材料，包括规范、类型和数据库；在“截面”工具栏中选择适合的截面类型。

（4）输入节点和单元。在 x-z 坐标面内定义原点（0，0，0），定义旋转角度（0），建立节点（0，0，0），单选节点 1，等间距的复制和移动节点（dx，dy，dz 为（2，0，0）），复制 10 次。建立单元（在单元工具栏新建选择单元类型及截面将 1、10 节点连接形成新的单元）。如图 8-1 所示。

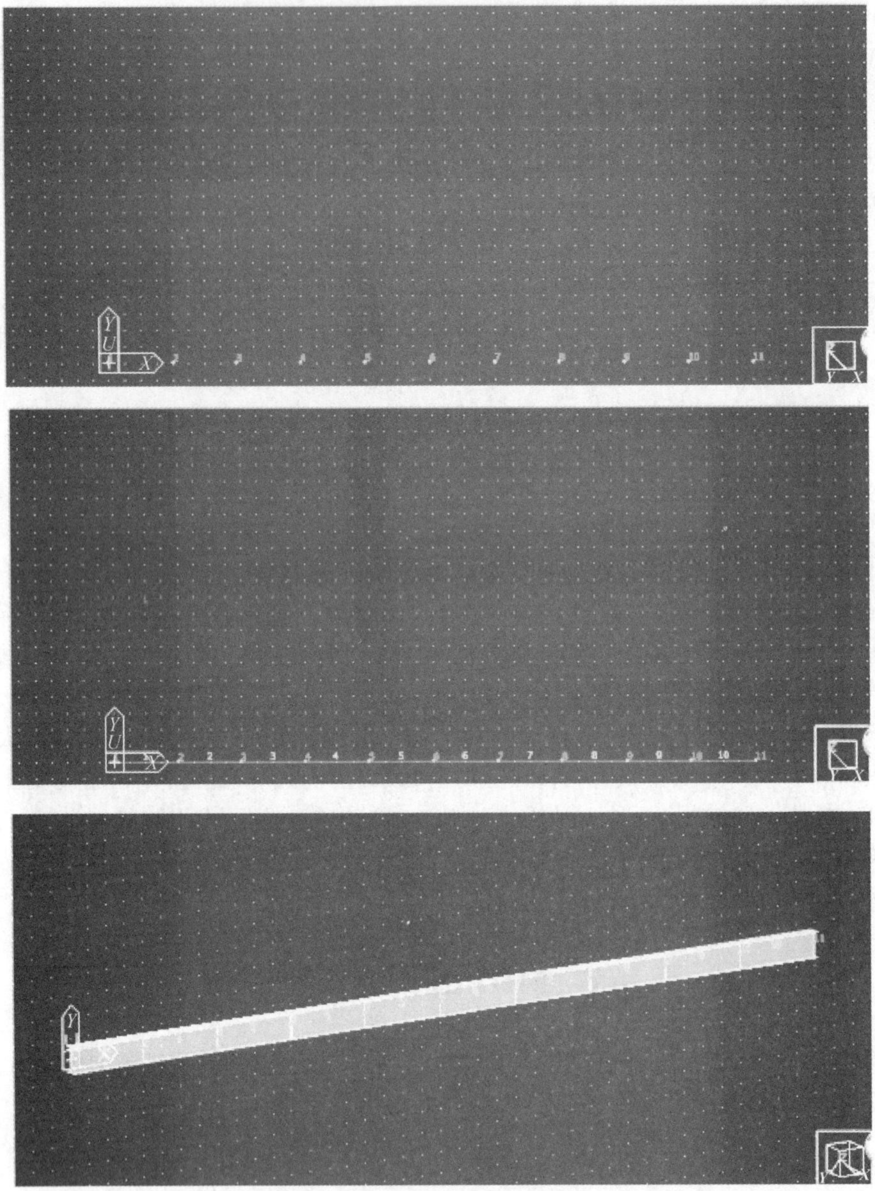

图 8-1 单元建立过程

（5）输入边界条件。该梁为简支梁分别在 1 节点加 x、z 向约束，在 11 节点加 z 向约束。

（6）输入荷载。在梁跨中 6 节点输入集中力荷载——100kN。运行结构分析后查看结果。

## 8.1.2 建模效果图

梁单元应力图及其数值如图 8-2 所示。

简支梁弯矩图如图 8-3 所示。

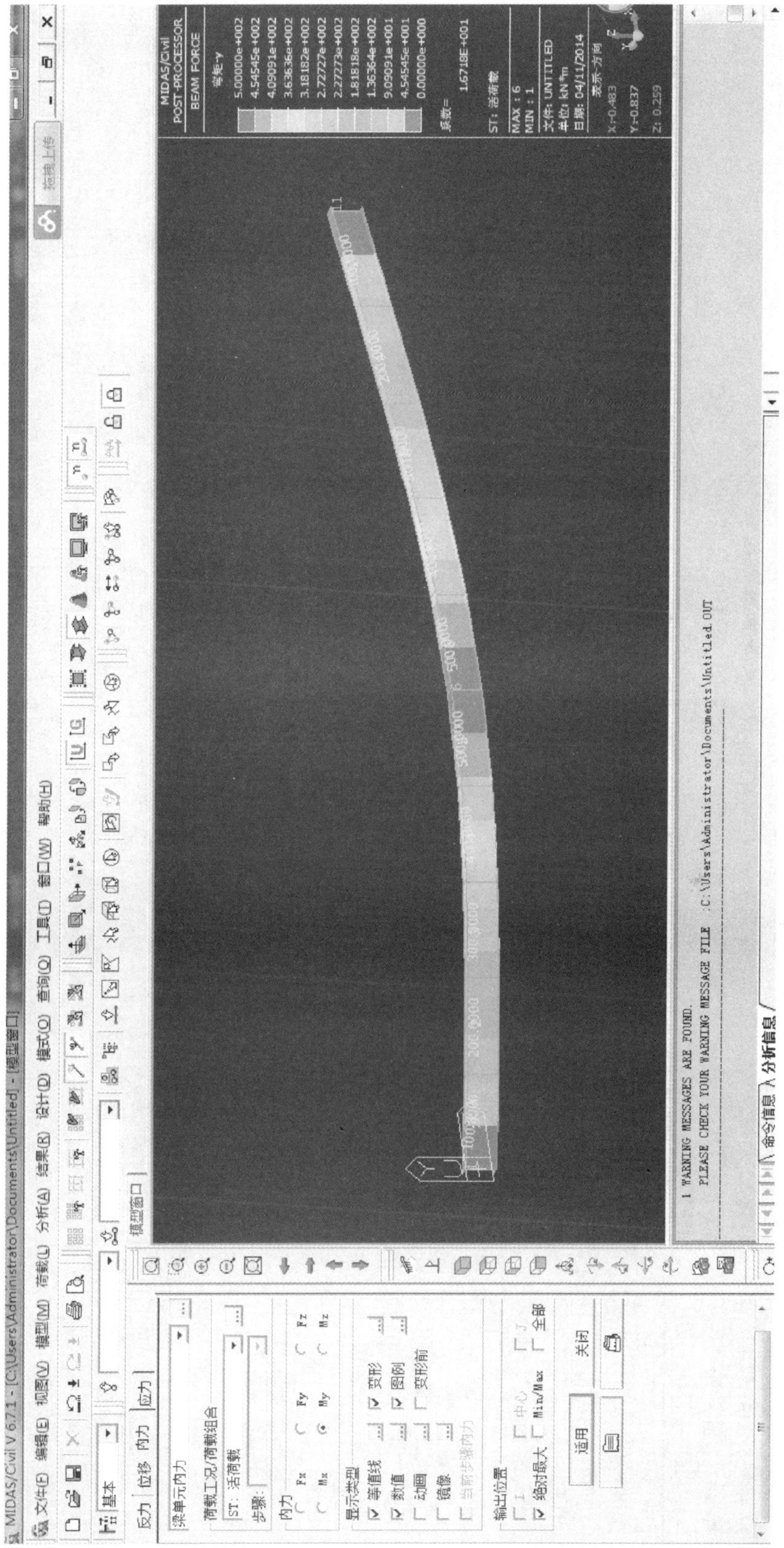
MIDAS/Civil V 6.7.1 - [C:\Users\Administrator\Documents\Untitled] - [模型窗口]
文件(F) 编辑(E) 视图(V) 模型(M) 荷载(L) 分析(A) 结果(R) 设计(D) 模式(O) 查询(Q) 工具(T) 窗口(W) 帮助(H)
反力 位移 内力 应力
梁单元内力
荷载工况/荷载组合
ST: 活荷载
步骤:
内力
Fx Fy Fz
Mx My Mz
显示类型
等值线 变形
数值 图例
动画 变形前
镜像
当前步骤内力
输出位置
I 中心 J
绝对最大 Min/Max 全部
适用 关闭
模型窗口
MIDAS/Civil
POST-PROCESSOR
BEAM FORCE
弯矩-y
5.00000e+002
4.54545e+002
4.09091e+002
3.63636e+002
3.18182e+002
2.72727e+002
2.27273e+002
1.81818e+002
1.36364e+002
9.09091e+001
4.54545e+001
0.00000e+000
系数= 1.6718E+001
ST: 活荷载
MAX : 6
MIN : 1
文件: UNTITLED
单位: kN*m
日期: 04/11/2014
表示-方向
X:-0.483
Y:-0.837
Z: 0.259
1 WARNING MESSAGES ARE FOUND.
PLEASE CHECK YOUR WARNING MESSAGE FILE :C:\Users\Administrator\Documents\Untitled.OUT
命令信息 分析信息

图 8-2 梁单元应力图

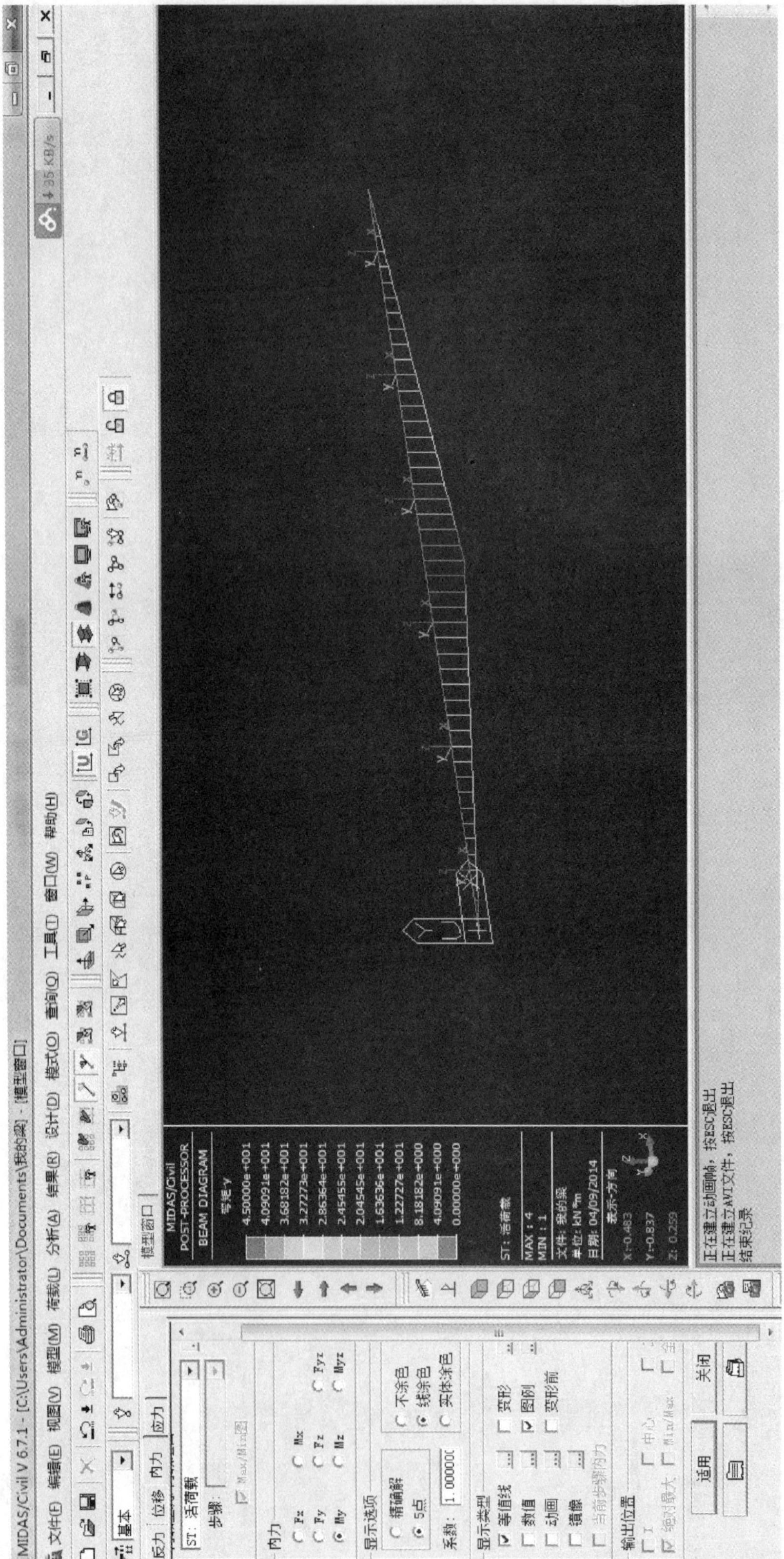

图 8-3 简支梁弯矩图

### 8.1.3 难点分析

简支梁建模操作有以下难点：

（1）MIDAS 工具栏的选择、识别及其利用，工具栏有点多且繁杂，需要加强练习。

（2）建立节点和单元的时候容易出错，本模型节点和单元都比较简单。但若遇到复杂的结构，节点的输入和单元的建立就相对繁杂了。

（3）三维空间结构的建模与传统的平面力学分析之间的转化适应得较慢。如边界条件的选定，荷载的施加。

## 8.2 MIDAS 连续梁建模分析

通过对三垮桥的运营状态进行有限元分析，详细介绍了连续梁建模分析的主要步骤。注："→"表示下一个过程；"(　)"表示该过程中需做的内容。

### 8.2.1 结构单位

打开 MIDAS 运行程序，将程序里的单位设置成阶段划分图的单位，这里为 cm。导入上步的 .dxf 文件，将节点表格中的 z 坐标与 y 坐标交换位置（MIDAS 中的 z 与 cad 中的 y 对应），结构建立完成。结构模型如图 8-4 所示。

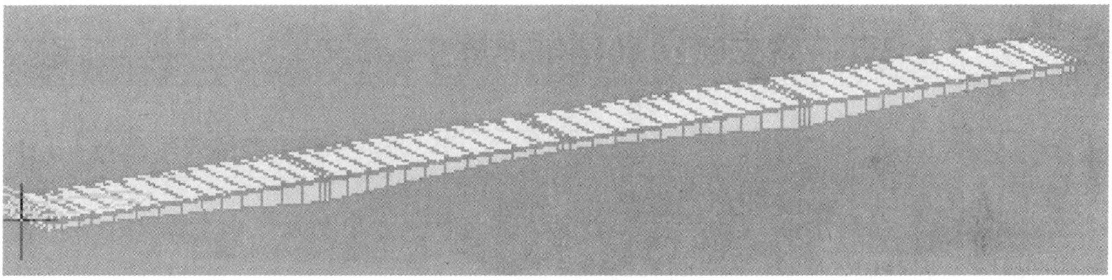

图 8-4　结构模型

### 8.2.2 特性值

材料的定义：在特性里面定义 C50 的混凝土及 Strand1760（添加预应力钢筋使用）。

截面的赋予：

（1）在"截面尺寸"和"预应力束锚固"图里，做出截面轮廓文件，保存为 .dxf 文件。

（2）运行 MIDAS，工具→截面特性计算器，统一单位 cm。导入上步 .dxf 文件，先后运行 Generate、Calculate property，保存文件为 .sec 文件，截面文件完成。

（3）运行 MIDAS→特性→截面→添加→psc 导入 .sec 文件。根据图例，将各项特性值填入；验算扭转厚度为截面腹板之和；剪切验算，勾选自动；偏心，中上部。

（4）变截面的添加：进入添加截面界面，变截面，对应单元导入 i 端和 j 端（i 为左，j 为右）；偏心，中上部；命名（注：各个截面的截面号不能相同）。

（5）变截面赋予单元：进入模型窗口，将做好的变截面拖给对应的单元。

注：

（1）建模资料所给的预应力束锚固图的 0—0 和 14—14 截面与节段划分图有出入，这里采用截面尺寸做这两个截面，其余截面按照预应力束锚固图做。

（2）定义材料先定义混凝土，程序自动将 C50 赋予所建单元（C50 是定义的第一个材料，程序将自动赋予给所建单元）。

### 8.2.3 边界条件

（1）打开“断面”图，根据Ⅰ、Ⅱ断面可知，支座设置位置。根据图中所给数据，在模型窗口中建立支座节点（12 点）。

（2）点击节点，输入对应坐标，建立 12 个支座节点。

（3）建立弹性连接：模型→边界条件→弹性连接→连接类型（刚性）→两点（分别点击支座点与桥面节点），共 12 个弹性连接。

（4）边界约束：

中间桥墩，约束 Dx，Dz；Dx，Dy，Dz；Dx，Dz。

两边桥墩，约束 Rx，Dz；Rx，Dy，Dz；Rx，Dz。

节点约束如表 8-1 所示。

**表 8-1 节点约束**

| 节点 | Dx | Dy | Dz | Rx | Ry | Rz |
|---|---|---|---|---|---|---|
| 2 | 0 | 0 | 1 | 0 | 0 | 0 |
| 3 | 0 | 1 | 1 | 0 | 0 | 0 |
| 5 | 0 | 0 | 1 | 0 | 0 | 0 |
| 20 | 0 | 0 | 1 | 0 | 0 | 0 |
| 21 | 0 | 1 | 1 | 0 | 0 | 0 |
| 23 | 0 | 0 | 1 | 0 | 0 | 0 |
| 49 | 1 | 0 | 1 | 0 | 0 | 0 |
| 50 | 1 | 1 | 1 | 0 | 0 | 0 |
| 52 | 1 | 0 | 1 | 0 | 0 | 0 |
| 66 | 0 | 0 | 1 | 0 | 0 | 0 |
| 67 | 0 | 1 | 1 | 0 | 0 | 0 |
| 60 | 0 | 0 | 1 | 0 | 0 | 0 |

### 8.2.4 添加预应力钢筋

（1）定义钢束特性：打开“预应力筋布置及材料表”“预应力束几何要素”。荷载→预应力荷载→钢束特性值，根据材料表中钢筋的规格及根数填入相关数据（松弛系数：0.3；导管直径：10cm）。

（2）钢束布置形状：荷载→预应力荷载→钢束布置形状。

以 T1 为例：

1）打开“预应力束几何要素”，建立以中心点为原点的局部坐标系。为方便，在 Excel 里建立好关键点的坐标。

2）钢束布置形状（钢束特性值：钢束 1；分配给单元：15to18；输入类型：3-D；标准钢束：6 束；无应力场长度：自动计算；布置形状：将建好的局部坐标复制在表格中，生成对称钢束；钢束布置插入点：在模型窗口拾取对应点）如图 8-5 所示。

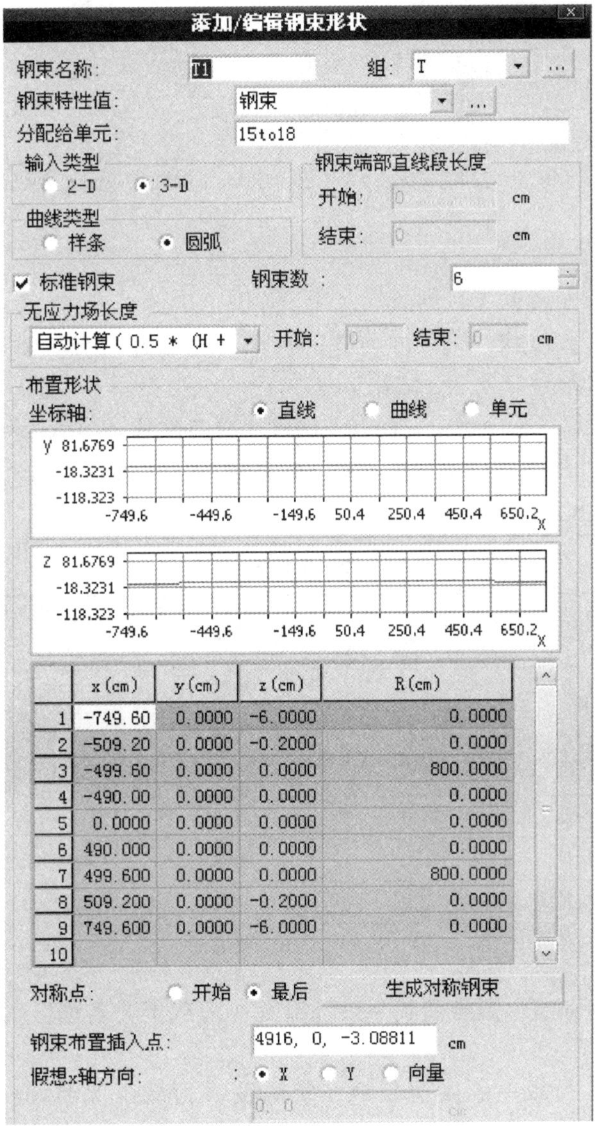


图 8-5　钢束布置

## 8.2.5　静力荷载

（1）荷载命名：荷载→静力荷载工况

名称：结构自重；类型：恒荷载。名称：桥面铺装层；类型：恒荷载。名称：钢筋张拉值；类型：预应力。名称：整体升温；类型：温度荷载。名称：整体降温；类型：温度荷载。名称：正温梯；类型：温度梯度。名称：负温梯；类型：温度梯度。名称：横隔板；类型：恒荷载。

静力荷载如图 8-6 所示。

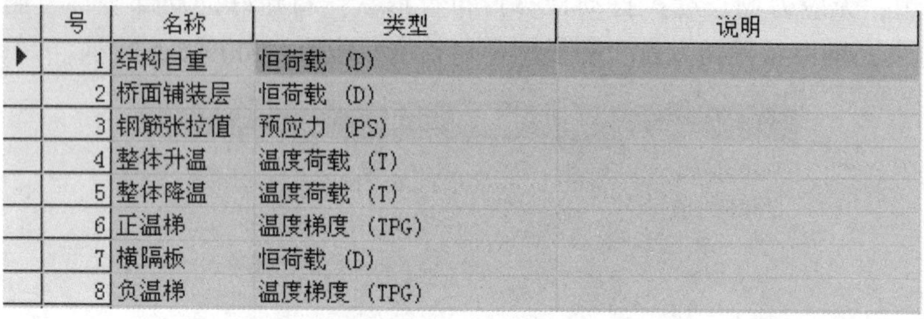

| 号 | 名称 | 类型 | 说明 |
|---|---|---|---|
| 1 | 结构自重 | 恒荷载 (D) | |
| 2 | 桥面铺装层 | 恒荷载 (D) | |
| 3 | 钢筋张拉值 | 预应力 (PS) | |
| 4 | 整体升温 | 温度荷载 (T) | |
| 5 | 整体降温 | 温度荷载 (T) | |
| 6 | 正温梯 | 温度梯度 (TPG) | |
| 7 | 横隔板 | 恒荷载 (D) | |
| 8 | 负温梯 | 温度梯度 (TPG) | |

图 8-6 静力荷载

（2）自重：荷载→自重（自重系数，z：-1.04，添加）。

（3）桥面铺装层：荷载→梁单元荷载（荷载工况名称：桥面铺装层，数值：x1：0，x2：1，w：-25.92kN/m），全选，适用。

（4）钢筋张拉值：荷载→预应力荷载→钢束预应力荷载（荷载工况名称：钢筋张拉值，将预应力钢束除 TK 外拖入到已选钢束栏目里，张拉力：应力、两端张拉、1395N/mm²，注浆：0），添加，如表 8-2 所示。

**表 8-2 钢筋张拉值**

| 钢束名称 | 荷载工况 | 张拉类型 | 张拉位置 | 结束点应力 /kN·cm⁻² | 开始点应力 /kN·cm⁻² |
|---|---|---|---|---|---|
| B1 | 钢筋张拉值 | 应力 | 两端 | 1395000 | 1395000 |
| N1 | 钢筋张拉值 | 应力 | 两端 | 1395000 | 1395000 |
| N1′ | 钢筋张拉值 | 应力 | 两端 | 1395000 | 1395000 |
| T1 | 钢筋张拉值 | 应力 | 两端 | 1395000 | 1395000 |
| T1′ | 钢筋张拉值 | 应力 | 两端 | 1395000 | 1395000 |
| W1 | 钢筋张拉值 | 应力 | 两端 | 1395000 | 1395000 |
| W1′ | 钢筋张拉值 | 应力 | 两端 | 1395000 | 1395000 |

（5）整体升温：荷载→温度荷载→系统温度（荷载工况名称：整体升温；最终温度：30；添加）。

（6）整体降温：荷载→温度荷载→系统温度（荷载工况名称：整体降温；最终温度：-20；添加）。

（7）正温梯：荷载→温度荷载→梁截面温度（荷载工况名称：正温梯，参考位置：+边（顶），填入相应的 B、H1、T1、H2、T2），全选，适用。正温梯如图 8-7 所示。

（8）负温梯：荷载→温度荷载→梁截面温度（荷载工况名称：负温梯，参考位置：+边（顶），填入相应的 B、H1、T1、H2、T2），全选，适用。

（9）横隔板：荷载→节点荷载（荷载工况名称：横隔板，FZ：-311.7kN），选中横隔板节点位置，适用。横隔板荷载如图 8-8 所示。

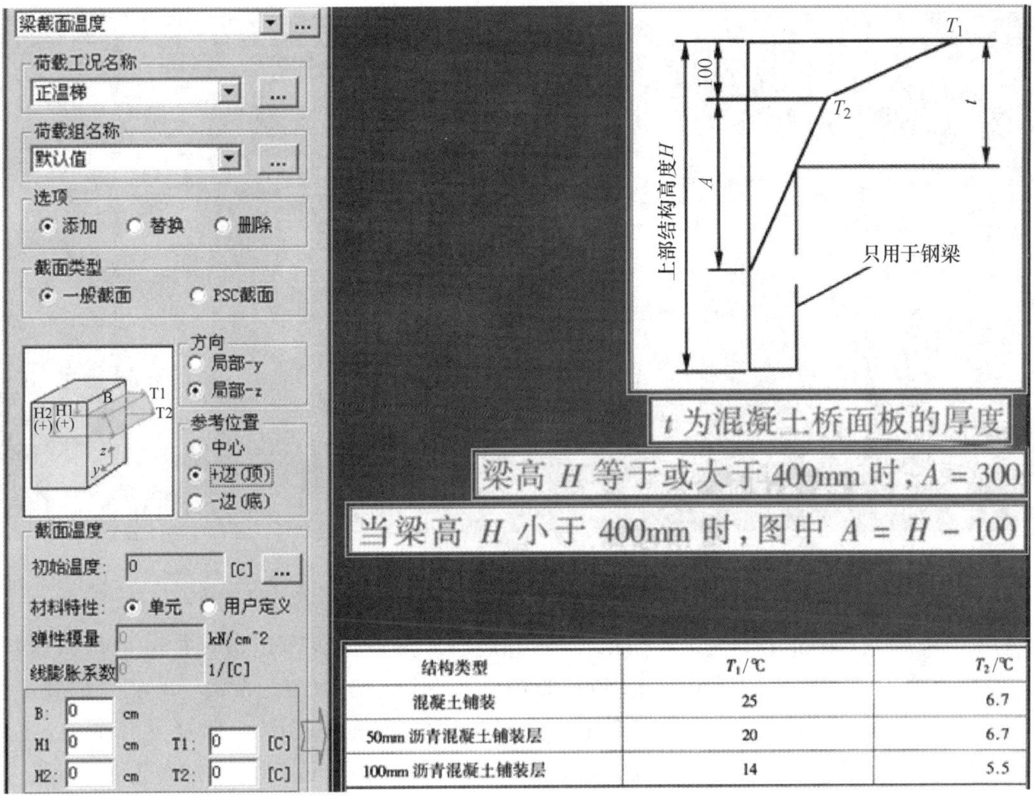

图 8-7　正温梯

| 节点 | 荷载工况 | FX /kN | FY /kN | FZ /kN | MX /kN·cm | MY /kN·cm | MZ /kN·cm | 组 |
|---|---|---|---|---|---|---|---|---|
| 36 | 横隔板 | 0.00 | 0.00 | -144.70 | 0.00 | 0.00 | 0.00 | 默认 |
| 72 | 横隔板 | 0.00 | 0.00 | -311.70 | 0.00 | 0.00 | 0.00 | 默认 |
| 73 | 横隔板 | 0.00 | 0.00 | -311.70 | 0.00 | 0.00 | 0.00 | 默认 |
| 74 | 横隔板 | 0.00 | 0.00 | -311.70 | 0.00 | 0.00 | 0.00 | 默认 |
| 76 | 横隔板 | 0.00 | 0.00 | -311.70 | 0.00 | 0.00 | 0.00 | 默认 |

图 8-8　横隔板荷载

### 8.2.6　移动荷载分析

（1）荷载→移动荷载分析数据→移动荷载规范。

（2）车辆荷载：荷载→移动荷载分析数据→车辆（添加标准车辆）→规范名称（公路工程技术标准)→车辆荷载类型（CH-CD），确认。

（3）人群荷载：荷载→移动荷载分析数据→车辆（添加标准车辆)→规范名称（公路工程技术标准)→车辆荷载类型（CH-RQ），确认。

（4）车道添加：以车道 1 为例，荷载→移动荷载分析数据→车道（添加，名称：cd1，偏心距离：-270cm，桥梁跨度：17332cm，选择、全选、添加)，确认。三车道及人行道布置如图 8-9 所示。

（5）荷载→移动荷载分析数据→移动荷载工况（添加，荷载工况名称：移动荷载，组

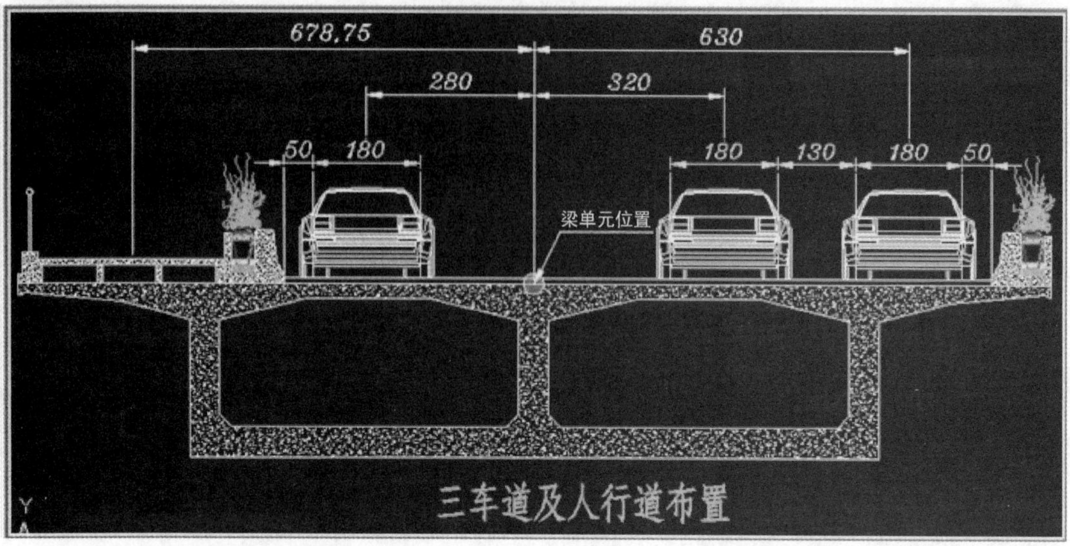


图 8-9　移动荷载

合选项：单独)，添加（车辆组：CH-CD，系数：1，加载最少车道数和加载最多车道数：2，将车道拖入选择车道栏目里，适用)；添加（车辆组：CH-CD，系数：0.67，加载最少车道数和加载最多车道数：3，将车道拖入选择车道栏目里，适用)；添加（车辆组：CH-RQ，系数：1，加载最少车道数和加载最多车道数：1，将车道拖入选择车道栏目里，适用)。两车道的操作如图 8-10 所示。

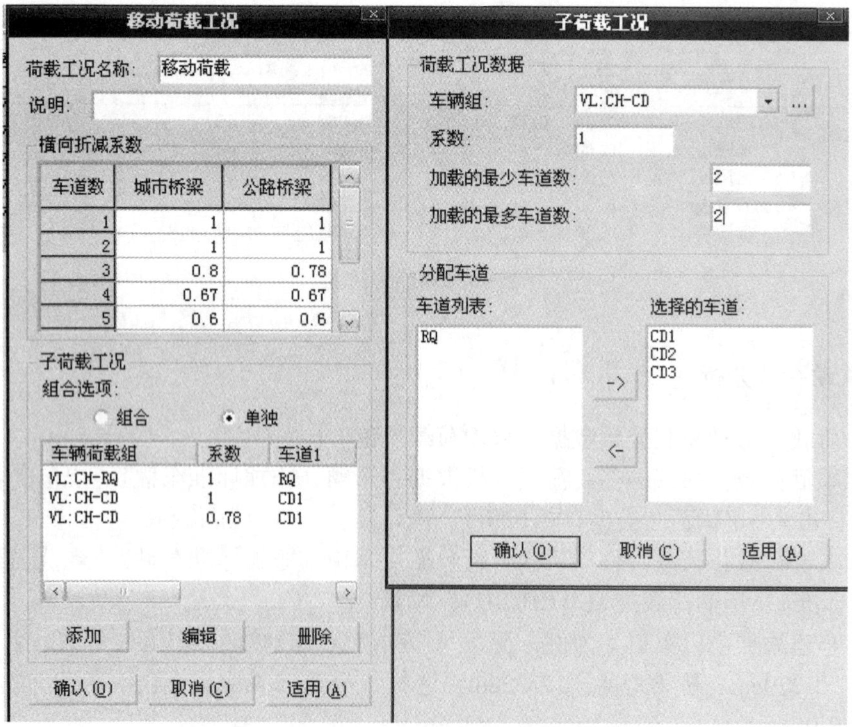


图 8-10　移动荷载工况

### 8.2.7 支座沉降分析

（1）支座沉降量：荷载→支座沉降分析数据→支座沉降组（组名称：1，沉降量：1cm，节点：1 桥墩的 3 支座节点；组名称：2，沉降量：1cm，节点：2 桥墩的 3 支座节点；组名称：3，沉降量：1cm，节点：3 桥墩的 3 支座节点；组名称：4，沉降量：1cm，节点：4 桥墩的 3 支座节点），添加。支座沉降分析如图 8-11 所示。

（2）支座荷载工况：荷载→支座沉降分析数据→支座沉降荷载工况（荷载工况名称：支座沉降，选择沉降组：4 组全选，Smin：1，Smax：3），添加。

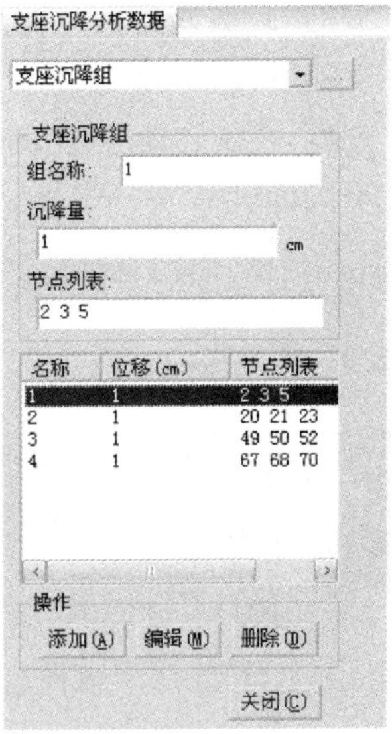


图 8-11　支座沉降分析

### 8.2.8 分析控制数据

（1）将荷载转化为质量：模型→质量→将荷载转化为质量（添加桥面铺装层、钢筋张拉值、横隔板），确认。荷载转化成质量如图 8-12 所示。

（2）将自重转化为质量：模型→结构类型（按集中质量转化），确认。自重转化为质量如图 8-13 所示。

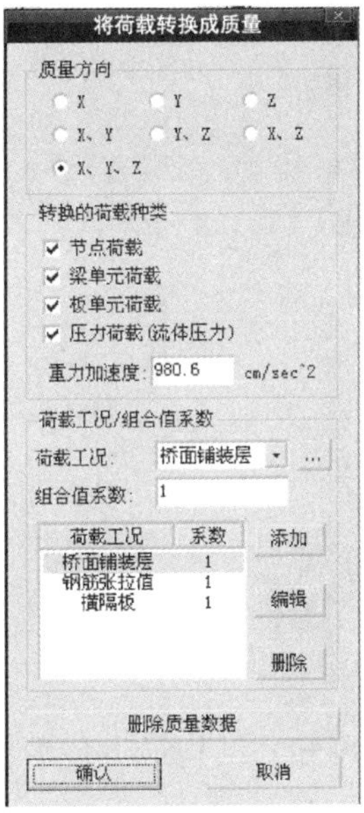


图 8-12　荷载转化成质量

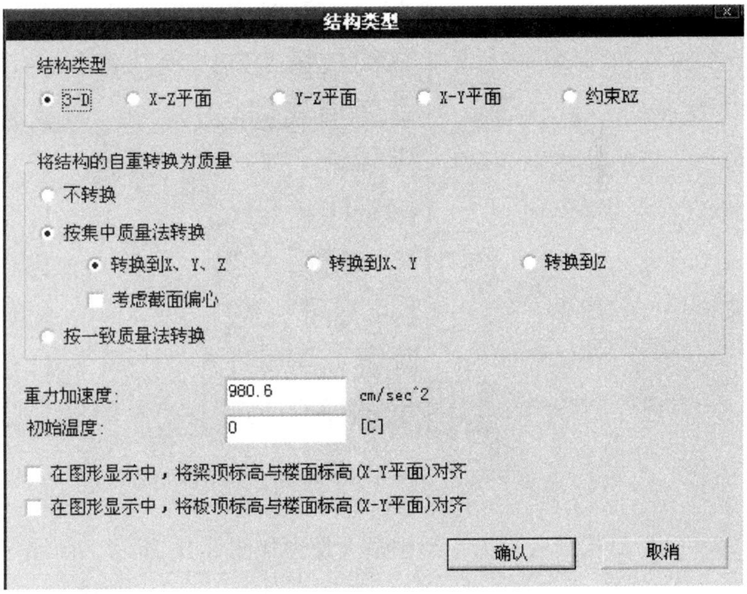


图 8-13　自重转化为质量

（3）特性值分析控制：分析→特性值分析控制（振型数量：50），确认。

（4）运行。

（5）查看质量参与值：结果→周期与振型（点击自振模态右的三点），查看模型参与质量。尽可能多地让模型参与，若参与量较少，将振型数量加大，以满足要求（本计算取到 150 次）。

（6）查看频率值：结果→周期与振型（显示类型，图例，适用），查看频率：1. 331919。频率值如图 8-14 所示。

（7）完成移动荷载分析：分析→移动荷载分析控制（计算位置：板和杆系单元，内力（中心+节点）、应力，规范类型：JTG D60—2004，f[Hz]=1. 331919），确认。

图 8-14　频率值图

### 8. 2. 9　荷载组合

结果→荷载组合→混凝土设计，自动生成。

### 8. 2. 10　分析结果

8. 2. 10. 1　cLCB44 组合

cLCB44 组合（弹性阶段应力验算组合：1. 0D+1. 0PS+1. 0SM[1]+1. 0M+1. 0T[2]+1. 0TPG[2]）如图 8-15 所示。

荷载工况和系数

| 荷载工况 | 系数 |
|---|---|
| 结构自重(ST) | 1.0000 |
| 桥面铺装层(S) | 1.0000 |
| 横隔板(ST) | 1.0000 |
| 钢筋张拉值(S) | 1.0000 |
| 支座沉降(SM) | 1.0000 |
| 移动荷载(MV) | 1.0000 |
| 降温荷载(ST) | 1.0000 |
| 负温梯(ST) | 1.0000 |

图 8-15　cLCB44 荷载组合

（1）结构最大反力。结构最大反力如图 8-16 所示。由图 8-16 可知，结构最大反力在结构支座处，符合实际情况，在施工阶段应注意支座的承载力。

（2）结构内力。轴力、Z 向剪力、弯矩、扭矩分别如图 8-17～图 8-20 所示。由图可知，剪力最大值分布在桥墩位置；最大弯矩在跨中位置。

（3）结构变形。结构变形如图 8-21 所示。

（4）结构应力。结构应力如图 8-22 所示。

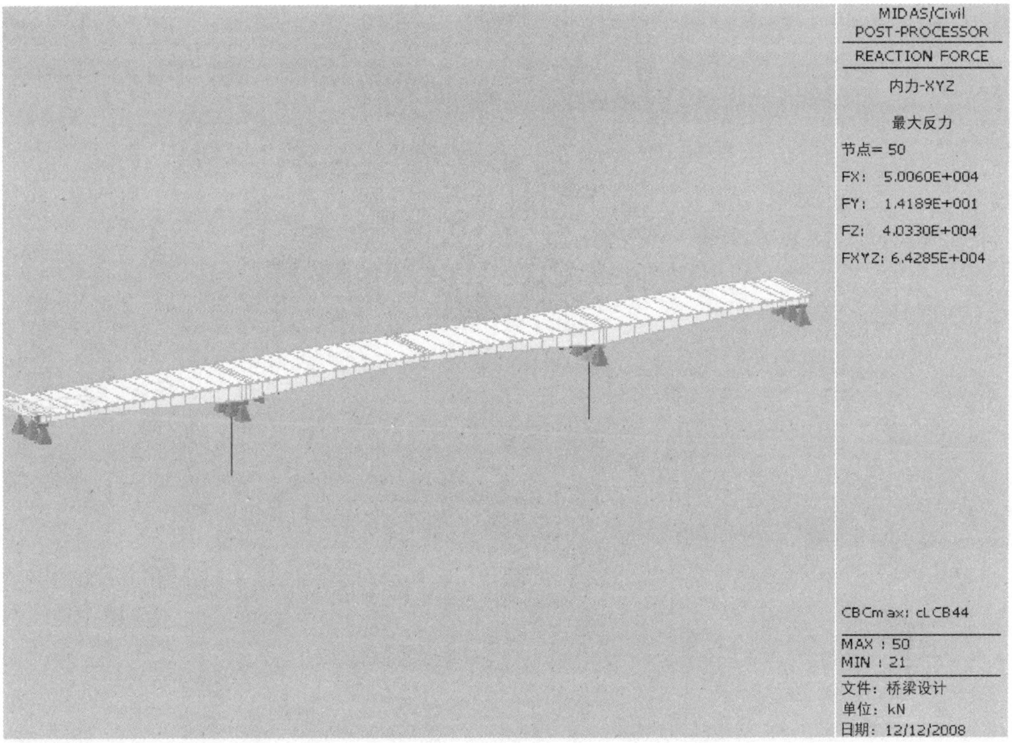


图 8-16 结构最大反力

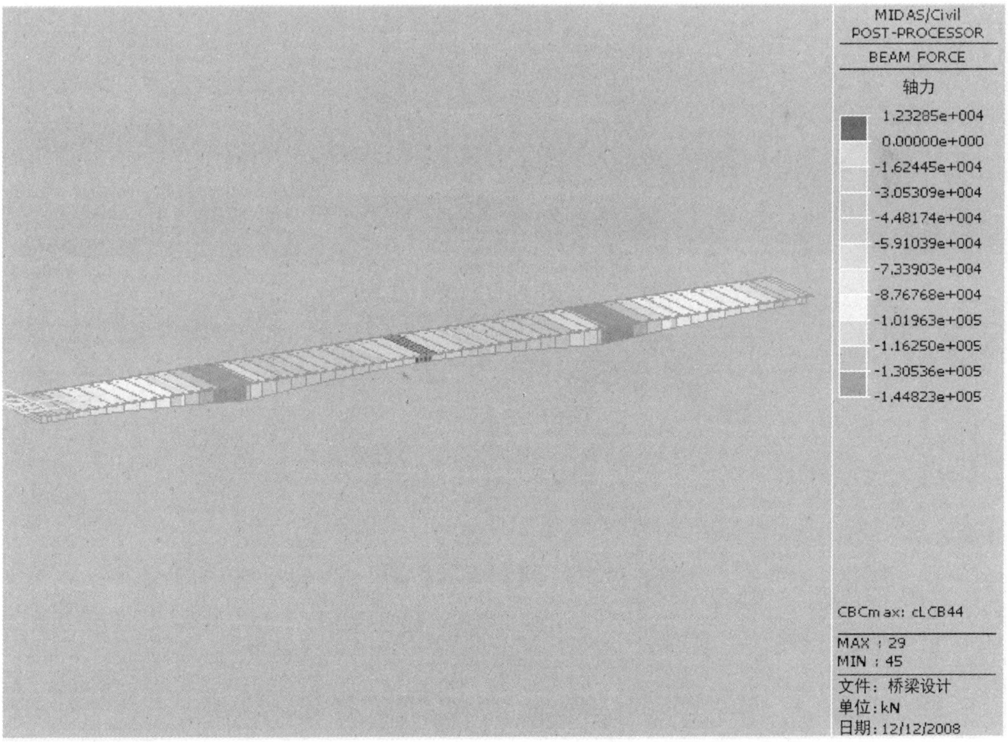


图 8-17 轴力

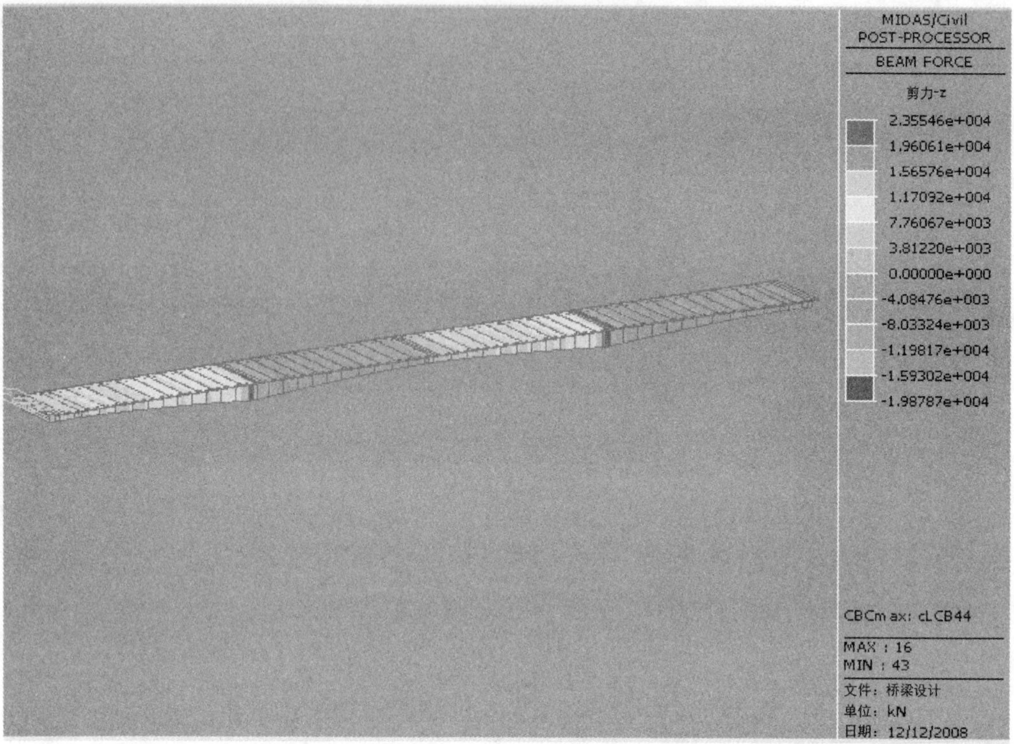


图 8-18　Z 向剪力

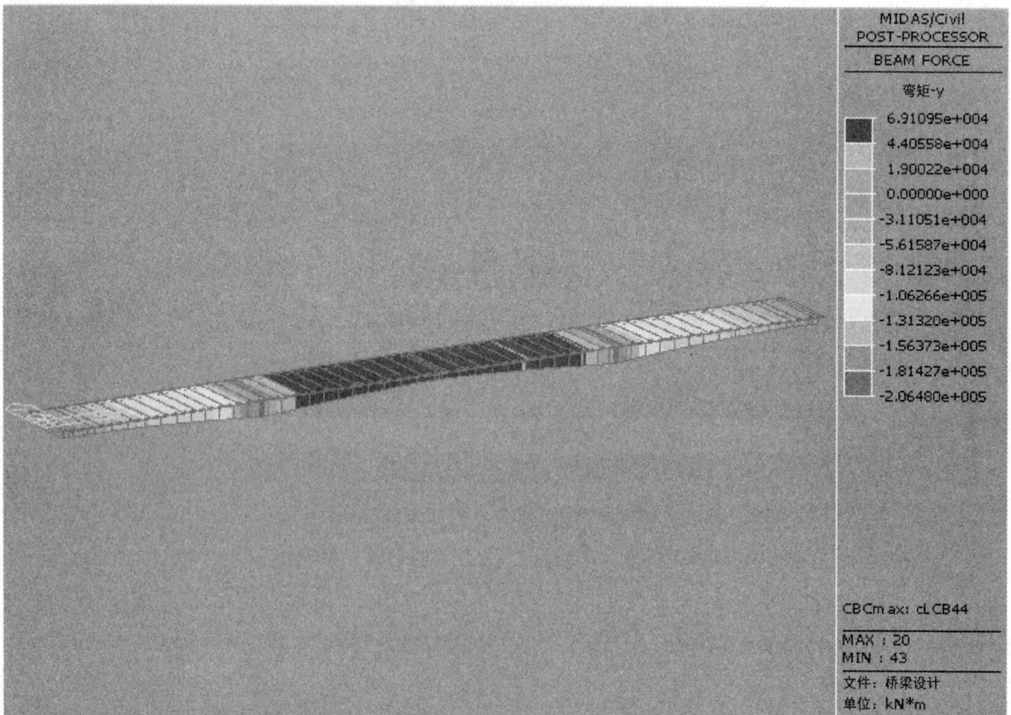


图 8-19　弯矩

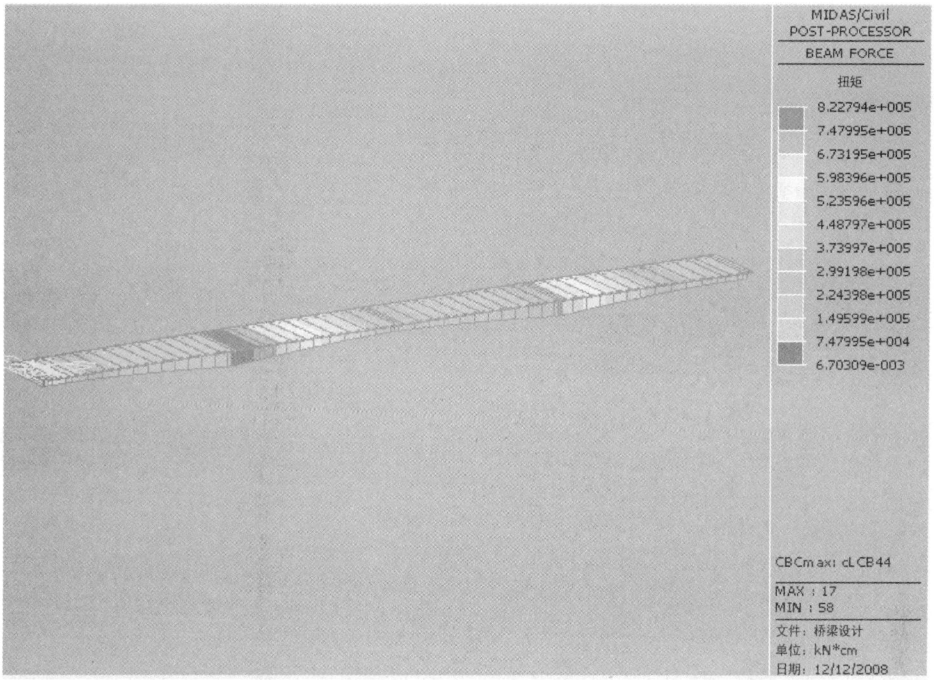


图 8-20 扭矩

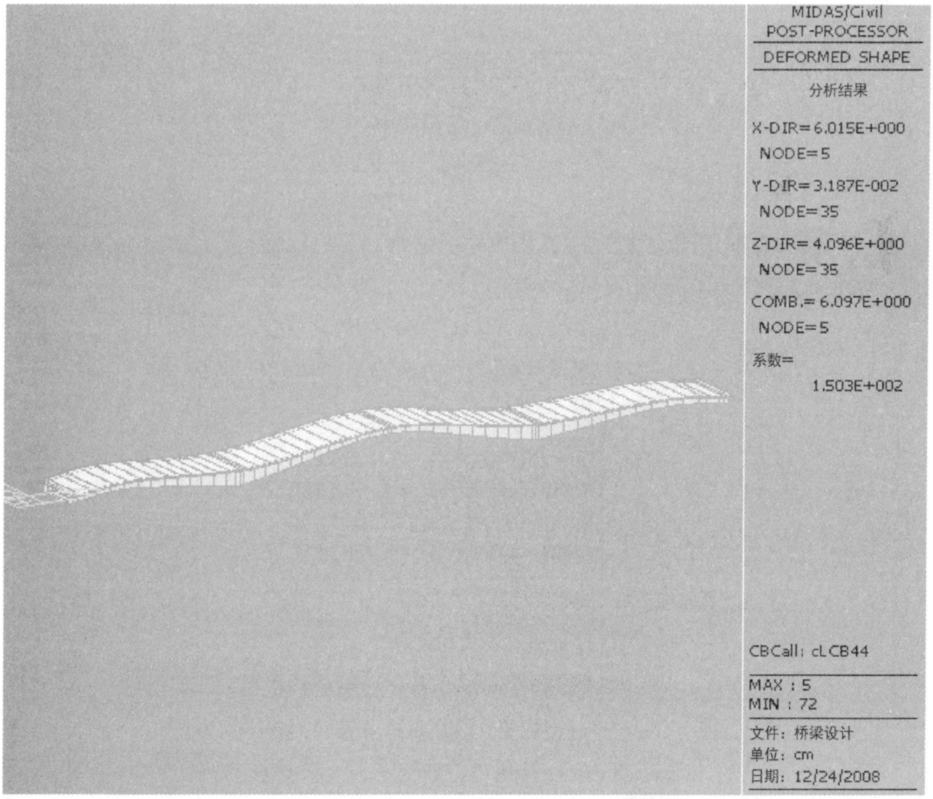


图 8-21 结构变形

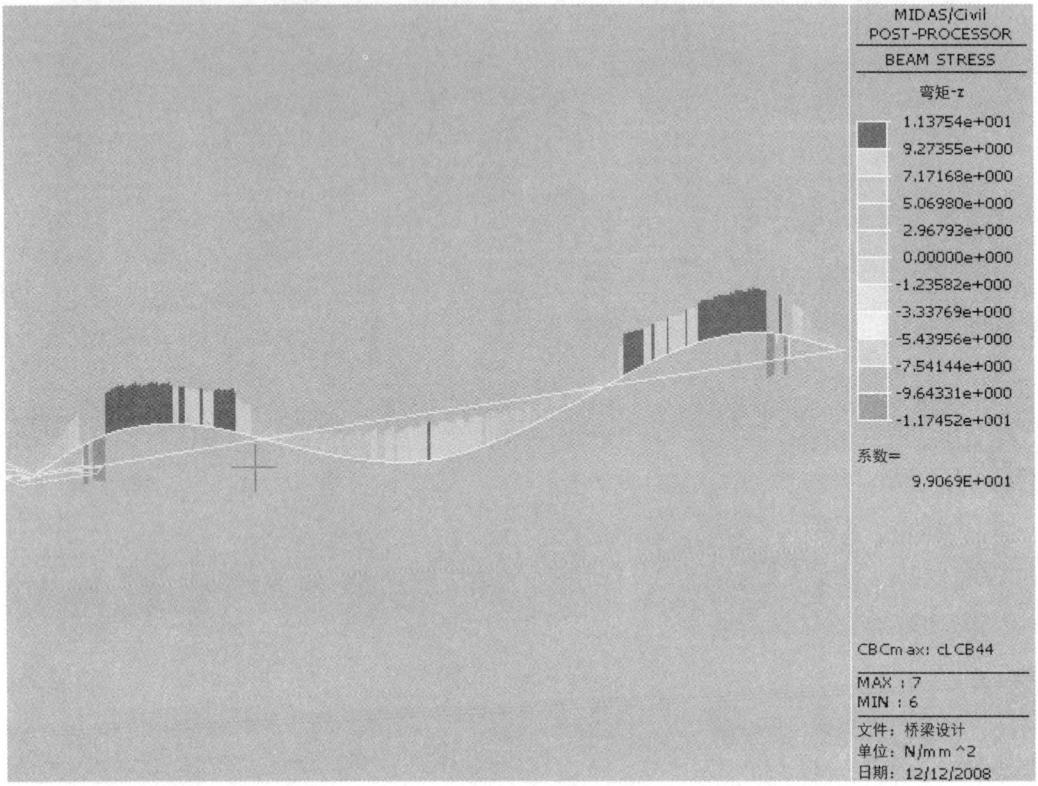


图 8-22 结构应力

8. 2. 10. 2 cLCB8 组合

cLCB8 组合（基本组合：1. 2D+1. 2PS+0. 5SM[1]+1. 4M+1. 12T[1]+1. 12TPG[2]）如图 8-23 所示。

荷载工况和系数

| | 荷载工况 | 系数 |
|---|---|---|
| | 结构自重(ST) | 1.2000 |
| | 桥面铺装层(S) | 1.2000 |
| | 横隔板(ST) | 1.2000 |
| | 钢筋张拉值(S) | 1.2000 |
| | 支座沉降(SM) | 0.5000 |
| | 移动荷载(MV) | 1.4000 |
| | 升温荷载(ST) | 1.1200 |
| | 负温梯(ST) | 1.1200 |

图 8-23 cLCB8 荷载组合

（1）结构最大反力。结构最大反力如图 8-24 所示。由图 8-24 可知，结构最大反力在结构支座处，符合实际情况，在施工阶段应注意支座的承载力。

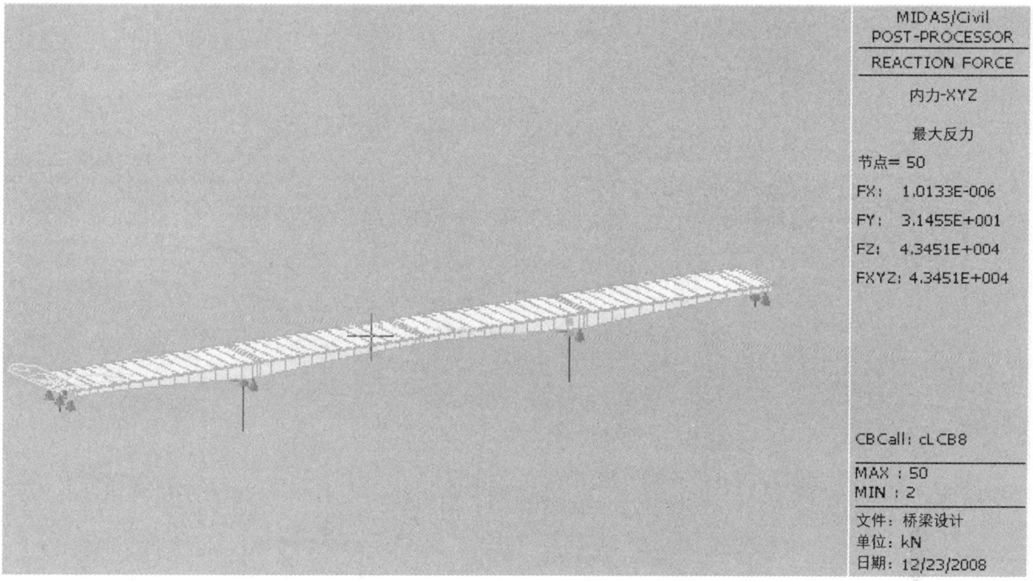


图8-24 结构最大反力

(2) 结构内力。轴力、Z向剪力、弯矩、扭矩分别如图8-25~图8-28所示。由图可知，剪力最大值分布在桥墩位置；最大弯矩在跨中位置。

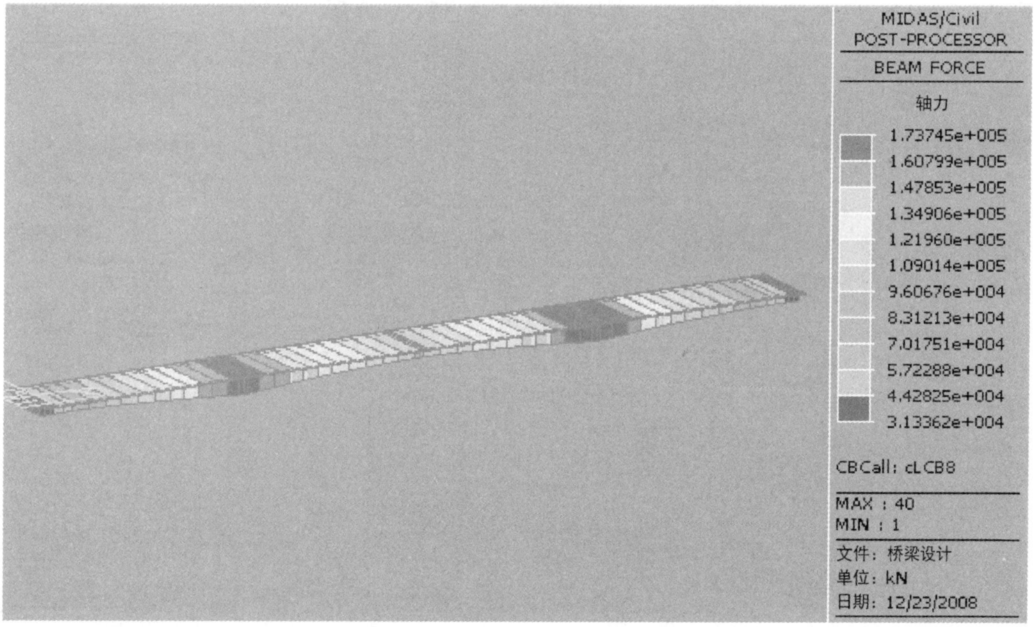


图8-25 轴力

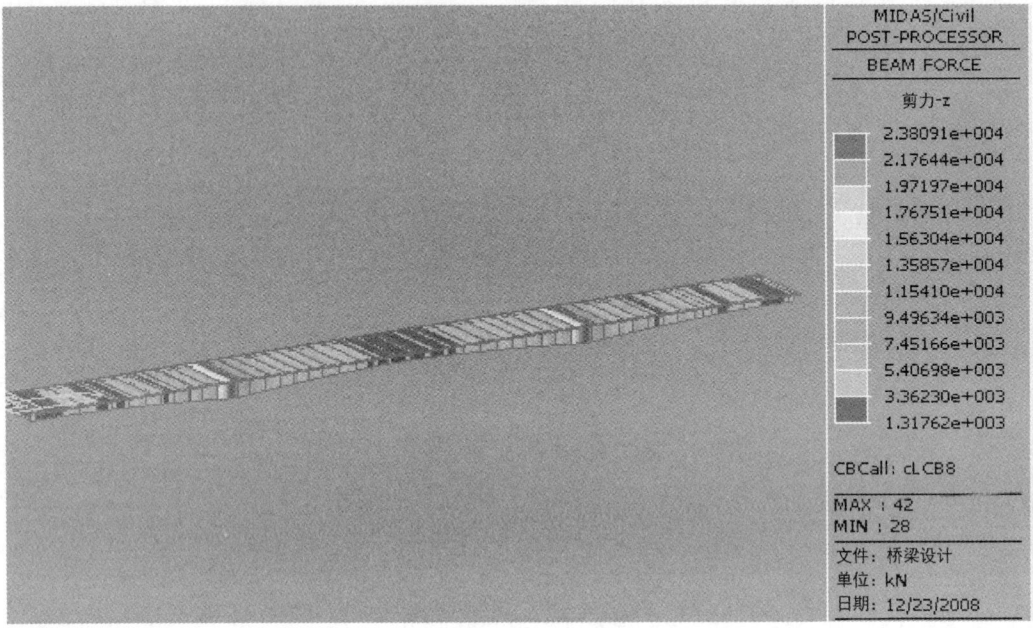


图 8-26 Z向剪力

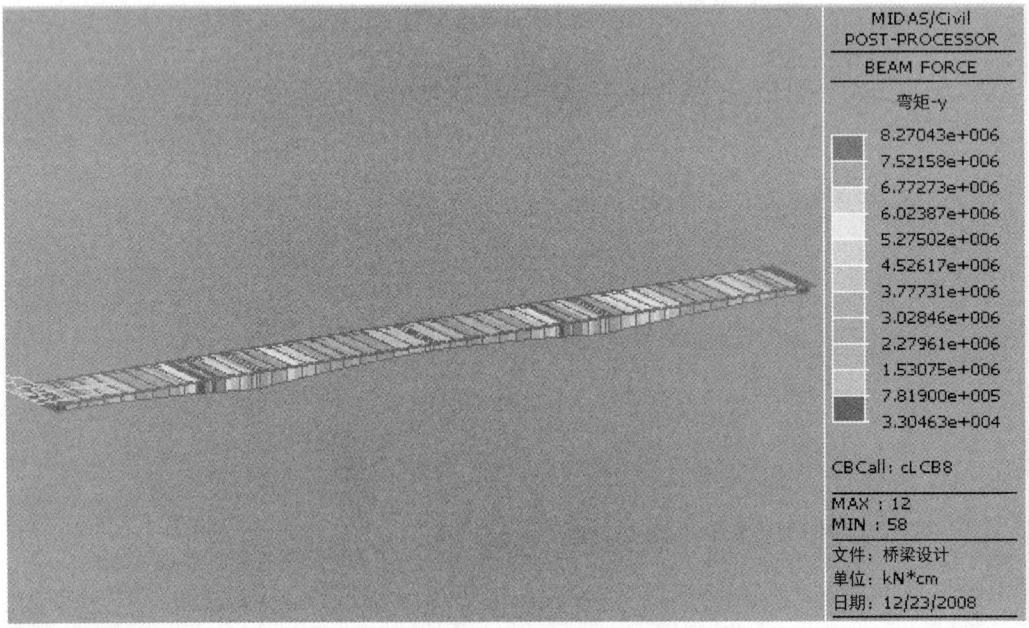


图 8-27 弯矩

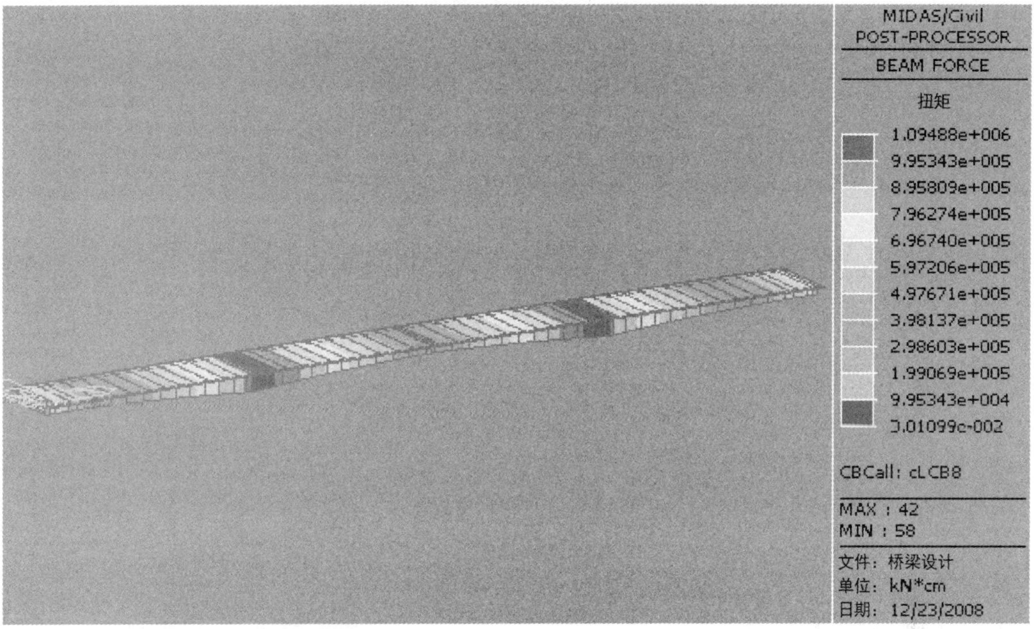


图 8-28　扭矩

（3）结构变形。结构变形如图 8-29 所示。

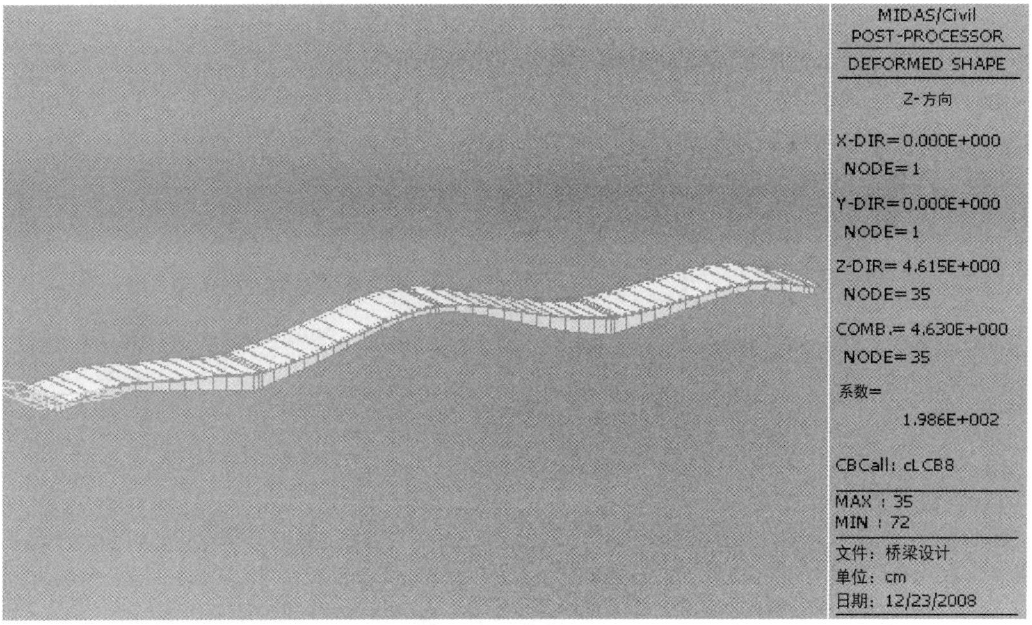


图 8-29　结构变形

（4）结构应力。结构应力如图 8-30 所示。

8.2.10.3　cLCB35 组合

cLCB35 组合：（长期组合：1.0D+1.0PS+1.0SM[1]+0.4/(1+mu)M+1.0T[2]+

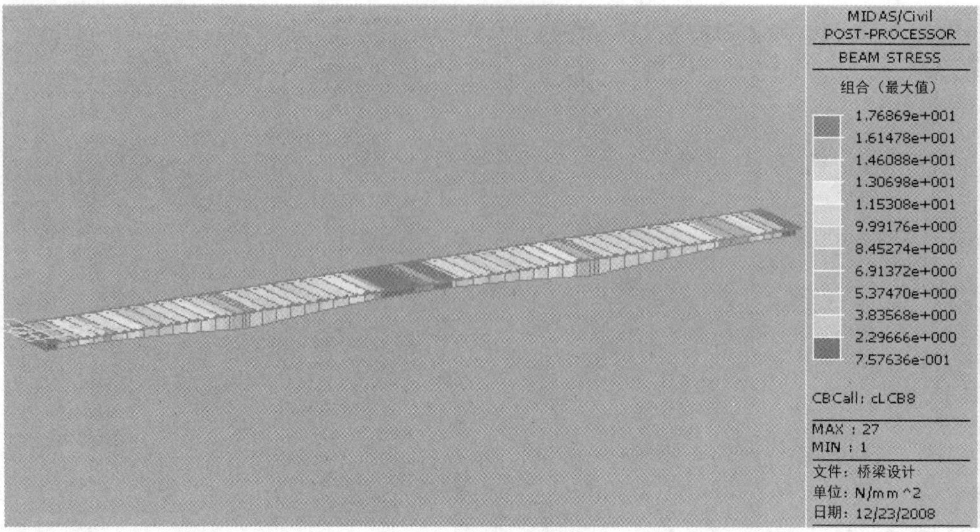


图 8-30 结构应力

0.7TPG[2]）如图 8-31 所示。

（1）结构最大反力。结构最大反力如图 8-32 所示。

由图 8-32 可知，结构最大反力在结构支座处，符合实际情况，在施工阶段应注意支座的承载力。

（2）结构内力。轴力、Z 向剪力、弯矩、扭矩分别如图 8-33～图 8-36 所示。由图可知，剪力最大值分布在桥墩位置；最大弯矩在跨中位置。

（3）结构变形。结构变形如图 8-37 所示。

（4）结构应力。结构应力如图 8-38 所示。

荷载工况和系数

| | 荷载工况 | 系数 |
|---|---|---|
| ▶ | 结构自重(ST) | 1.0000 |
| | 桥面铺装层(S) | 1.0000 |
| | 横隔板(ST) | 1.0000 |
| | 钢筋张拉值(S) | 1.0000 |
| | 支座沉降(SM) | 1.0000 |
| | 移动荷载(MV) | 0.3602 |
| | 降温荷载(ST) | 1.0000 |
| | 负温梯(ST) | 0.8000 |

图 8-31 cLCB35 荷载组合

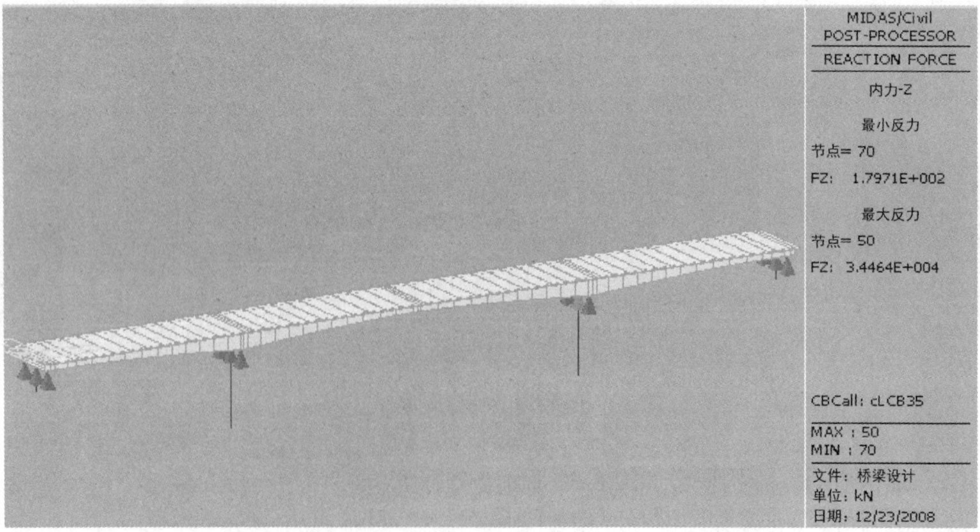


图 8-32 结构最大反力

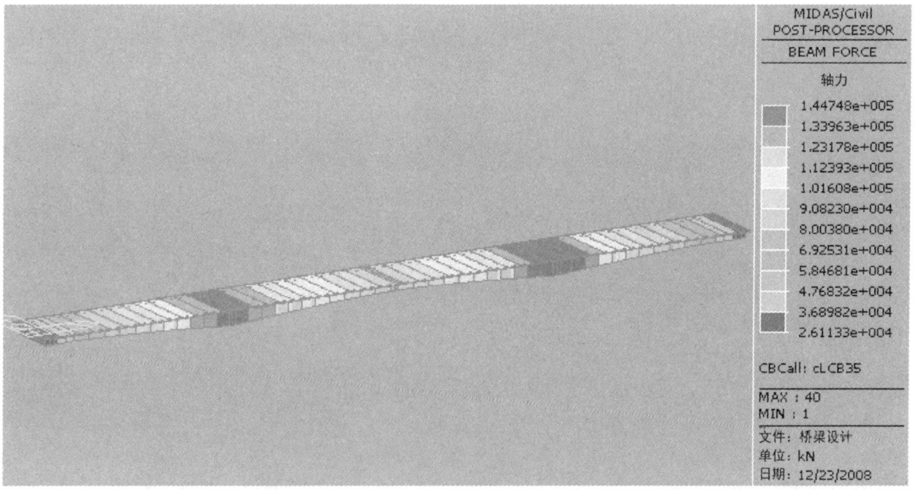


图 8-33　轴力

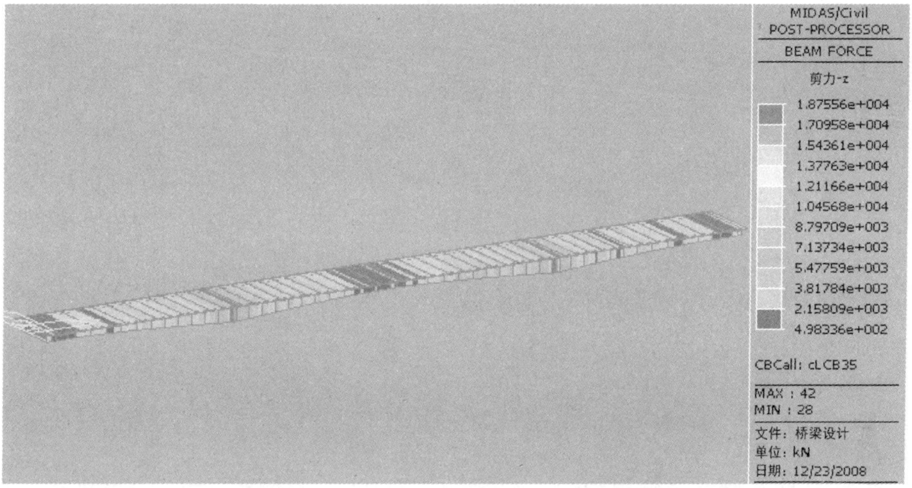


图 8-34　Z 向剪力

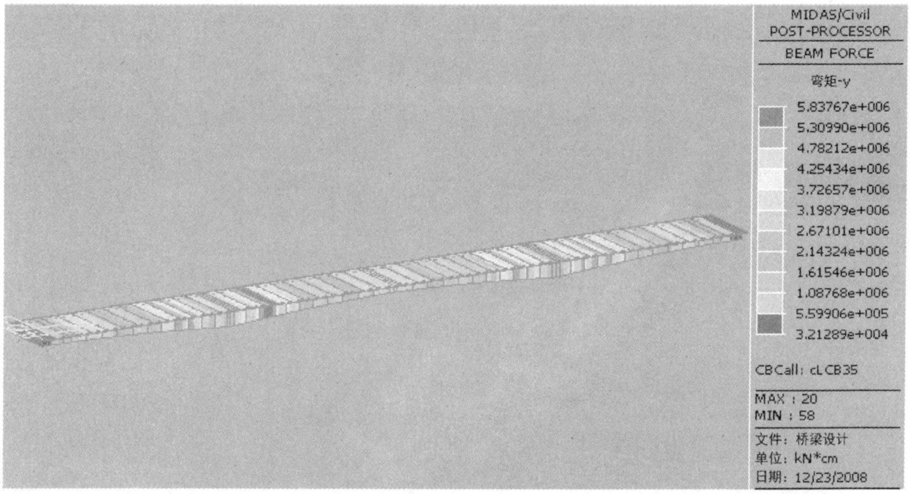


图 8-35　弯矩

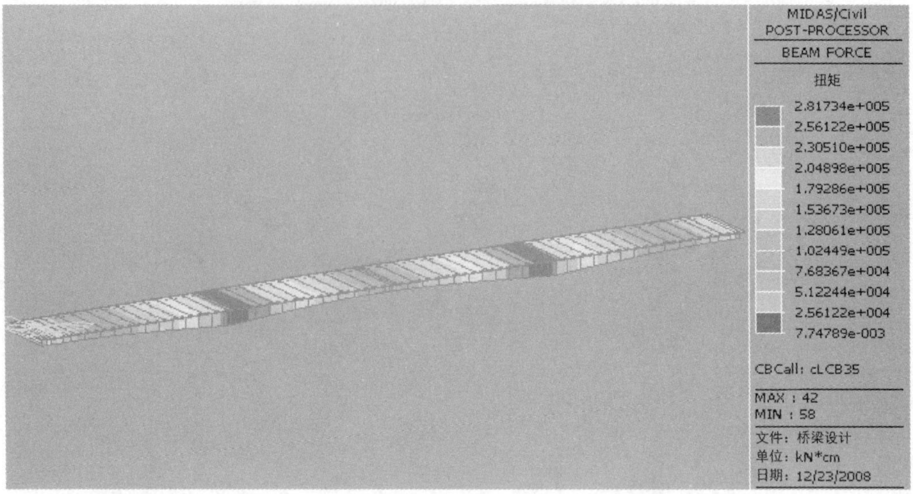


图 8-36　扭矩

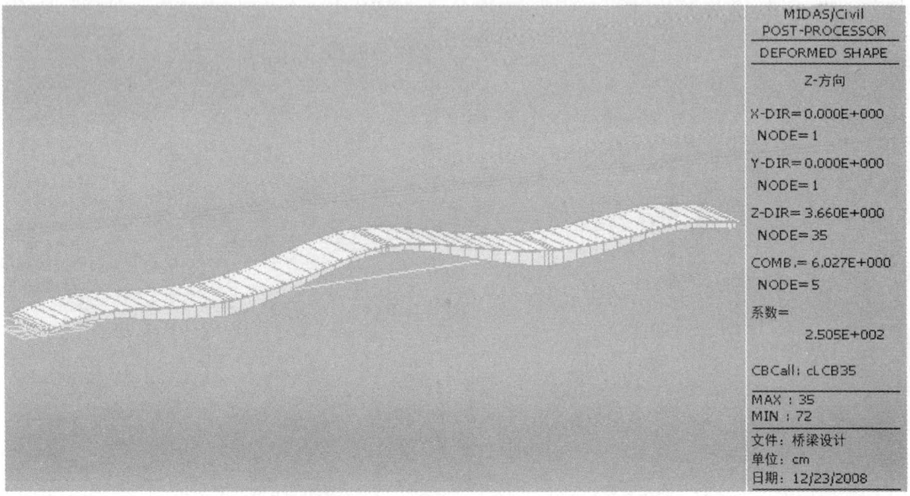


图 8-37　结构变形

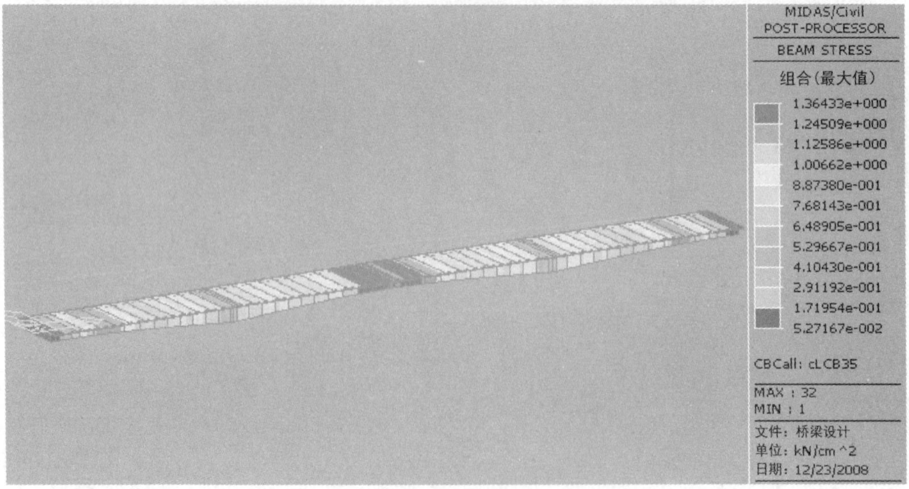


图 8-38　结构应力

#### 8.2.10.4 cLCB29 组合

cLCB29 组合（短期组合：1.0D+1.0PS+1.0SM[1]+0.6/(1+mu)M+1.0T[2]+0.7TPG[1]）如图 8-39 所示。

荷载工况和系数

| | 荷载工况 | 系数 |
|---|---|---|
| ▶ | 结构自重(ST) | 1.0000 |
| | 桥面铺装层(S) | 1.0000 |
| | 横隔板(ST) | 1.0000 |
| | 钢筋张拉值(S) | 1.0000 |
| | 支座沉降(SM) | 1.0000 |
| | 移动荷载(MV) | 0.3602 |
| | 降温荷载(ST) | 1.0000 |
| | 负温梯(ST) | 0.8000 |

图 8-39 cLCB29 组合

（1）结构最大反力。结构最大反力如图 8-40 所示。

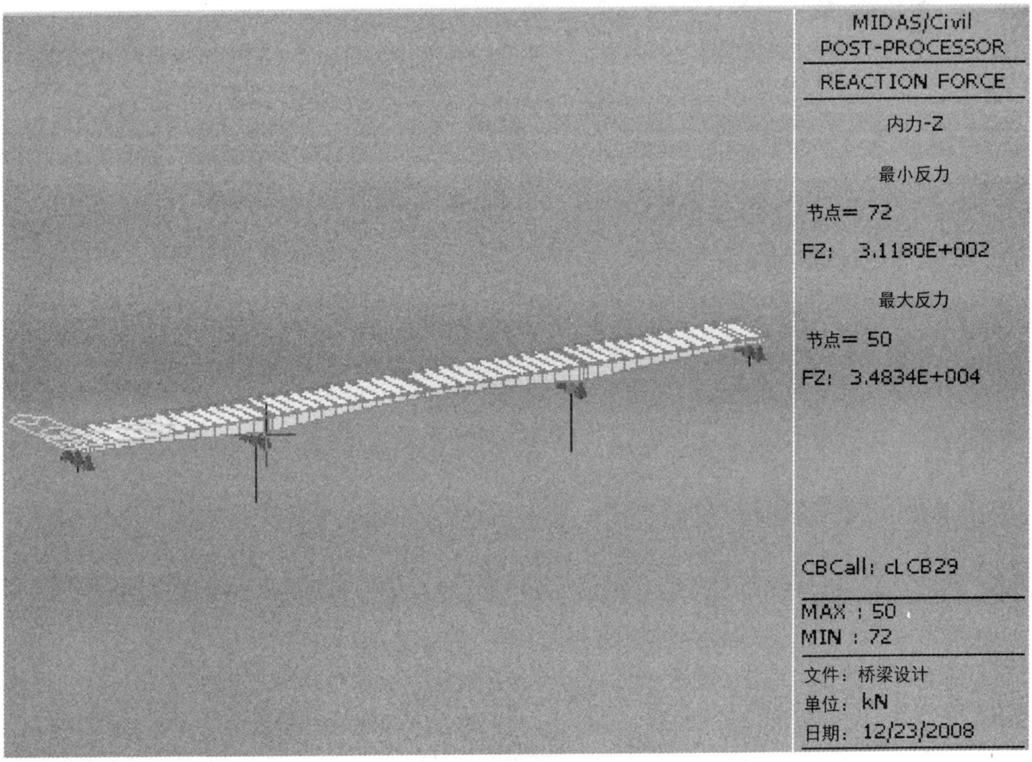


图 8-40 结构最大反力

由图可知，结构最大反力在结构支座处，符合实际情况，在施工阶段应注意支座的承载力。

（2）结构内力。轴力、Z 向剪力、弯矩、扭矩分别如图 8-41～图 8-44 所示。由图可知，剪力最大值分布在桥墩位置；最大弯矩在跨中位置。

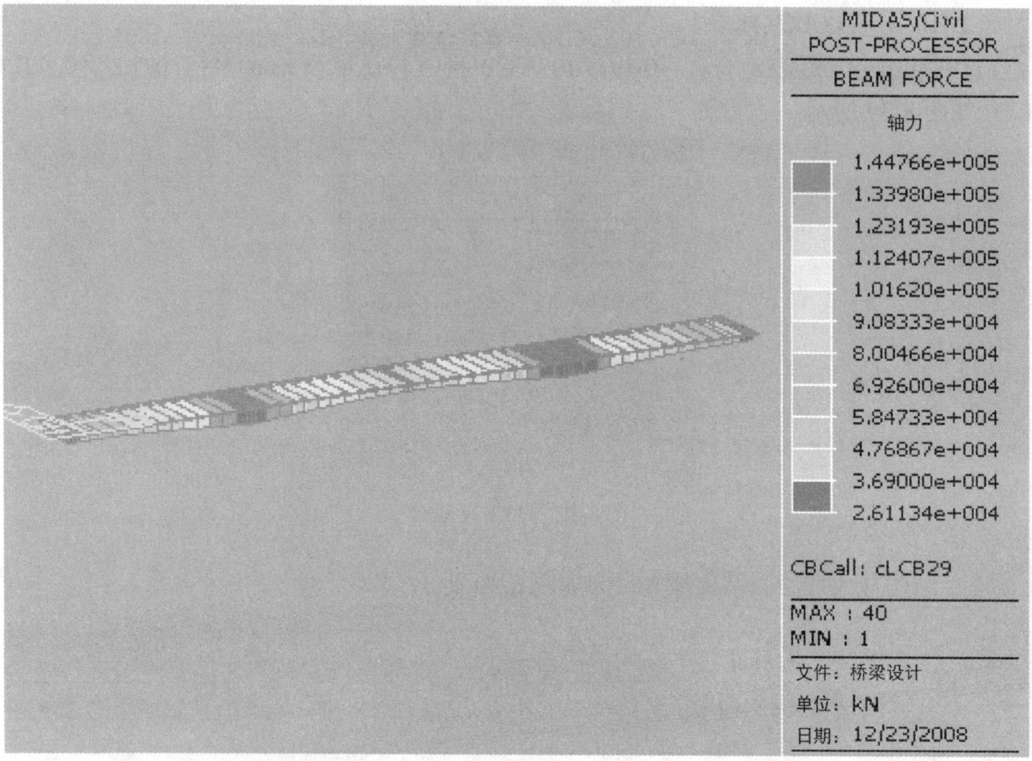


图8-41 轴力

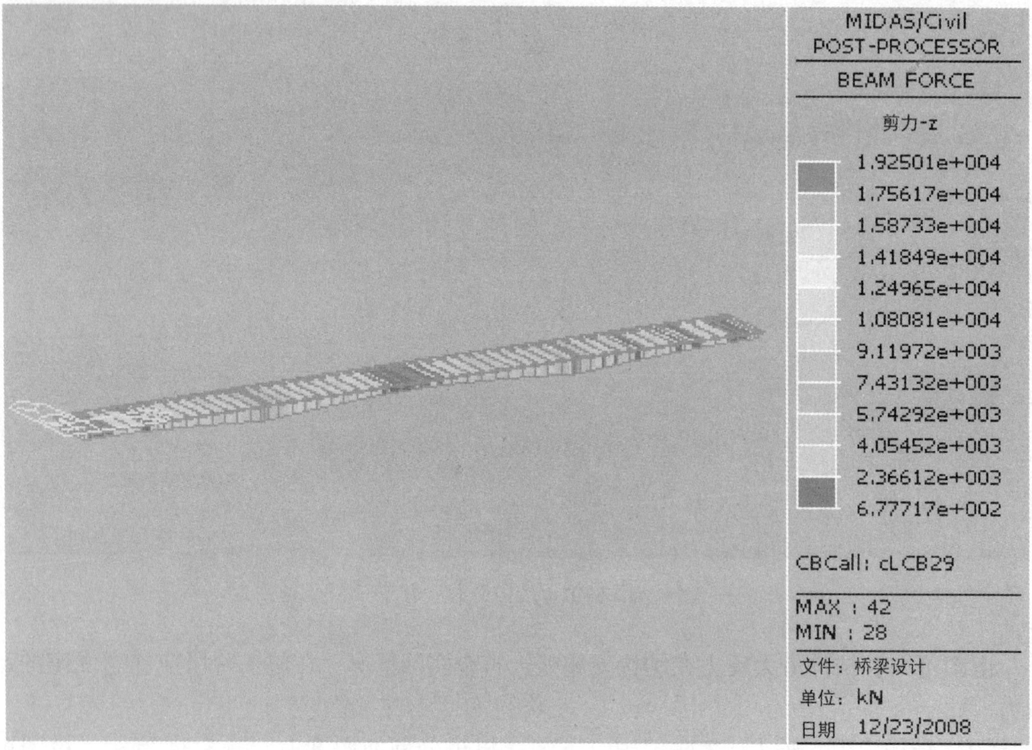


图8-42 Z向剪力

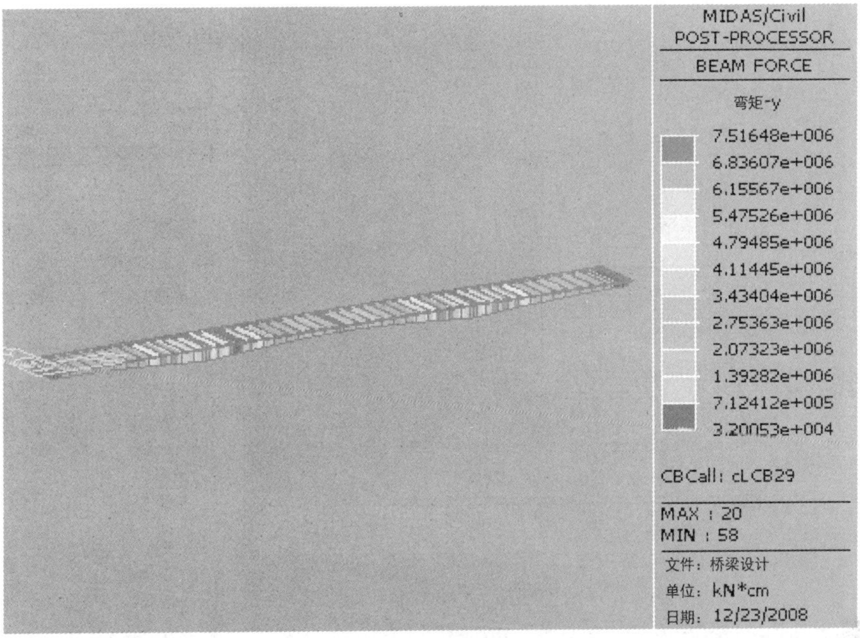


图 8-43 弯矩

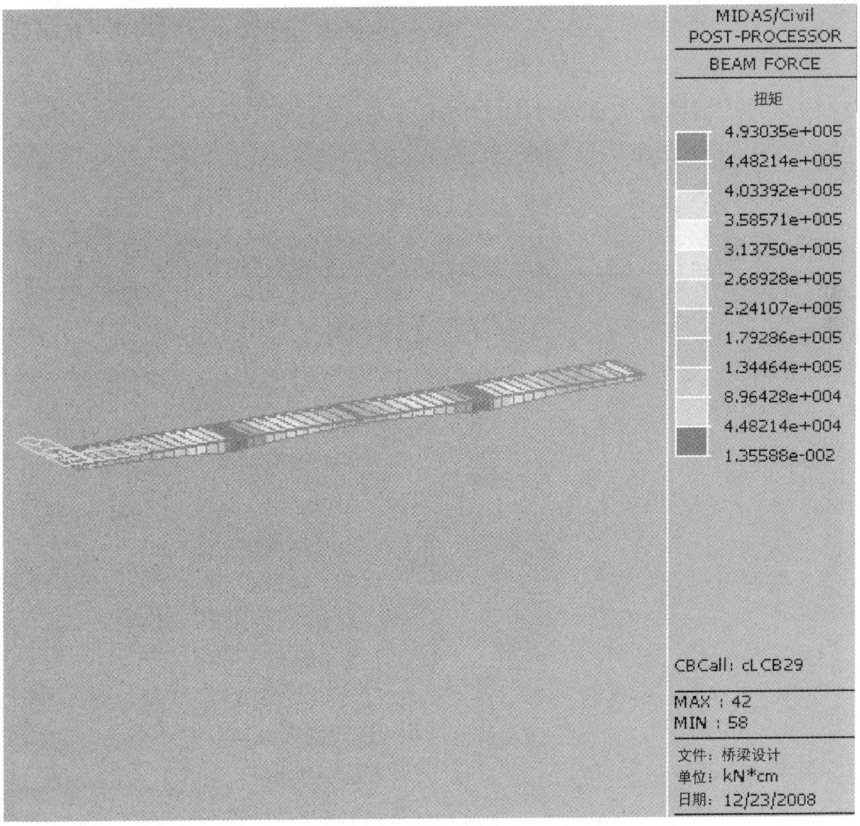


图 8-44 扭矩

（3）结构变形。结构变形如图 8-45 所示。

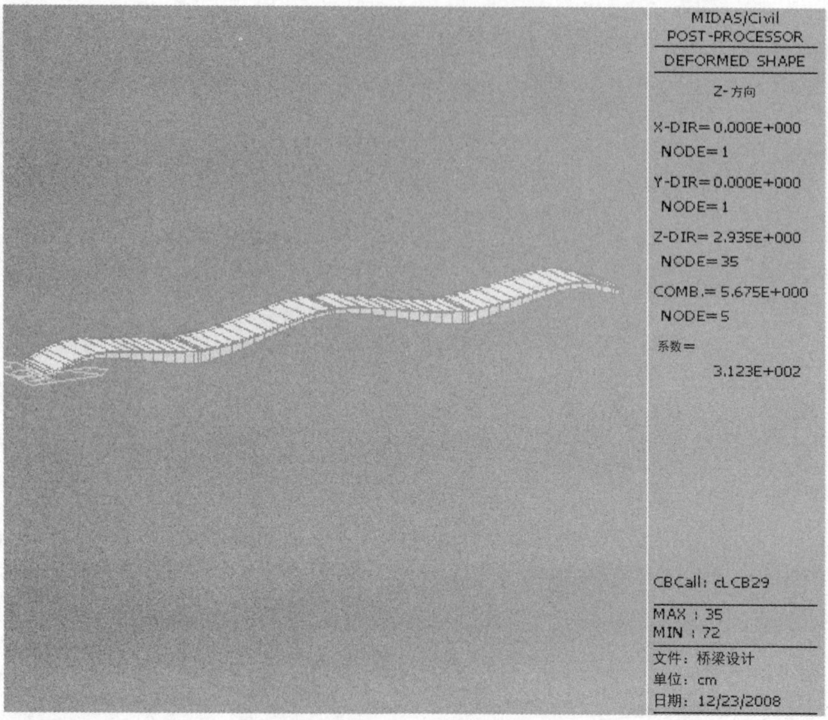


图 8-45 结构变形

（4）结构应力。结构应力如图 8-46 所示。

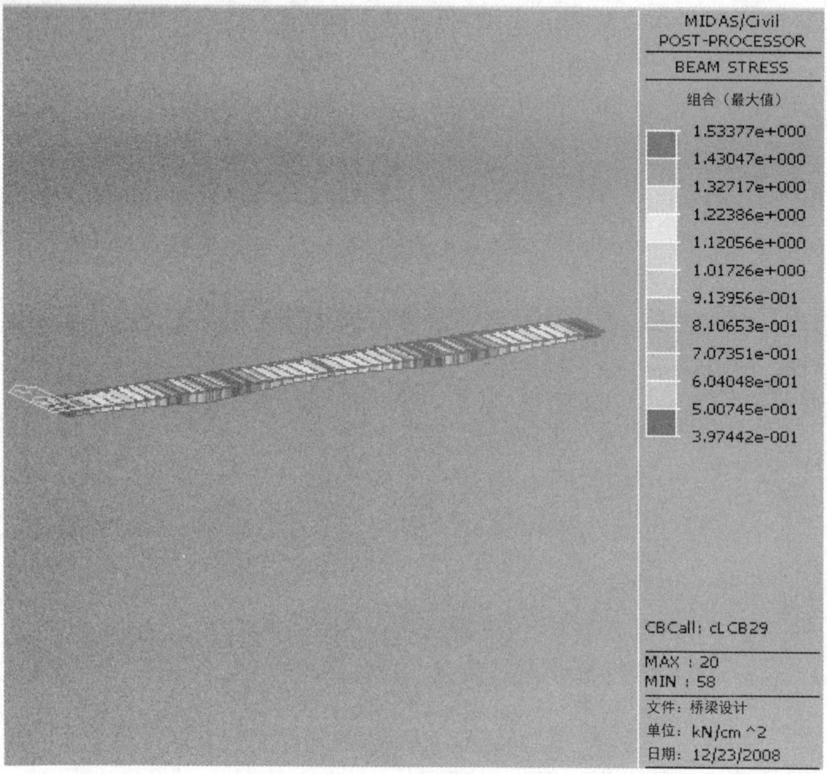


图 8-46 结构应力

### 8.2.10.5 偶然荷载

根据以上各种不同的荷载组合，MIDAS 分析出不同的内力、应力、变形、反力。可以看出该桥在运营状态下的受力情况，但在该模型中没有考虑偶然荷载。

在选取的几个组合中，Dx 方向的变形主要是由于张拉钢筋、温度荷载引起。若仅在自重、移动荷载、横隔板、桥面铺装层作用下，则 Dx 方向变形微弱。荷载组合如图 8-47 所示。结构变形如图 8-48 所示。

荷载工况和系数

| | 荷载工况 | 系数 |
|---|---|---|
| | 结构自重(ST) | 1.2000 |
| | 桥面铺装层(S) | 1.2000 |
| | 横隔板(ST) | 1.2000 |
| | 移动荷载(MV) | 1.2000 |
| | 整体升温(ST) | 0.0000 |

图 8-47　cLCB1 荷载组合

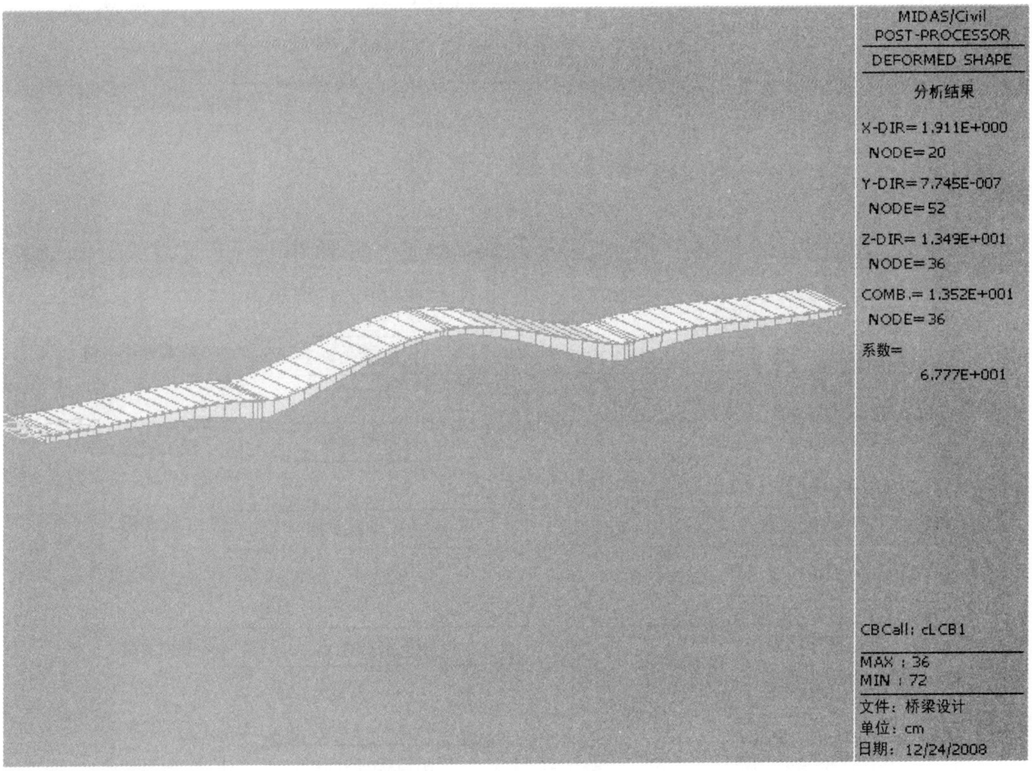


图 8-48　结构变形

## 思 考 题

(1) MIDAS 简支梁建模注意事项有哪些？

(2) MIDAS 连续梁建模注意事项有哪些？

# 9 道路勘测设计技能实训

第 9 章课件

**本章摘要：**

主要介绍了外业工作内容：纸上定线、计算机辅助设计、中平测量、横断面测量；内业工作内容：平面设计、纵断面设计、横断面设计、附属设施设计。

## 9.1 外　　业

道路勘测设计实习外业是在室内纸上定线的基础上，在野外进行实地放线并测量中桩平面坐标和高程的过程。实习外业的分工与作业流程如图 9-1 所示。

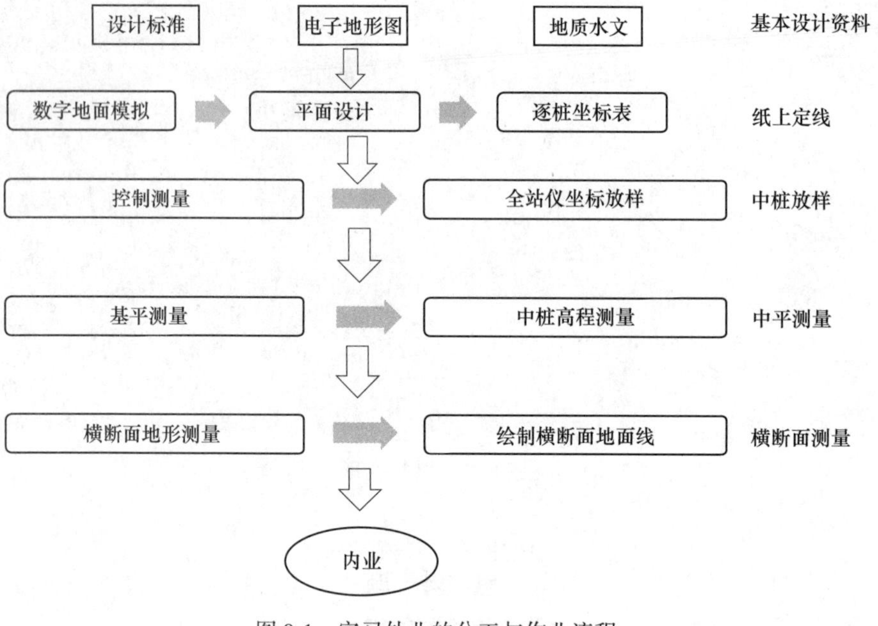


图 9-1　实习外业的分工与作业流程

### 9.1.1　纸上定线

本阶段的主要任务为根据给定路线的等级、设计速度和相关的技术指标以及路线的起终点（见设计任务书），结合数字地形图和地形、地物等现场条件，确定路线方案，利用设计软件定出路线的交点、确定曲线参数，完成路线的平面设计并生成供后续作业所用的逐桩坐标表。

9.1.1.1　基本设计资料

某地区 1：2000 地形图。

公路等级：四级。

设计速度：20km/h。

地质情况：泥质页岩。

技术指标：根据有关技术规范，本路段设计采用的主要技术指标如表 9-1 所示。

**表 9-1　主要技术指标**

<table>
<tr><th>项　目</th><th>技术标准</th><th colspan="2">项　目</th><th>技术标准</th></tr>
<tr><td>路基宽度/m</td><td>2×3.25</td><td colspan="2">超高渐变率</td><td>1/100</td></tr>
<tr><td>土路肩宽度/m</td><td>0.25</td><td colspan="2">停车视距/m</td><td>20</td></tr>
<tr><td>平曲线一般最小半径/m</td><td>30</td><td colspan="2">超车视距一般值/m</td><td>100</td></tr>
<tr><td>平曲线极限最小半径/m</td><td>15</td><td colspan="2">路面加宽</td><td>1 类加宽</td></tr>
<tr><td>不设超高最小半径/m</td><td>150</td><td rowspan="6">回头曲线</td><td>设计速度/km · h<sup>-1</sup></td><td>20</td></tr>
<tr><td>平曲线一般最小长度/m</td><td>40</td><td>圆曲线最小半径/m</td><td>15</td></tr>
<tr><td>回旋线最小长度/m</td><td>20</td><td>回旋线最小长度/m</td><td>20</td></tr>
<tr><td>最大纵坡/%</td><td>9</td><td>超高横坡度/%</td><td>6</td></tr>
<tr><td>最短坡长/m</td><td>60</td><td>双车道路面加宽值/m</td><td>3</td></tr>
<tr><td>路基设计洪水频率</td><td>1/25</td><td>最大纵坡/%</td><td>4.5</td></tr>
</table>

9.1.1.2　山岭、重丘区纸上定线步骤

（1）初定导向线。具体步骤如下：

1）分析地形，找出各种可能的走法；

2）放坡定坡度线；

3）确定中间控制点，分段调整纵坡，定导向线。

（2）修正导向线。具体步骤如下：

1）试定平面和纵断面；

2）通过纵断面一次修正导向线，避免纵向大填大挖；

3）通过横断面二次修正导向线，避免横向填挖过大。

（3）定线。按照二次修正导向线上各特征点的性质和可活动范围，经过反复试线定出满足要求的中线。定线的具体操作可以采用直线形定线方法，具体步骤如下：

1）路线标定。参照导向线，先固定穿过大多数控制点的直线，相邻直线相交确定交点。

2）曲线设置。在定出交点后，根据技术标准和地形条件，通过试算或反算的方法确定圆曲线半径 $R$ 以及缓和曲线长度 $L_s$。

### 9.1.2　计算机辅助设计

目前进行路线设计时，基本均采用计算机辅助设计。下面介绍运用纬地道路辅助设计系统 HintCAD 数模版 5.77 进行路线辅助设计的相应操作。

9.1.2.1 运行软件程序

运行软件程序界面如图 9-2 所示。

图 9-2 程序界面

9.1.2.2 建立设计项目

点击“项目”→“新建项目”，指定项目名称、路径，新建公路路线设计项目。

9.1.2.3 打开数字地形图

应用 AutoCAD 打开数字化地形图。

9.1.2.4 平面线形设计

（1）打开“主线平面设计”对话框。

点击“设计”→“主线平面设计”，打开主对话框，如图 9-3 所示。

对于已有项目，“主线平面设计”启动后，自动打开并读入当前项目中所指定的平面交点数据。用户点按“计算绘图”后便可在当前屏幕浏览路线平面图形。

（2）确定交点。

1）单击主线平面设计对话框上的【拾取】按钮，从图中选择路线起点位置，获得路线起点的坐标，并显示在对话框上（图 9-4）。也可以在键盘上直接输入起点的坐标。

2）单击对话框上的【插入】按钮，从图中选择（或者键盘输入）路线其他交点的坐标，可以连续选择多个交点的位置，也可以只选择一个交点的位置，按“ESC”键退出交点位置的选择，返回主线平面设计对话框。结果如图 9-5 所示。

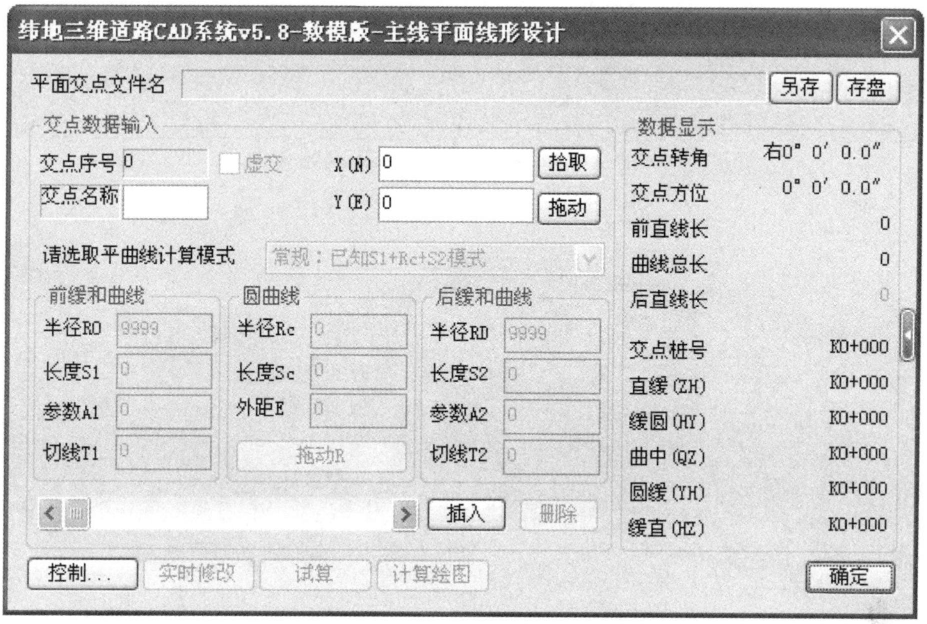


图 9-3　主线平面设计对话框

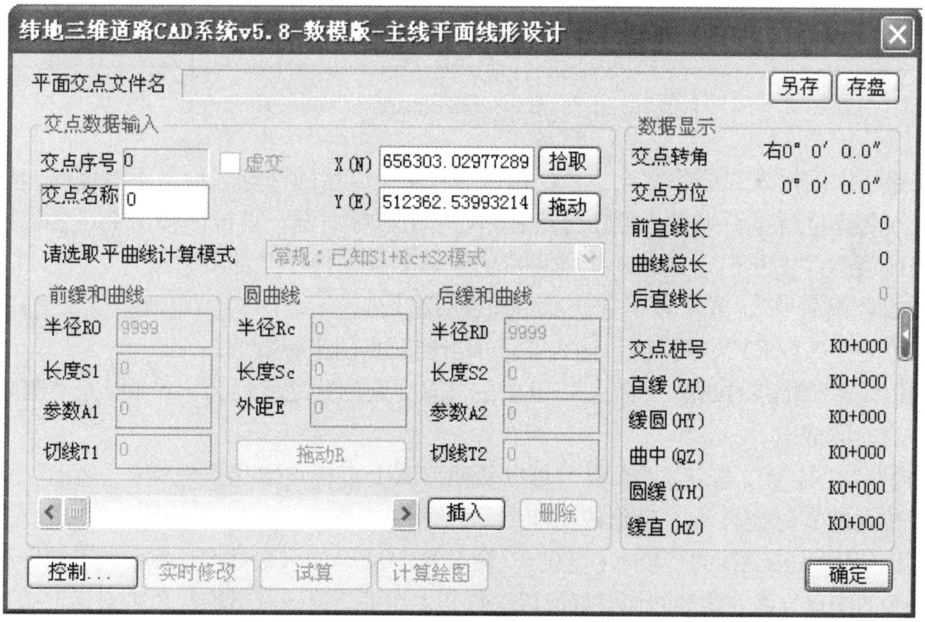


图 9-4　起点的坐标

**说明：**

“交点序号”显示的是软件对交点的自动编号，起点为0，依次增加。

“交点名称”编辑框中显示或输入当前交点的名称，交点名称自动编排，一般默认为交点的序号，可以改成其他的任何名称，如起点改为BP，终点改为EP。在调整路线时，

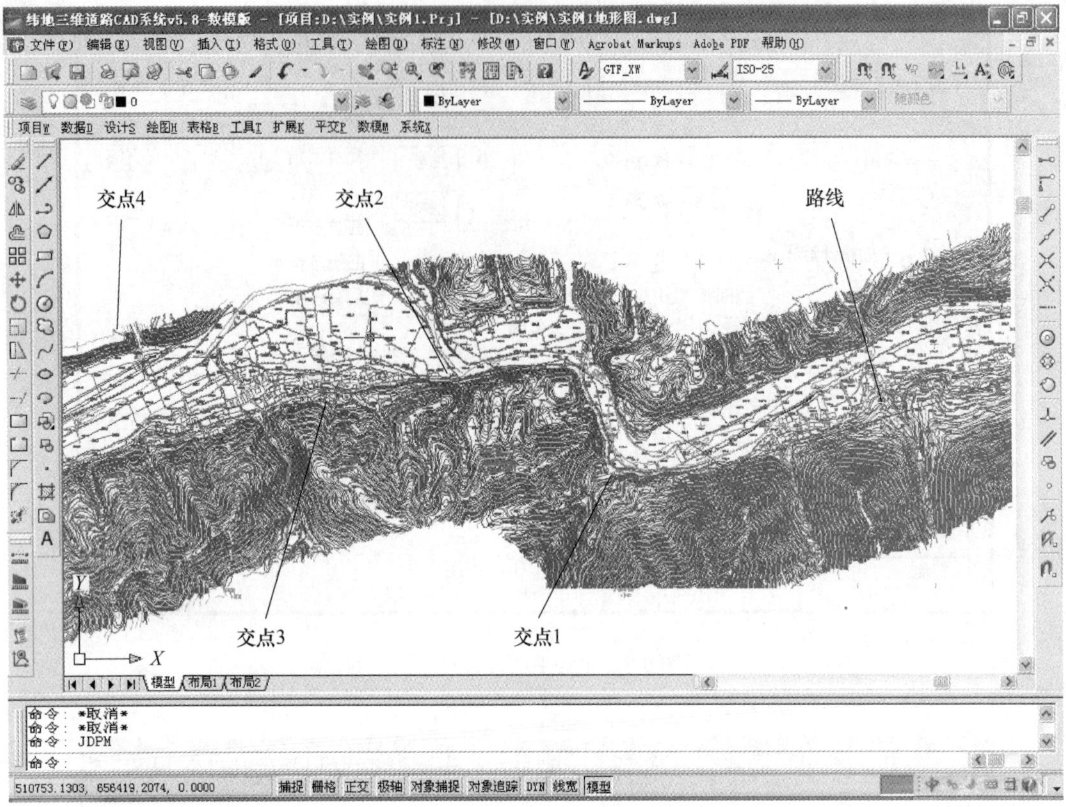


图 9-5 路线交点

如果在路线中间插入或删除交点，系统默认增减交点以后的交点名称是不改变的。如果需要对交点名称进行重新编号，可在交点名称处单击鼠标右键，系统即弹出交点名称自动编号的选项菜单（图 9-6），选择对当前项目的全部交点进行“全部重新编号”，或“从当前交点开始重新编号”，或“以当前交点格式重新编号”。

“X(N)”“Y(E)”编辑框：输入或显示当前交点的坐标数值。

“插入”“删除”按钮：“插入”用来在当前交点位置之后插入一个交点；“删除”用来删除当前的交点。

“拾取”“拖动”按钮：“拾取”可以从地形图上直接点取交点坐标；“拖动”可以实现交点位置的实时拖（移）动修改功能。

可以使用 AutoCAD 的“line（直线）”命令和“pline（多段线）”命令在当前屏幕直接绘制路线的交点导线，将导线调整好以后，打开主线平面设计对话框，单击对话框中的“拾取”按钮，在右键菜单中选择“E 拾取交点线”或根据 CAD 命令行提示输入 E 并按 Enter 键，拾取屏幕中绘制的交点导线，系统即自动将其转换为 HintCAD 当前项目的交点导线。

（3）插入平曲线。

1）拖动主线平面设计对话框中的横向滚动条控制向前和向后移动，选择需要设置平曲线参数的交点。

2）单击“请选取平曲线计算模式”右侧的 ⌄，根据交点曲线的组合类型和曲线控制

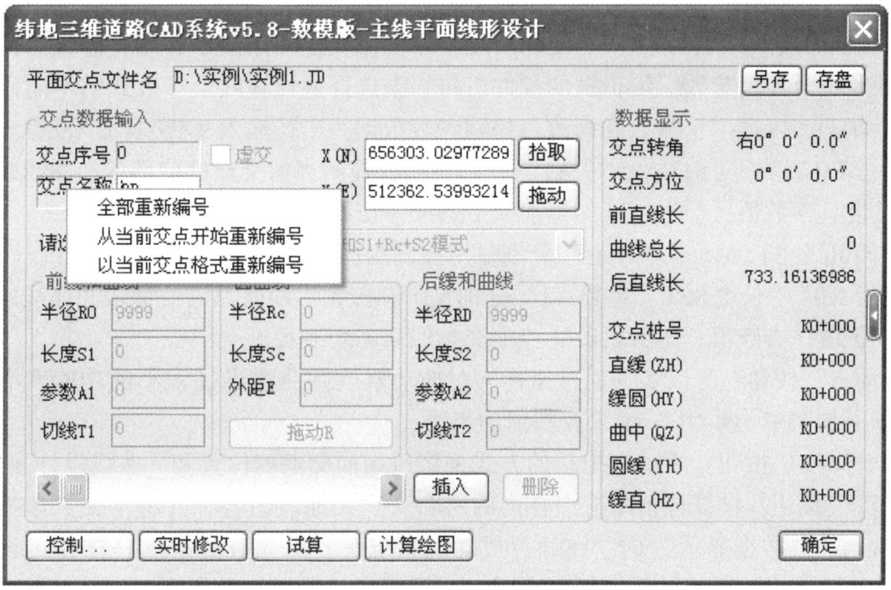


图 9-6　交点编号

来选择当前交点的计算方式和各种曲线组合的切线长度反算方式，可以根据不同的需要选择适合的计算或反算方式（图 9-7）。单曲线、S 形曲线和回头曲线的具体设计方法见相关介绍。

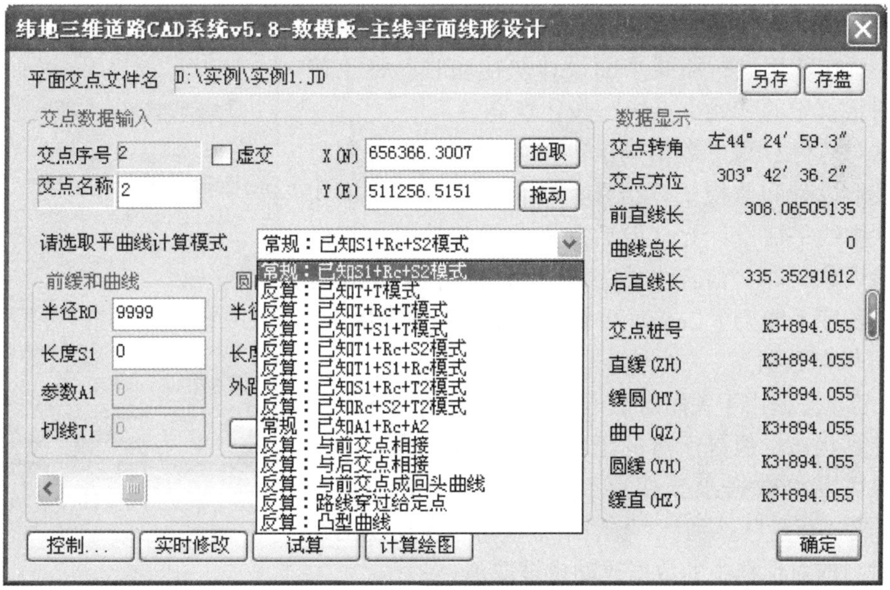


图 9-7　平曲线计算模式

3）根据计算模式输入相应的设计参数或者采用“拖动 R”或者采用“实时修改”的方式获得平曲线设计参数。

4）单击对话框上的【计算绘图】按钮，计算并显示平面线形。

**说明：**

“前缓和曲线”“圆曲线”“后缓和曲线”中的编辑框用来显示和编辑修改当前交点的曲线参数及组合控制参数。编辑框的控件组将根据选择的计算或反算方式的不同而处于不同的显示状态，以显示、输入和修改各控制参数数据。半径输入 9999 表示无穷大。

“半径 RO”“长度 S1”“参数 A1”分别显示或控制当前交点的前部缓和曲线起点曲率半径、长度、参数值；“切线 T1”当前交点的第一切线长度。

“半径 Rc”“长度 Sc”“外距”分别显示控制当前交点圆曲线的半径、长度、外距。

“半径 RD”“长度 S2”“参数 A2”分别显示和控制当前交点的后部缓和曲线的终点曲率半径、长度、参数值；“切线 T2”当前交点的第二切线长度。

“拖动 R”按钮：可以实现通过鼠标实时拖动修改圆曲线半径大小的功能。拖动过程中按键盘上的“S”或“L”键来控制拖动步距。

“实时修改”按钮：用动态拖动的方式来修改当前交点的位置和平曲线设计参数。

“试算”按钮：计算包括本交点在内的所有交点的曲线组合，并将本交点数据显示于对话框右侧的“数据显示”内。在计算成功的情况下，点“计算绘图”按钮可直接实时显示路线平面图形；而当计算不能完成时，对话框中的数据将没有刷新，并且在 AutoCAD 命令行中将出现计算不能完成的提示信息，用户在调整参数后可继续进行计算。

“控制…”按钮：单击“控制…”按钮，弹出图 9-8 所示的“主线设计控制参数设置”对话框。该对话框用于控制平面线形的起始桩号和绘制平面图时的标注位置、字体高度等。根据图形的比例来设置字体的高度，如果平面图的比例为1∶2000，则宜按图 9-8 设置标注文字的字高。注意在使用进行路线平面设计及拖动时，将“控制…”对话框中的“绘交点线”按钮点亮。

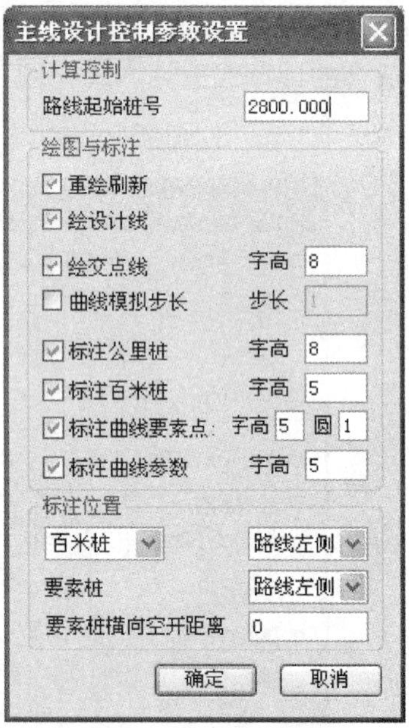


图 9-8　主线设计及显示控制

注意对话框右侧“数据显示”中的内容，以控制整个平面线形设计和监控试算结果。结合工程设计中的实际情况，主线平面设计允许前后交点曲线相接时出现微小的相掺现象，即“前直线长”或“后直线长”出现负值。但其长度不能大于 2mm，否则系统将出现出错提示。

(4) 保存数据。

“确定”按钮用于关闭对话框，并记忆当前输入数据和各种计算状态，但是所有的记忆都在计算机内存中进行，如果需要将数据永久保存到数据文件，必须点击“另存”或“存盘”按钮。“取消”按钮可以关闭此对话框，同时当前对话框中的数据改动也被取消。

“存盘”和“另存”按钮用于将平面交点数据保存到指定的文件中，得到 *.jd 数据和 *.pm 数据。使用时，最后会弹出如图 9-9 所示的询问对话框，询问是否将交点数据转换为平面曲线数据，一般选择“是”即可。

### 9.1.2.5　建立数字地面模型

通过数字地面模型内插纵断面和横断面地面线数据，是快速获得路线纵断面和横断面

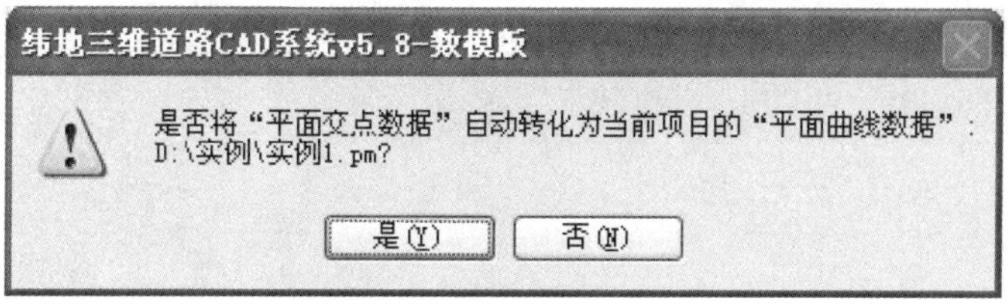


图 9-9 询问对话框

地面线数据的方法，为山区公路路线方案的优化和比选提供了方便快捷的支持。建立数字地面模型的操作过程如下：

（1）开始新数模。第一次建立数模，应先进行系统初始化。单击菜单【数模】→【新数模】，弹出图 9-10 所示“点数据高程过滤设置”对话框，设置对高程数据的控制。其中“采用高程过滤器”选项用于控制是否在读入数据时自动启动高程过滤器，即可将高程为零或高程超出用户指定范围的粗差点或废弃点自动剔除，保证数模构网的准确性。

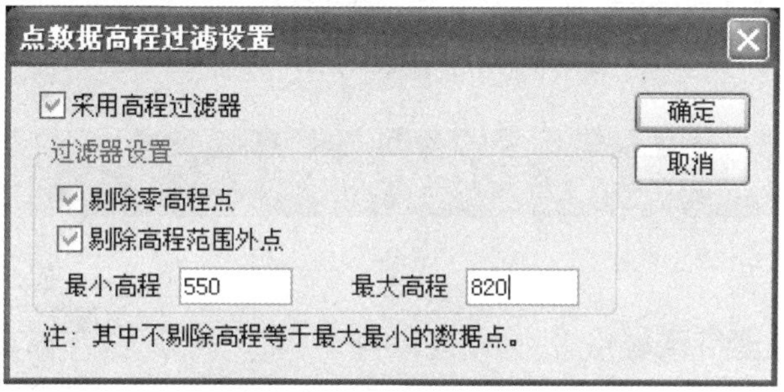


图 9-10 点数据高程控制

（2）三维数据读入。单击菜单【数模】→【三维数据读入】→【dwg 和 dxf 格式】，根据提示选取要读入三维数据的 dwg 文件，程序从中提取出所有的图层信息，列于图 9-11 所示的对话框中。

单击计曲线所在的图层 25，单击“数据类型”下方的下拉菜单，选择“约束线”；

单击首曲线所在的图层 26，单击“数据类型”下方的下拉菜单，选择“约束线”；

单击地形点所在的图层 29，单击“数据类型”下方的下拉菜单，选择“地形点”；

单击流水线所在的图层 34，单击“数据类型”下方的下拉菜单，选择“约束线”；

单击陡坎所在的图层 44，单击“数据类型”下方的下拉菜单，选择“约束线”；

设置“SPLINE 搜索”选项为“控制点”。

单击“开始读入”按钮，程序开始从该 DWG 文件中分类提取三维地形数据。完成后，AutoCAD 命令行中显示所提取到的三维点的总数目。

（3）数据预检。在进行三角构网前对需要对原始三维数据进行检查，对已经读入内存的所有三维点进行排序、检索等操作，同时检查并逐一记录数据中出现的问题。

1）单击菜单【数模】→【数据预检】，弹出数据预检设置对话框（图 9-12）；

2）选择需要控制的选项，单击【确定】按钮。

（4）数模构网。数模构网为根据已经读入的三维地形数据来构建三维数字地面模型。

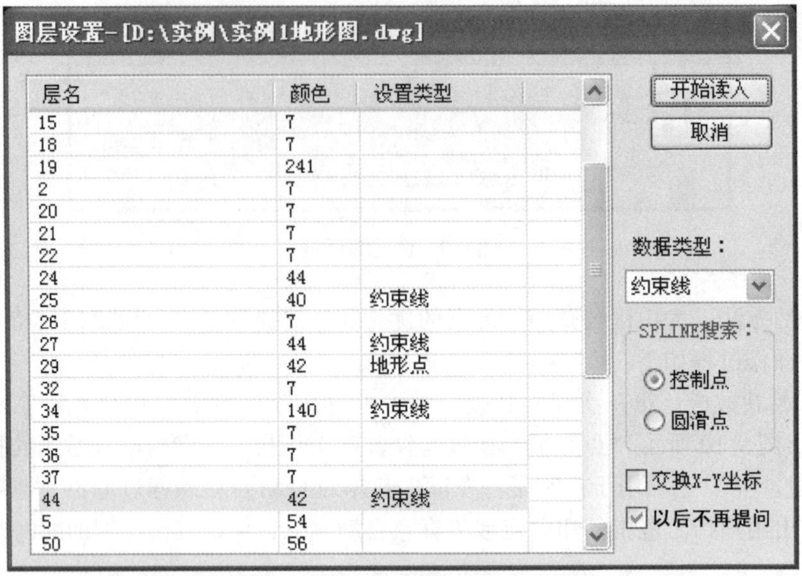


图 9-11　读入 dwg 格式三维数据

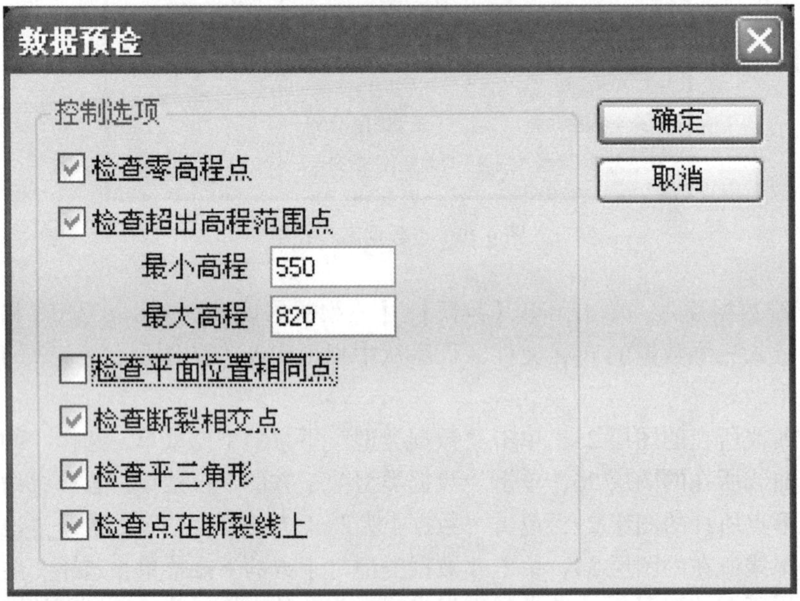


图 9-12　设置数据预检选项

单击菜单【数模】→【三角构网】，程序完成三维数字地面模型的构建。

（5）数模的优化。数模的优化主要考虑在三维数据采点的密度和位置不十分理想的情况下，所形成的三角网格不能贴切地反映实际地面的变化，如出现平三角形等，需要进行优化。

单击菜单【数模】→【三角网优化】，启动三角网优化程序，弹出对话框如图 9-13 所示。

单击【开始优化】按钮，系统开始对当前数模中的三角网进行优化。优化完成后将在

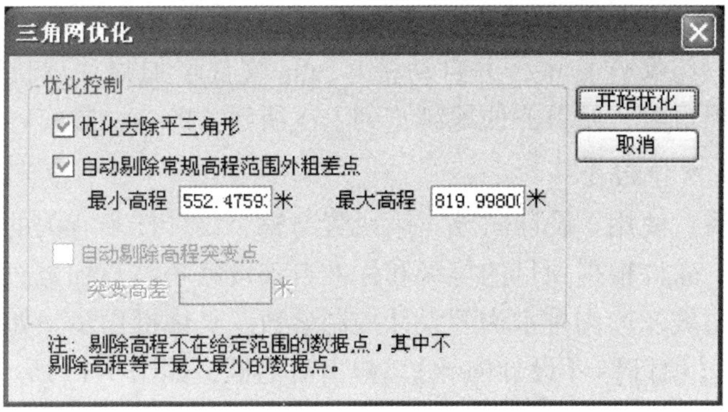


图 9-13 数模优化

命令行中显示优化结果。一般经优化处理后余留的平三角形以红色显示，这些平三角形都是无法避免的。

**注意：**优化程序只有在网格线全部显示的条件下才可以使用。

（6）数模组管理与保存。一般情况下，一个数模的总点数宜控制在 20 万～60 万个之间。如果路线里程较长，需要根据路线的里程和地形情况分若干段分别建模，同一个公路项目可以用数模组来管理。

1）单击菜单【数模】→【数模组管理】，启动数模组管理功能，如图 9-14 所示。

2）单击【保存数模】按钮，保存数模。

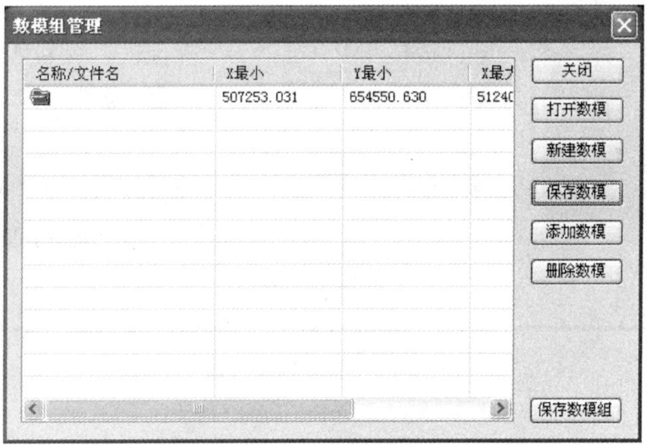


图 9-14 数模组管理

利用数模组管理功能可以建立、删除、激活某个数模。

数模组管理对话框中各个按钮的功能如下：

“打开数模”按钮将对话框中用户指定的某一数模打开（即激活），并读入到内存中，以便对其进行编辑、显示或进行数模的高程内插应用。

“新建数模”按钮的功能与“新数模”菜单项功能基本相同，用于关闭已打开的数模。

“添加数模”按钮用于将对话框中用户指定的某一数模添加到数模组中。

“删除数模”按钮仅用于将数模组中某一数模项删去，但并不直接将保存到硬盘上的数模文件（＊.dtm）删除。

“保存数模组”按钮将用户在同一个项目中建立的若干个数模的信息保存到 *.gtm 文件（系统中称为数模组文件）中，并自动将 *.gtm 文件增加到“项目管理器”中，这样用户下次重新打开项目时，便可方便地浏览到上次所建立的各个数模。

9.1.2.6 设置设计向导

平面定线完成后，使用“设计向导”来设置与整个设计任务有关的其他设计标准和参数。通过设计向导，软件根据项目的等级和标准自动设置超高与加宽过渡区间，以及相关数值，设置填挖方边坡、边沟排水沟等设计控制参数。具体操作步骤如下：

（1）单击菜单【项目】→【设计向导】，弹出对话框，如图 9-15 所示。

图 9-15 设置路线参数

（2）选择项目类型。

（3）设置本项目设计起终点范围。

（4）设置项目标识、选择桩号数据精度。

（5）单击【下一步】，弹出对话框，如图 9-16 所示；进入本项目设置下一步。

（6）在“纬地设计向导（分段 1 第一步）”对话框中输入项目第一段的分段终点桩号，系统默认为平面设计的终点桩号。如果设计项目分段采用不同的公路等级和设计标准，可逐段输入每个分段终点桩号并分别进行设置。本实例项目不分段，即只有一个项目分段，则不修改此桩号。

（7）选择“公路等级”。

（8）选择“设计速度”。

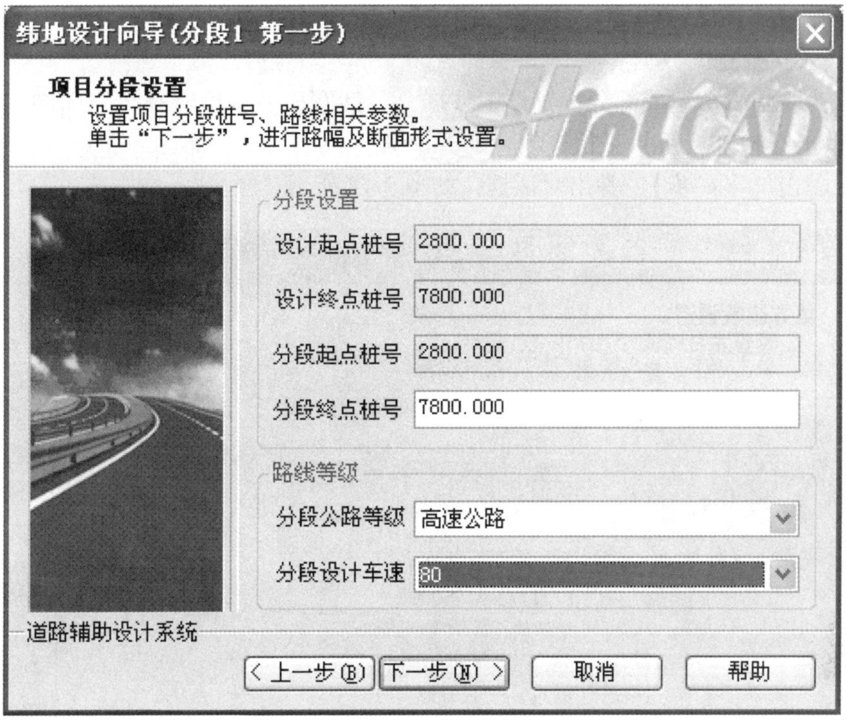


图 9-16 分段第一步

(9) 单击【下一步】，弹出对话框，如图 9-17 所示。

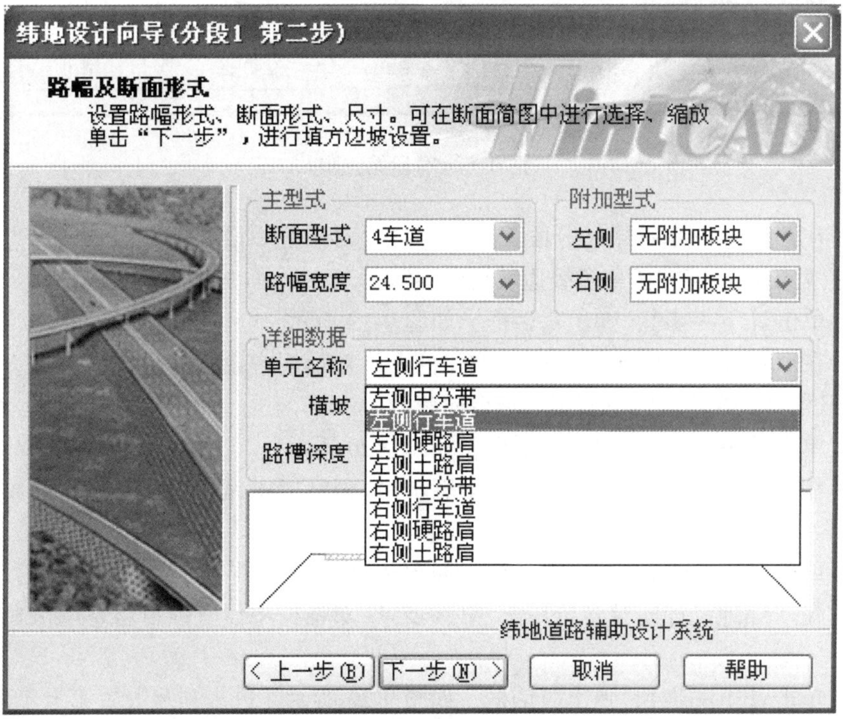


图 9-17 分段第二步

（10）在“纬地设计向导（分段 1　第二步）”对话框中选择断面类型（即车道数）；选择或者输入路幅宽度数据。

（11）为路幅每个组成部分设置详细数据，包括宽度、坡度、高出路面的高度；设置完成后，单击【检查按钮】来检查设置是否正确。

（12）单击【下一步】，弹出对话框，如图 9-18 所示。

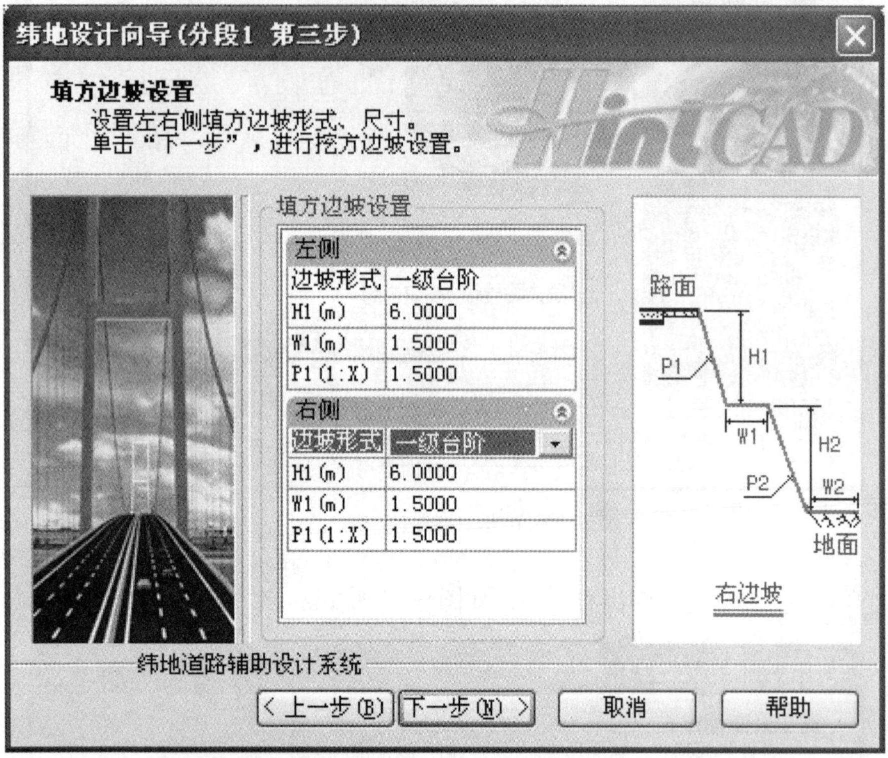


图 9-18　分段第三步

（13）在“纬地设计向导（分段 1　第三步）”对话框中设置项目典型填方边坡的控制参数，根据需要设置填方任意多级边坡台阶参数。

（14）单击【下一步】，弹出对话框，如图 9-19 所示。

（15）在“纬地设计向导（分段 1　第四步）”对话框中设置项目典型挖方边坡的控制参数，根据需要设置挖方任意多级边坡台阶参数。

（16）单击【下一步】，弹出对话框，如图 9-20 所示。

（17）在“纬地设计向导（分段 1　第五步）”对话框中设置项目路基两侧典型边沟的尺寸。

（18）单击【下一步】，弹出对话框，如图 9-21 所示，进入项目分段设置第六步。

（19）在“纬地设计向导（分段 1　第六步）”对话框中设置项目路基两侧典型排水沟的尺寸。

（20）单击【下一步】，弹出对话框，如图 9-22 所示，进入项目设置第七步。

（21）在“纬地设计向导（分段 1　第七步）”对话框中设置路基设计采用的超高和加

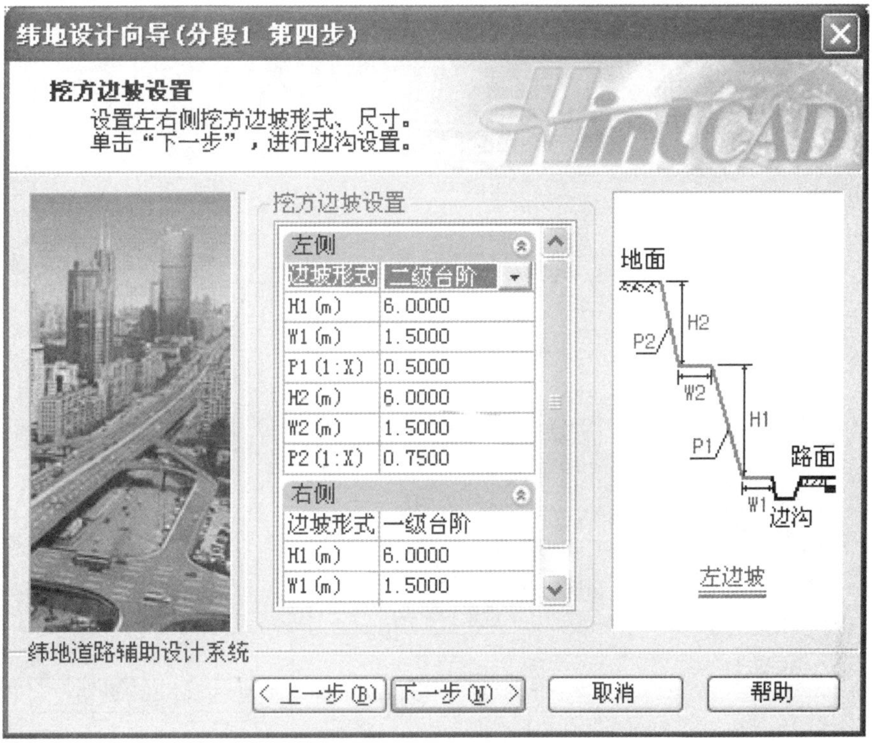


图 9-19　分段 1　第四步

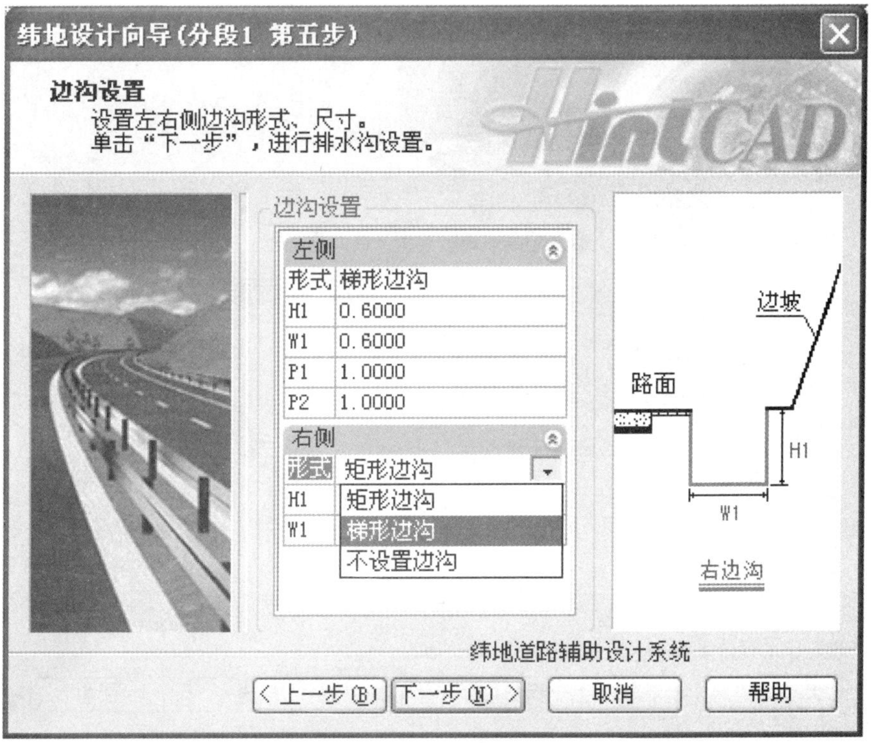


图 9-20　分段 1　第五步

图 9-21 分段 1 第六步

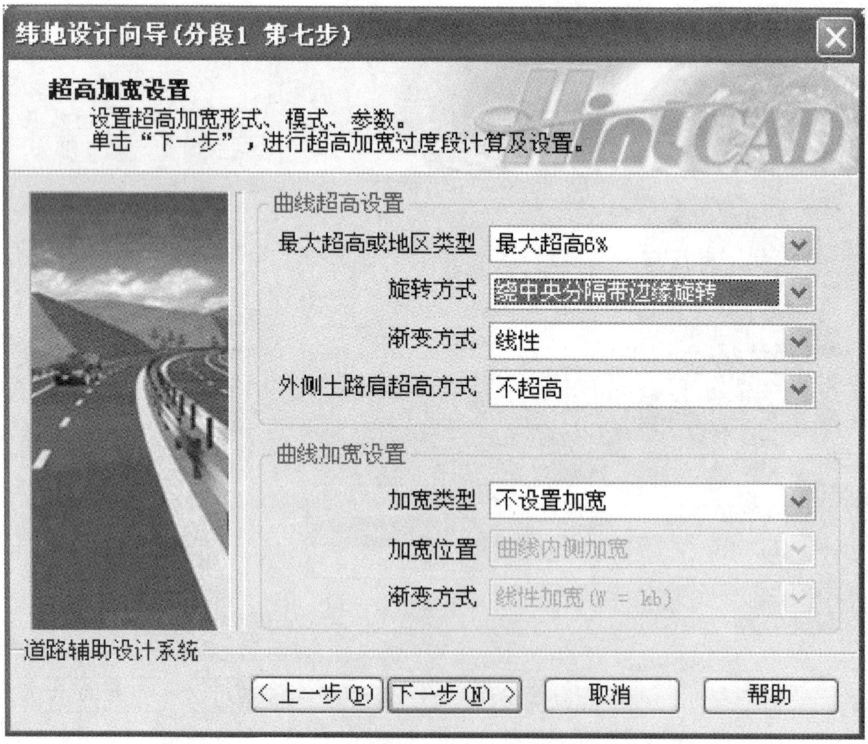


图 9-22 分段 1 第七步

宽类型、超高旋转方式、超高渐变方式及外侧土路肩超高方式、曲线加宽类型、加宽位置、加宽渐变方式项。

(22) 单击【下一步】，弹出对话框，如图 9-23 所示。

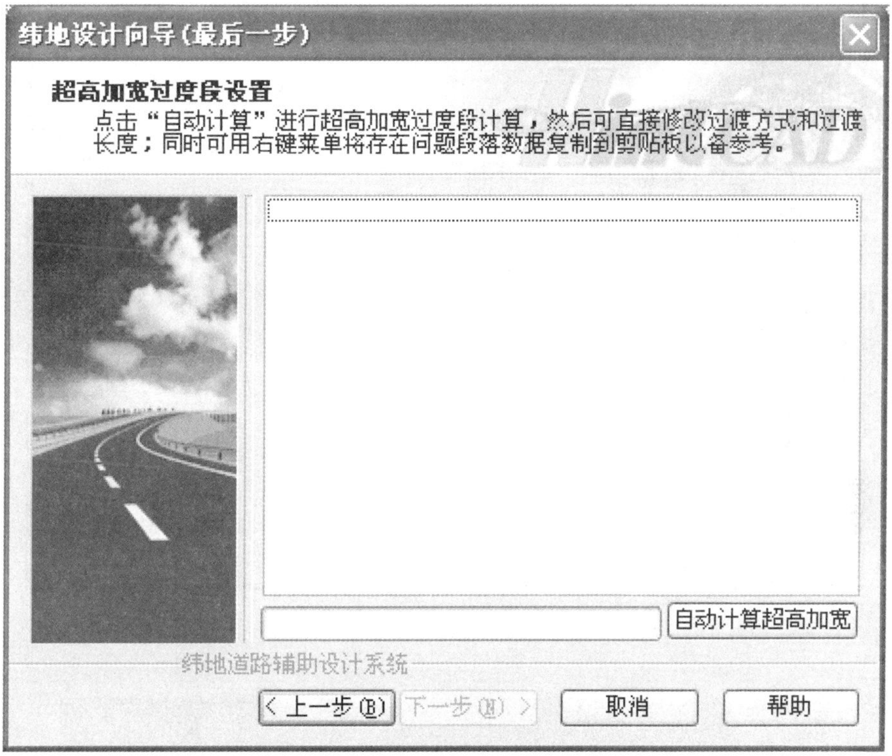


图 9-23　加宽超高设置

(23) 在“纬地设计向导（最后一步）”对话框中单击“自动计算超高加宽”按钮，系统根据前面所有项目分段的设置，结合项目的平面线形文件计算每个曲线的超高和加宽过渡段。

(24) 单击【下一步】，弹出对话框，如图 9-24 所示。

(25) 在“纬地设计向导（结束）”对话框中可以修改输出的四个设置文件名称；设置桩号文件中输出的桩号序列间距。

(26) 单击【完成】按钮，完成项目的有关设置。

最后系统生成路幅宽度文件（*.wid）、超高设置文件（*.sup）、设计参数控制文件（*.ctr）和桩号序列文件（*.sta），并将这四个数据文件添加到纬地项目管理器中。

注意：由设计向导自动生成的设置超高与加宽过渡区间，以及相关数值，设置的填挖方边坡、边沟排水沟等设计控制参数只是项目典型参数，并不能完全满足设计的需要，用户需要根据项目的实际情况，在控制参数输入或纬地数据编辑器中对有关设置参数进行分段设置或添加、删除等修改。

9.1.2.7　数字地面模型内插纵断面地面线数据

(1) 单击菜单【数模】→【数模组管理】，弹出“数模组管理”对话框，如图 9-25 所示。

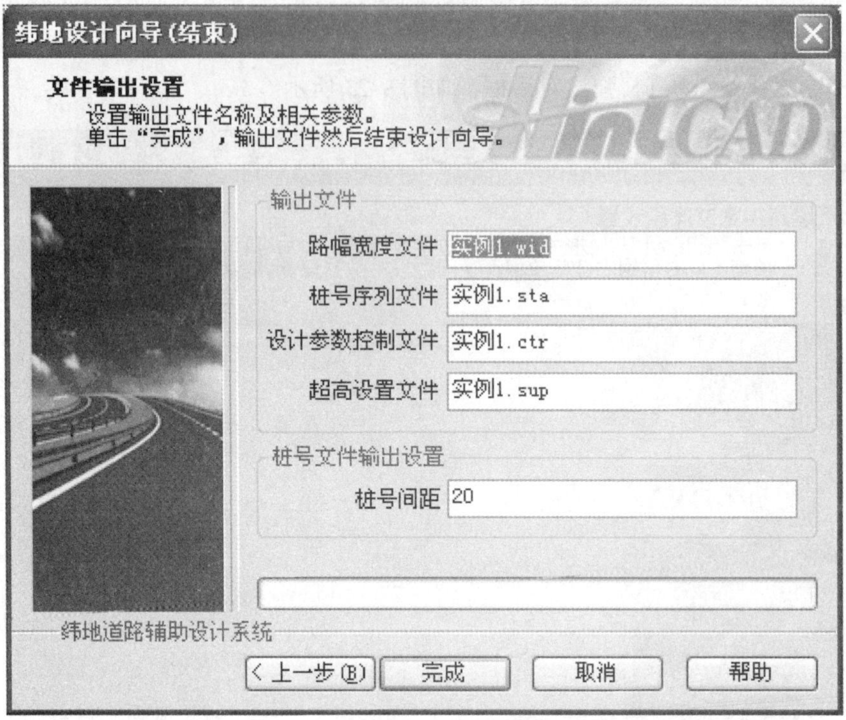


图 9-24 结束项目设置

图 9-25 打开数模

(2) 选择已经建立的数模文件，单击对话框右侧的【打开数模】按钮，打开已经建立的数模。

(3) 单击对话框右侧的【关闭】按钮，关闭“数模组管理”对话框。

(4) 单击菜单【数模】→【数模应用】→【纵断面插值】，弹出“内插纵断面地面线”

对话框，如图 9-26 所示。

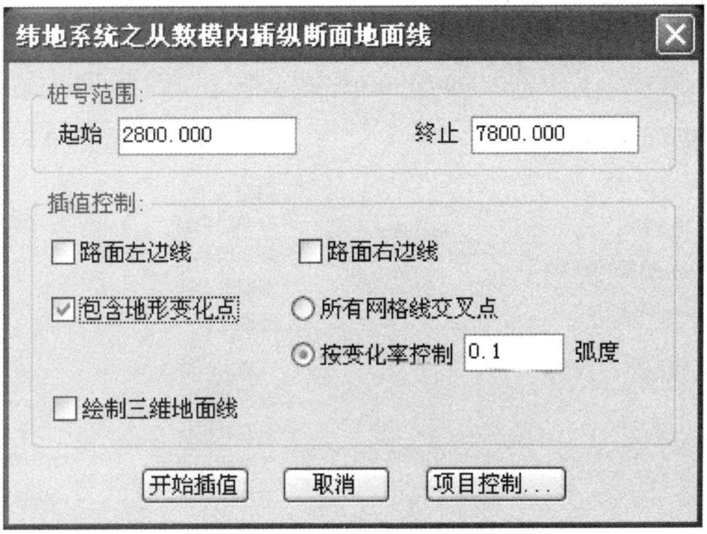


图 9-26 内插纵断面地面线

（5）输入“桩号范围”，并选择“插值控制”中的选项。“插值控制”中的“路面左边线”和“路面右边线”控制中桩插值时，是否同时内插出路基左右侧边线的对应地面高程，这主要为路基横断面设计和支挡构造物设计提供设计参考。只需要路线中线纵断面地面线时，不选择“路面左边线”和“路面右边线”选项，一般应该选择“包含地形变化点”选项。

（6）单击【开始插值】按钮，弹出对话框，如图 9-27 所示，输入文件名（*.dmx）后系统开始进行插值计算。

图 9-27 输入纵断面地面线文件名

**提示**：“桩号范围”的默认值为路线的总长度，需根据当前数模的边界范围重新输入插值的起终点桩号范围，否则有些桩无法内插地面高程；如果项目中已存在该文件，系统会提示是否覆盖原地面线文件。

（7）单击菜单【设计】→【纵断面设计】，弹出纵断面设计对话框，如图 9-28 所示，并自动显示纵断面地面线。

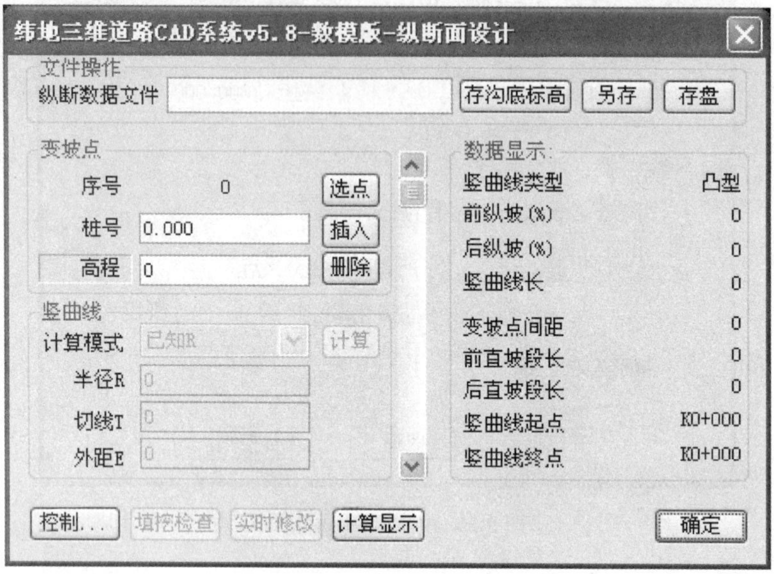


图 9-28　纵断面设计对话框

9.1.2.8　数字地面模型（DTM）内插横断面地面线数据

（1）打开数模（步骤与内插纵断面地面线相同）。

（2）单击菜单【数模】→【数模应用】→【横断面插值】，弹出“内插纵断面地面线”对话框，如图 9-29 所示。

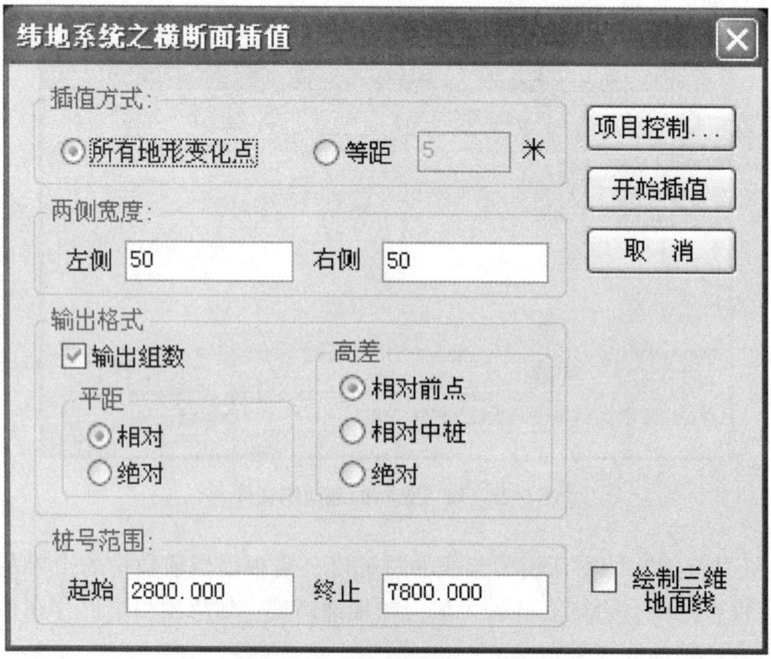


图 9-29　内插横断面地面线

（3）选择“插值方式”，一般选择所有地形变化点。

（4）输入“两侧宽度”，确定内插左右两侧横断面地面线的宽度范围。

（5）设定“输出格式”，一般采用系统默认的方式即可。

（6）输入“桩号范围”。

（7）单击【开始插值】按钮，指定横断面地面线数据文件名称，系统进行插值计算。

**提示**：如果项目中已存在该文件，软件会提示是否覆盖原地面线文件，插值完成后系统自动将文件添加到项目管理器中。

（8）单击菜单【设计】→【横断面设计绘图】，打开“横断面设计绘图”界面（图9-30）。

（9）单击【绘横断面线】，程序自动绘制所有中桩的横断面地面线。

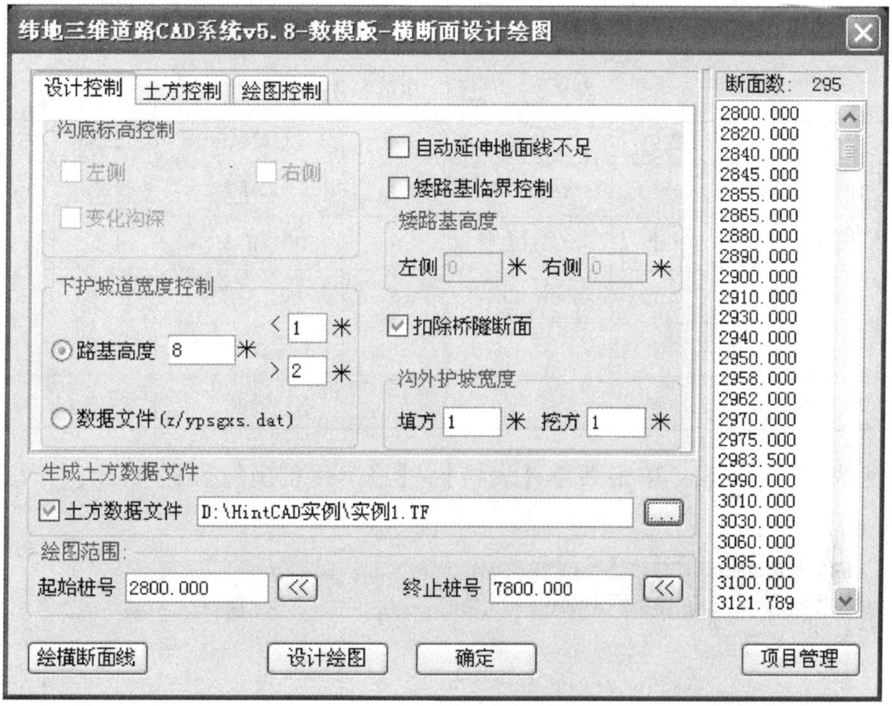


图9-30　横断面设计—设计控制

### 9.1.3　中桩放样

纸上定线后需将道路中线在地面上标定，供落实核对以及详细测量和施工之用。实地放线就是将纸上定线定好的路线敷设到地面上。具体做法是以设计路线的中桩为待放样点，采用全站仪根据放样点坐标在实地标出放样点的平面位置。图9-31为放样示意图，表9-2为中桩组的仪器和物品。

#### 9.1.3.1　放样前的准备

（1）准备中桩数据。公路中线的位置是用“中桩”来表示和控制的，中桩包括公里桩、百米桩、曲线主点桩和加桩。每天出工放样前将足够多的中桩坐标数据输入全站仪中。

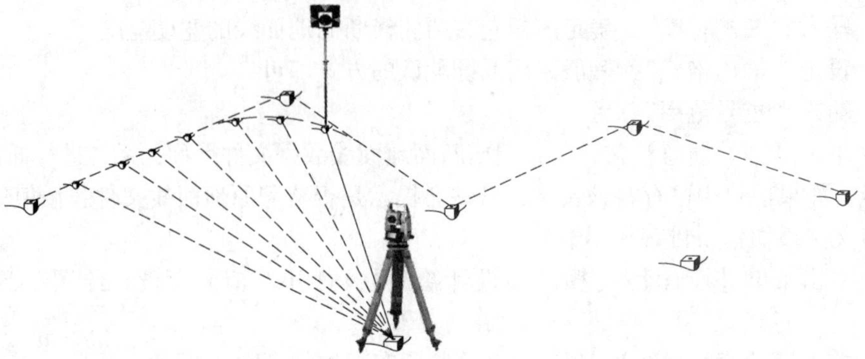

图 9-31 放样示意图

**表 9-2 中桩组的仪器和物品**

| 序号 | 仪器名称 | | 数量 | 备注 | 序号 | 仪器名称 | 数量 | 备注 |
|---|---|---|---|---|---|---|---|---|
| 1 | 全站仪 | 主机 | 1 个 | 含电池 2 块 | 3 | 记号笔 | 2 支 | |
| | | 脚架 | 1 个 | 全站仪专用 | 4 | 中桩记录本 | 1 本 | |
| | | 棱镜 | 2 个 | 与全站仪配套 | 5 | 大、小背包 | 1+1 个 | |
| | | 棱镜支架 | 2 个 | | 6 | 铁钉、红布、木桩 | 若干 | |
| 2 | 铁锤 | | 1 把 | | 7 | 其他 | | |

1）生成逐桩坐标表。单击菜单【表格】→【输出逐桩坐标表】，弹出对话框，如图 9-32 所示。

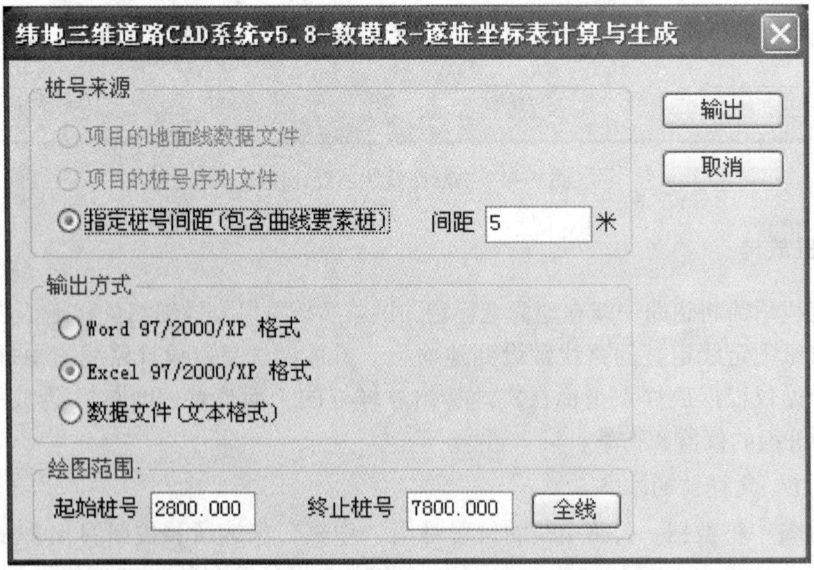


图 9-32 输出逐桩坐标表设置

根据逐桩的桩号数据来源情况选择“桩号来源”，根据输出文件格式选择“输出方式”，单击【输出】按钮，程序根据用户选择的“输出方式”启动相应的软件，生成逐桩坐标表。

**说明**：路线中桩间距不应大于表 9-3 的规定。

**表 9-3　中桩间距**

| 直线/m | | 曲线/m | | | |
|---|---|---|---|---|---|
| 平原微丘区 | 重丘山岭区 | 不设超高的曲线 | $R>60$ | $30<R<60$ | $R<30$ |
| 50 | 25 | 25 | 20 | 10 | 5 |

2）设置加桩。纬地输出的逐桩坐标表不包括加桩。路线经过下列位置应设加桩：

① 路线纵、横向地形变化处；

② 路线与其他线状物（道路、铁路、水渠、管道、电讯线，电力线等）交叉处；

③ 拆迁建筑物处；

④ 桥梁、涵洞、隧道等构造物的中心及大中桥，隧道的两端；

⑤ 土质变化及不良地质地段起、终点处；

⑥ 道路轮廓及交叉中心；

⑦ 省、地（市）、县级行政区划分界处；

⑧ 改、扩建公路地形特征点、构造物和路面面层类型变化处。

当加桩与公里桩、百米桩、曲线主点桩重叠或距离很近时，可以取消加桩，但公里桩、百米桩、曲线主点桩一般情况下不允许取消。

（2）架设仪器。

1）安放三脚脚架。将三脚架三个架腿拉伸到合适位置上，紧固锁紧装置；将脚架架设在一个已知的控制点上，使底座保持水平，如图 9-33 所示。

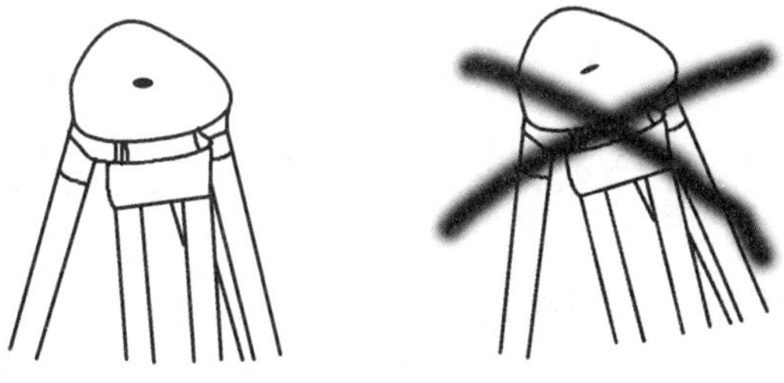

图 9-33　安放三角脚架正误示意图

2）安置全站仪。打开仪器箱，小心地把全站仪放在三脚架上；拧紧三脚架上的中心螺栓使仪器与三脚架联结紧固。安装电池，并打开全站仪开关，如图 9-34 所示。

（3）对中、整平仪器。目前有两种方法，主要区别在对中步骤上。

方法一：

1）对中。先移动脚架，使激光对点器发射的红色激光点（或光学对点器的分划板中心）与地面标志点精确重合，如图 9-35、图 9-36 所示。

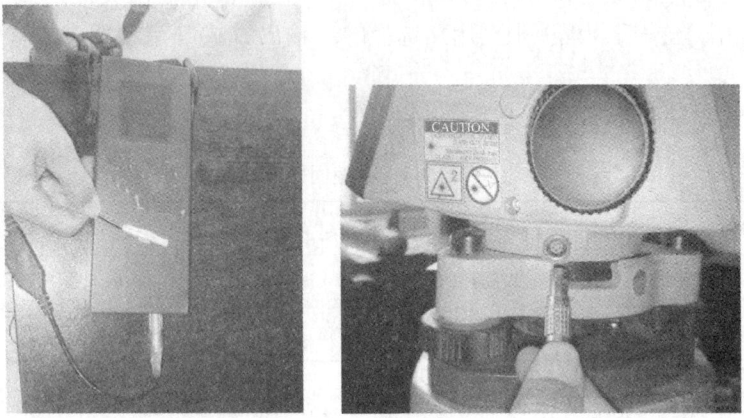


图 9-34 安置全站仪

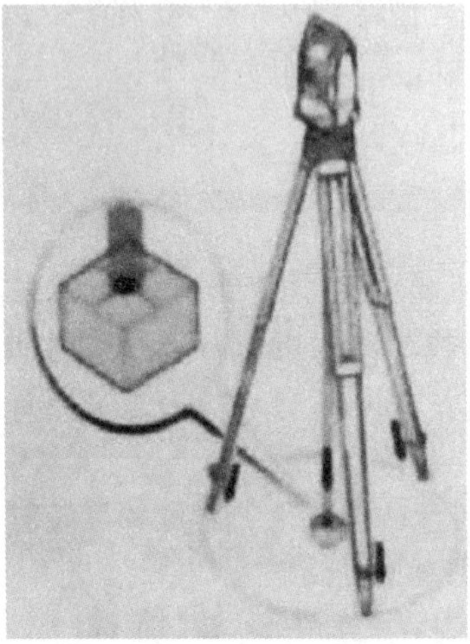

图 9-35 激光对点器

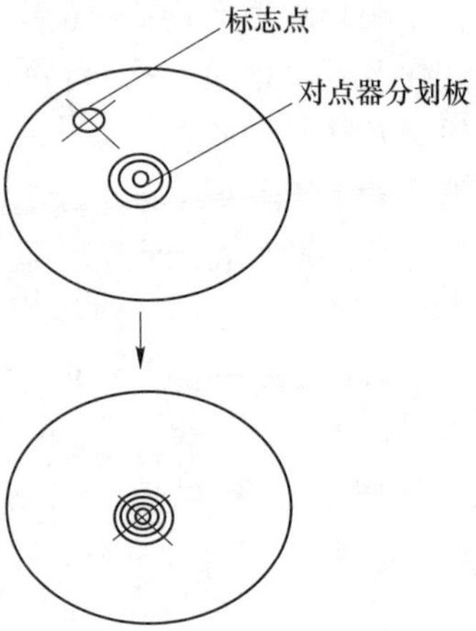


图 9-36 光学对点器

如果是松软的土地，将架腿踩实，方法如图 9-37 所示。在仪器非常不平整的情况下，激光对点器将自动打开。

2）粗平。通过伸缩脚架，用圆水准器整平仪器，如图 9-38 所示。

3）精平。转动脚螺旋，用（电子）长水准器精确整平仪器，如图 9-39 所示。

再次检查是否对中。如不对中，松开全站仪与脚架的连接螺栓，在脚架底座上平移仪器使对中。重复以上步骤，直至仪器对中并精确整平。

方法二：步骤与方法一一致，仅对中步骤有区别。如果是松软的土地，先将架腿踩实。转动脚螺旋，使激光对点器发射的红色激光点（或光学对点器的分划板中心）与地面标志点精确重合。

(4) 架设棱镜。棱镜的垂直立杆的端部应与地面标志点重合。调整棱镜面与全站仪视准轴保持垂直。用于定向的后视点处一般用三角架棱镜杆，用于放样点时，用单杆即可，如图 9-40 所示。

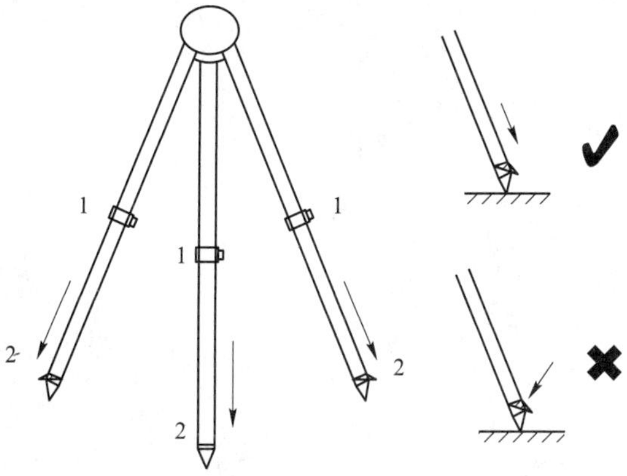


图 9-37　松软的土地立架

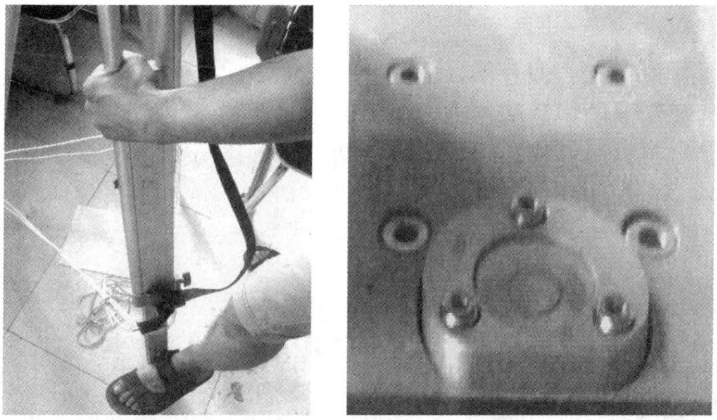

图 9-38　伸缩脚架与圆水准器整平仪器

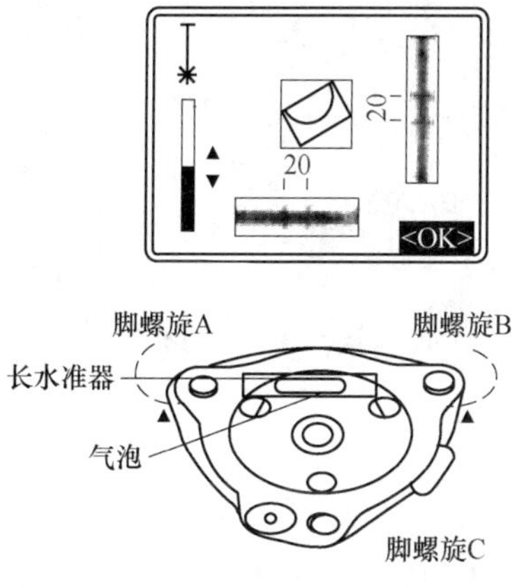


(a) 徕卡全站仪电子长水准器

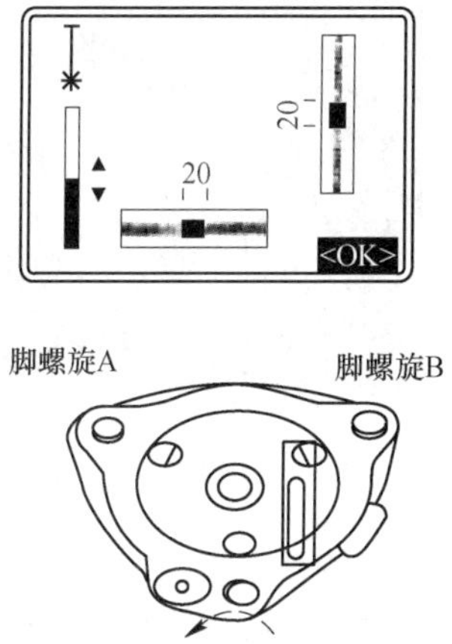


(b) JOHANNA全站仪长水准器

图 9-39　精确整平

图 9-40 架设棱镜

（5）照准棱镜。

1）首先进行目镜对光，即转动目镜螺旋，使十字丝清晰。

2）利用望远镜筒上的粗照准器瞄准棱镜后，转动物镜使棱镜清晰。

3）调节水平和竖直微动螺旋，使十字丝精确对准棱镜中心。

**注意**：物镜对光应仔细，使眼睛上下移动时，十字丝与棱镜中心不产生相对运动。如图 9-41 所示。

图 9-41 照准棱镜

9.1.3.2 定向

定向就是利用测站和后视点的坐标确定测量所用的整个坐标系统，使测量或放样时地面上的点都对应这一个坐标系统，正北方向的水平角为 0°。

A 莱卡全站仪操作步骤

（1）设置作业。第一次开始外业时应设置工作文件夹名称。通过左右方向键在已经存在的文件名中选择，或者通过方向键将光标移到【新作业】按确定建立新的工作文件夹。

（2）设置测站点。设置作业完成后，按 Enter 键，返回程序设置页面。通过左右方向键输入测站点名称。如果是已知点的话，系统自动调出相应的坐标数据并显示，如图 9-42 所示。

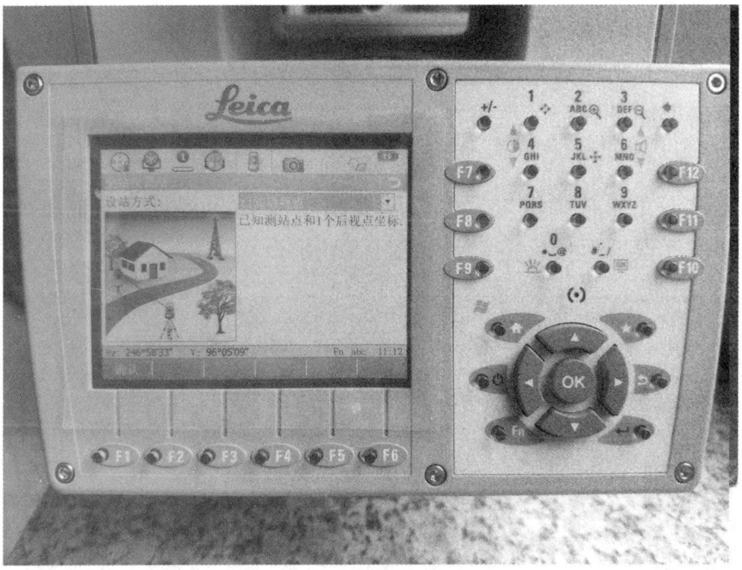


图 9-42 设置测站点

如果输入的是新点号，则出现坐标输入界面，按左右方向键进入输入状态，按上下方向键选择相应的数字或字母（输入状态下按 Shift 键，在数字和字母之间切换），如图 9-43 所示。

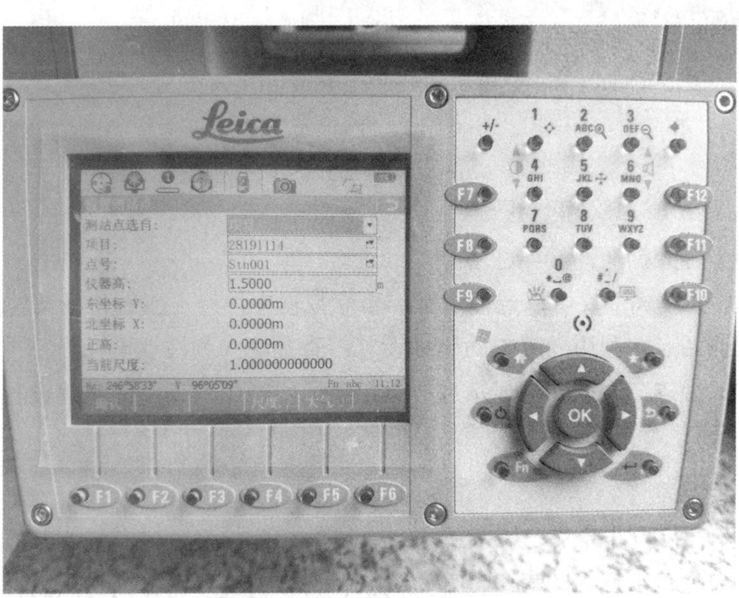


图 9-43 新点号输入

测站点数据输入之后，按确定键完成设站工作。

**注意**：高程数据根据测设需要确定是否输入。如果需要测设高程，除了在此处输入测站点高程值 $H$ 之外，还需在之前输入测站点名称时，接着输入仪器高 $h_i$。仪器高为对中点地面到全站仪竖盘中心的高度，用小钢尺手工量测得到。

（3）设置后视点。后视点是能与测站点通视的已知坐标的控制点。在用全站仪设置后视点数据之前，首先将棱镜在后视点处架设好。

输入后视点点号和坐标数据。过程如输入测站点一样，分为已知点和新点。

**注意**：如果需要测设高程，还需在此处输入后视点棱镜高 $h_r$。棱镜高直接从棱镜杆的刻度上读取。

后视点数据输入完成并确定之后，出现如图 9-44 所示界面。这时要注意先照准后视点棱镜，确认照准无误后再按确定键。如图 9-44 所示。

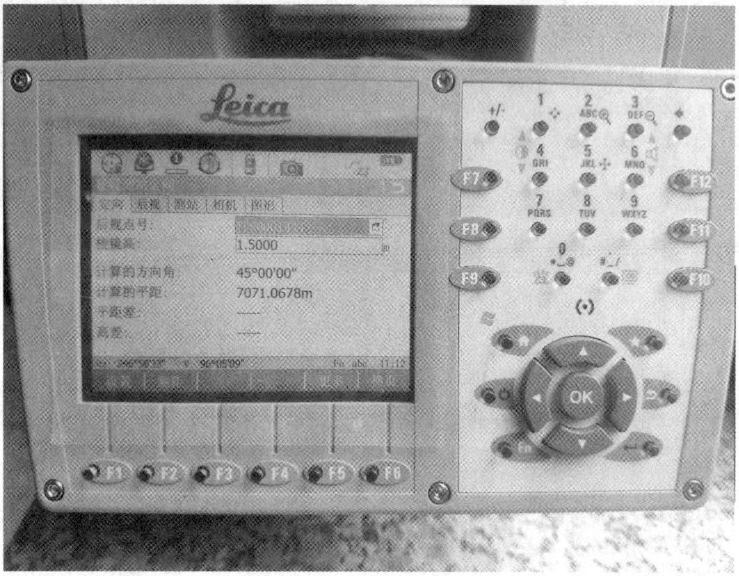


图 9-44 设置后视点

B JOHANNA 全站仪操作步骤

（1）选择坐标数据文件。

**注意**：在放样模式下仅可以选择现有的坐标数据文件，不能创建新文件。

（2）设置测站点：利用内存中的坐标设置；直接输入测站点坐标。

（3）设置后视点。确认仪器显示放样菜单界面：利用内存中的坐标设置；直接输入后视点坐标。

9.1.3.3 实施放样

A 莱卡全站仪操作步骤

（1）输入放样点坐标。如果是已知点的话，可以通过左右方向键从内存中调用已知点号的坐标值；如果是新点的话，输入新点号后，按系统提示输入坐标值。

(2) 确定放样点位置。调出放样数据，用全站仪放样中桩，主要采用极坐标法。输入放样点坐标后，按 Shift 和下方向键，进入极坐标放样界面。

确定放样点方向，转动全站仪，使全站仪上显示的水平角差 $dH_z$（视线方向的方位角与放样点方位角的差值，由全站仪自动计算）为零后，全站仪水平制动；沿全站仪视线方向，指挥前棱镜手移动，使棱镜位于视线方向。

确定放样点距离，沿全站仪视线方向，前棱镜手站定后，用全站仪照准棱镜。按测距键 Dist，根据显示的距离差 $dH_D$（棱镜到置仪点的距离与极距的差值，由全站仪自动计算）小于所规定的距离时（如表 9-4 所示），在地面定出放样点。否则根据距离差 $dH_D$ 的正负号指挥前棱镜手继续背离或朝向全站仪视线方向移动，如图 9-45 所示。**注意**：当定出放样点之后，输入放样点棱镜高 $h_r$，按【Dist】可以测量放样点高程。

**表 9-4 中桩桩位精度**

| 公路等级 | 中桩位置中误差/cm | | 桩位检测之差/cm | |
|---|---|---|---|---|
| | 平原微丘 | 重丘山岭 | 平原微丘 | 重丘山岭 |
| 高速公路、一级公路、二级公路 | ≤±5 | ≤±10 | ≤10 | ≤20 |
| 三级及以下公路 | ≤±10 | ≤±15 | ≤20 | ≤30 |

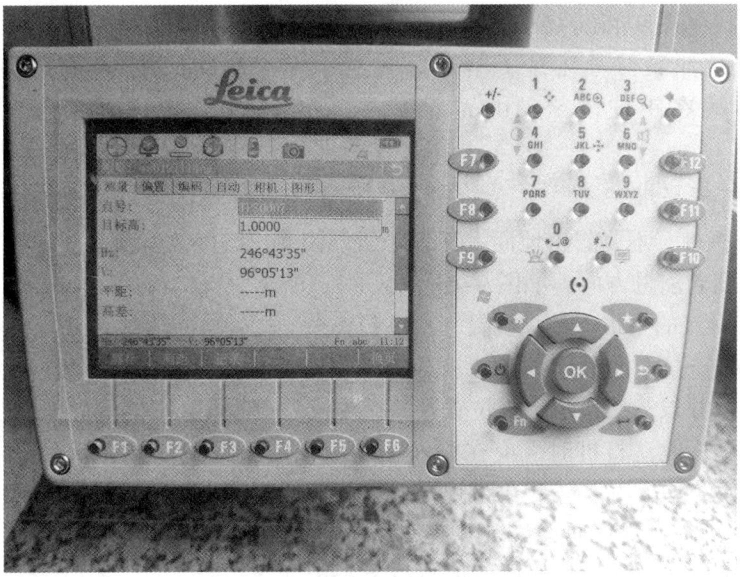


图 9-45 莱卡全站仪操作图

B JOHANNA 全站仪操作步骤

(1) 输入放样点坐标。如果放样点是已知点的话，可以通过点号从内存中调用坐标值，如果是新点的话，则直接输入坐标值。按【F1】(输入) 键，然后输入点号。

(2) 确定放样点位置。调出极坐标显示界面，用全站仪放样中桩，主要采用极坐标法。全站仪根据输入的数据自动计算出视线方向的方位角与放样点方位角的差值并显示。

确定放样点方向，转动全站仪，使显示屏幕上显示的水平角差 $dH_R$ 为零后，全站仪水平制动；沿全站仪视线方向，指挥前棱镜手移动，使棱镜位于视线方向。

(3) 确定放样点距离。沿全站仪视线方向，前棱镜手站定后，用全站仪照准棱镜。按测距键，根据显示的距离差 $dH_D$（棱镜到置仪点的距离与极距的差值，由全站仪自动计算）小于所规定的距离时，在地面定出放样点。否则根据距离差 $dH_D$ 的正负号指挥前棱镜手继续背离或朝向全站仪视线方向移动。

9.1.3.4 桩志

桩志是指中桩的标志及其相关的说明和要求等。

A 桩的尺寸要求

中桩所用的桩子一般采用木质桩，断面不小于 5cm×5cm、长度不小于 30cm。指示桩（指示中桩位置的桩）采用木质桩或竹质桩，断面不小于 5cm×1.5cm、长度不小于 30cm（图 9-46（a））。

B 中桩的书写要求

所有中桩均应写明桩号。公里桩、百米桩、桥位桩应写出公里数。曲线主点桩应标出桩名（ZH(ZY)、HY、QZ、HZ(YZ)、GQ 等）（图 9-46（b））。

为了便于找桩，避免漏桩，所有中桩都应在桩的背面编写 0~9 的循环序号并作明显标记，以利查找（图 9-46(c)(d)）。

一般用红色油漆书写（在干旱地区或急于施工的路线也可用墨汁书写）。字迹应工整醒目，写在距桩顶 5~10cm 范围内，否则将被埋于地面以下无法判别里程桩号。

C 中桩打桩要求

(1) 中桩打桩，不要露出地面太高，一般以能露出桩号为宜，钉设时将桩号面向起点方向，使序号朝向前进方向，如图 9-46（c）（d）所示。

(2) 用于对点的中桩，桩顶要钉入小铁钉。

(3) 中桩位于柔性路面上时，可打入大铁帽钉，并在路旁一侧打上指示桩，注明距中线的横向距离，并以箭头指示中桩位置及其桩号（图 9-46）。

遇到刚性路面无法打桩时，应在路面上用红色油漆标记“⊕”表示桩位，并写明桩号、序号等（图 9-46（b）），并在路侧打上指示桩。

遇到岩石地段无法打桩时，应在岩石上凿刻标记“⊕”表示桩位，并写明桩号、序号等（图 9-46（b）），并在附近松软的地方打上指示桩。

杂草丛生的地方，应在中桩附近的草木上系上红布条做指示。

### 9.1.4 中平测量

本阶段的主要任务是在道路沿线设置满足测设与施工所需要的水准点，建立路线高程控制测量，然后测出放样后每个中桩处的地面高程，从而得到道路中线的高低起伏变化情况，为后续纵断面设计提供地面高程资料。表 9-5 为水平组的仪器和物品。

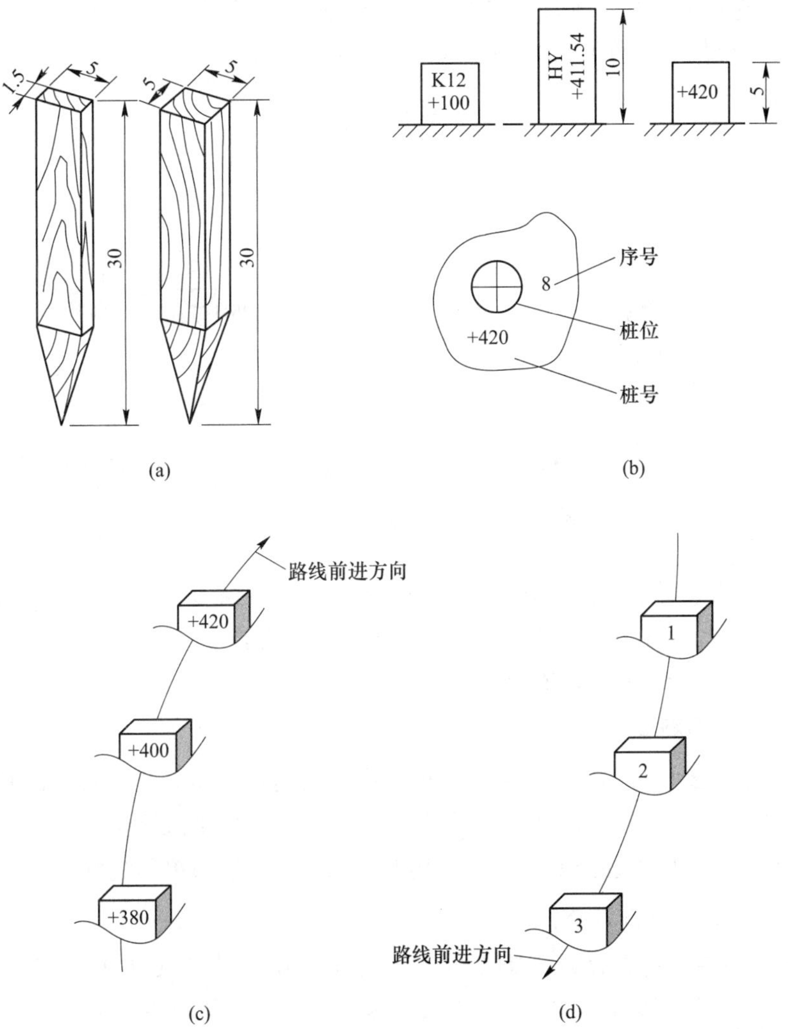


图 9-46　桩志

**表 9-5　水平组的仪器和物品**

| 序号 | 仪器名称 | | 数量 | 备注 | 序号 | 仪器名称 | 数量 | 备注 |
|---|---|---|---|---|---|---|---|---|
| 1 | 水准仪 | 水准仪 | 2 台 | | 4 | 背包 | 2 个 | |
| | | 脚架 | 2 个 | | 5 | 铁锤 | 2 把 | |
| | | 水准尺 | 4 个 | | 6 | 小铁钉、木桩 | 若干 | 出工前带够 |
| | | 尺垫 | 4 个 | | 7 | 记号笔 | 2 支 | 红色 |
| 2 | 记录本 | | 2 本 | | 8 | 计算器 | 2 个 | 学生自备 |
| 3 | 测伞 | | 2 把 | 可选 | | | | |

#### 9.1.4.1　设置路线水准点

（1）位置选择和标注。水准点的设置既要靠近路线，又要估计不致被日后施工或行车等所破坏。一般应选择高程不变、不易风化的基岩或永久性建筑物等牢固的地方（在立尺点凿上“⊕”记号，并用红油漆染色）来设置。水准标点应按顺序编号，用红油漆标明BM编号、测量单位（简称）和年月等（图9-47）。

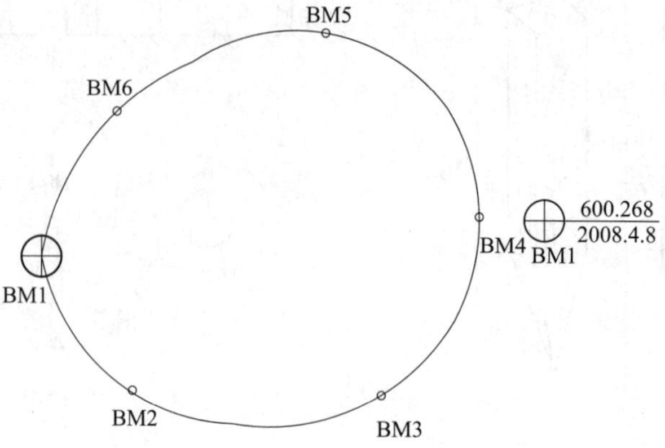


图9-47 水准路线及水准点标注方法

（2）设置数量。水准点设置的数量要满足测设、施工需要，要求路线相邻高程控制点之间的距离以1~1.5km为宜，特大型构造物每一端应埋设2个（含2个）以上高程控制点；高程控制点距路线中心线的距离应大于50m，宜小于300m。

9.1.4.2 基平测量

基平测量的主要任务是测定沿线设置的水准点的高程，建立路线高程控制测量，作为后续中平测量、施工放样及竣工验收的依据。基平测量采用水准测量的方法，观测时采用一台水准仪在水准点间做往返观测，也可用两台水准仪分别做单程观测。

A 水准仪安置（图9-48）。

（1）架设仪器。首先打开三脚架使高度适中，用目估法使架头大致水平。如果是松软的土地，将脚架踩实。然后打开仪器箱，用连接螺旋将水准仪器连接在三脚架上。

（2）整平。若水准仪架设在土质比较坚实的地面上或者水泥地面上，通过移动三脚架的两个脚架将水准仪粗略整平；若水准仪架设在土质比较松软的土地上，通过伸缩架腿来粗略整平仪器。然后转动脚螺旋，使圆水准气泡居于圆指标圈正中。

（3）瞄准水准尺。首先进行目镜对光，即转动目镜对光螺旋，使十字丝清晰。再用准星瞄准粗瞄水准尺，转动物镜对光螺旋进行对光，使水准尺清晰。再转动微动螺旋，使竖丝对准水准尺。

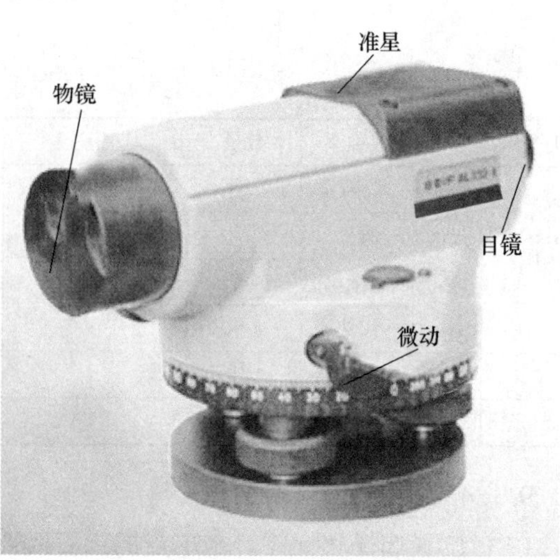


图9-48 水准仪

B　数据观测

a　无需设转点时的观测方法

无需设转点时的观测方法如图9-49 所示。假设欲测定 $A$、$B$ 两水准点之间的高差 $h_{AB}$。可在 $A$、$B$ 两点上分别竖立有刻划的尺子——水准尺，并在 $A$、$B$ 两点之间安置一台水准仪，尽量使水准仪分别到两尺的视距相等。根据仪器的水平视线，在 $A$ 点尺上读数，设为 $a$；在 $B$ 点尺上读数，设为 $b$；则 $A$、$B$ 两点间的高差为：

$$h_{AB} = a - b \tag{9-1}$$

若已知 $A$ 点高程，则 $B$ 点高程为：

$$H_B = H_A + h_{AB} = H_A + (a - b) \tag{9-2}$$

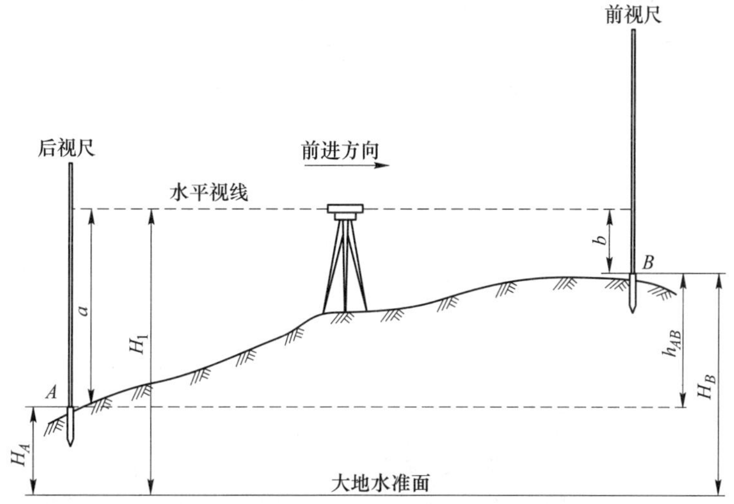


图 9-49　无需转点的观测方法

b　需设转点时的观测方法

当两水准点相距较远或高差很大时，就需要连续多次安置仪器以测出两点的高差。如图 9-50 所示，已知水准点 $A$ 的高程，现拟测量水准点 $B$ 的高程，其观测步骤如下：

在距离 $A$ 点适当位置选定转点 1(ZD1)，在 $A$、1 两点上分别立水准尺。在距点 $A$ 和点 1 等距离的 Ⅰ 处，安置水准仪。后视 $A$ 点上的水准尺，读数。旋转望远镜，前视 ZD1 上的水准尺，读数。后视读数减去前视读数得到高差。此为一个测站上的工作。

ZD1 上的水准尺不动，把 $A$ 点上的水准尺移到 ZD2，仪器安置在 ZD1 和 ZD2 之间，同法进行观测和计算，依次测到 $B$ 点。显然，每安置一次仪器，便可测得一个高差，即：

$$h_1 = a_1 - b_1 \tag{9-3}$$

$$h_2 = a_2 - b_2 \tag{9-4}$$

$$\vdots$$

$$h_5 = a_5 - b_5 \tag{9-5}$$

将各式相加，得：

$$\sum h = \sum a - \sum b \tag{9-6}$$

则 $B$ 点的高程为：

$$H_B = H_A + \sum h \tag{9-7}$$

**注意**：水准点上立尺时不用尺垫，转点上立尺时需用尺垫。

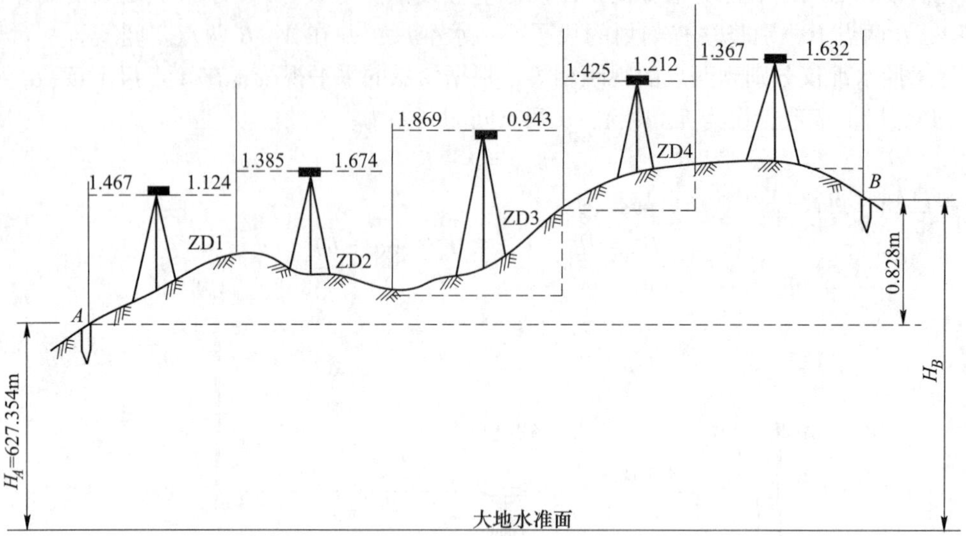


图 9-50 水准测量的实例

c 观测数据记录

数据记录格式如表 9-6 所示。

**表 9-6 基平数据记录表格**

记录：张三 复核：李四 时间：2007-04-12 天气：晴 测量仪器：DS3 水准仪

| 测点 | 水准尺读数 | | 高差/m | | 高程 | 备注 |
|---|---|---|---|---|---|---|
| | 后视 | 前视 | + | − | | |
| BM2 | 1.467 | | | | 627.354 | |
| | | | 0.343 | | | |
| ZD1 | 1.385 | 1.124 | | | | |
| | | | | 0.289 | | |
| ZD2 | 1.869 | 1.674 | | | | |
| | | | 0.926 | | | |
| ZD3 | 1.425 | 0.943 | | | | |
| | | | 0.213 | | | |
| ZD4 | 1.367 | 1.212 | | | | |
| | | | | 0.365 | | |
| BM3 | | 1.632 | | | | |
| | | | | | | |
| | | | | | | |
| | | | | | | |
| | | | | | | |

第 页

C 误差控制和数据计算

水准路线是闭合的，各段高差的代数和理论值应等于零，即：$\sum h_{理}=0$；

由于存在着测量误差，必然产生高差闭合差：$f_h=\sum h_{测}$。

若高差闭合差不超过容许值（表 9-7）说明观测精度符合要求，可按与测站数（或距离）成正比例反符号分配的原则进行闭合差的调整；否则必须重测。

第 $i$ 段改正数 $v_i$ 计算如下：

$$v_i = -\frac{n_i}{\sum_{i=1}^{n} n_i} f_h \quad 或 \quad v_i = -\frac{l_i}{\sum_{i=1}^{n} l_i} f_h \tag{9-8}$$

第 $i$ 段调整以后的高差为：$h'_i = h_i + v_i$，则待测水准点的高程为：$H_i = H_{i-1} + h'_i$。

**表 9-7 水准测量的主要技术要求**

| 测量等级 | 往返较差、附合或环线闭合差/mm | | 检测已测测段高差之差/mm |
|---|---|---|---|
| | 平原、微丘 | 重丘、山岭 | |
| 五等 | $\leqslant 30\sqrt{l}$ | $\leqslant 45\sqrt{l}$ | $\leqslant 40\sqrt{l_i}$ |

注：1. 计算往返较差时，$l$ 为水准点间的路线长度，km。

2. 计算附合或环线闭合差时，$l$ 为附合或环线的路线长度，km；$n$ 为测站数。

3. $l_i$ 为检测段长度，km。小于 1km 时按 1km 计算。

（4）结果统计。观测计算出各水准点的高程后，应填写“水准点表”，如表 9-8 所示。

**表 9-8 水准点表（道路段）**

| 水准点编号 | 高程 | 位 置 | | 备 注 |
|---|---|---|---|---|
| | | 路线中心桩号 | 说 明 | |
| 1 | 2 | 3 | 4 | 5 |
| … | … | … | … | … |
| BM*i* | 600. 245 | K1+240 | 在 K1+240 左侧 20m 水泥混凝土桩上 | 水准点位置为水泥混凝土桩上钢筋顶部 |
| … | … | … | … | … |

编制： 复核：

#### 9.1.4.3 中平测量

根据基平测量测定的水准点高程，分段测定路线各中桩的地面高程，作为绘制路线断面地面线的依据。测量时一般是以两相邻水准点为一测段，从一个水准点开始，逐个测定中桩的地面高程，直至闭合于下一个水准点上。在每一个测站上，除了传递高程，观测转点外，应尽量多地观测中桩。相邻两转点间所观测的中桩，称为中间点，其读数为中视读数。两相邻水准点间形成为复合水准路线。

A 水准仪安置

方法同基平测量。

B 数据观测

如图 9-51 所示，水准仪置于Ⅰ站，后视水准点 BM1，将读数记入表 9-9 中的后视、前视栏内。然后观测 BM1 与 ZD1 间的中间点 K0+000、+020、+040、+060、+070，最后前视转点 ZD1，将读数记入中间点栏。再将仪器搬至Ⅱ站，后视转点 ZD1，前视转点 ZD2，然后观测各中间点+100、+120、+140、+160、+170，将读数分别记入表 9-9 中的后视、前视和中视栏。按上述方法继续前测，直至闭合于水准点 BM2。

**注意**：观测中桩时，因测量的是地面标高，所以水准尺应立于紧靠中桩的地面上。水准点和中桩处不用尺垫，转点处用尺垫。

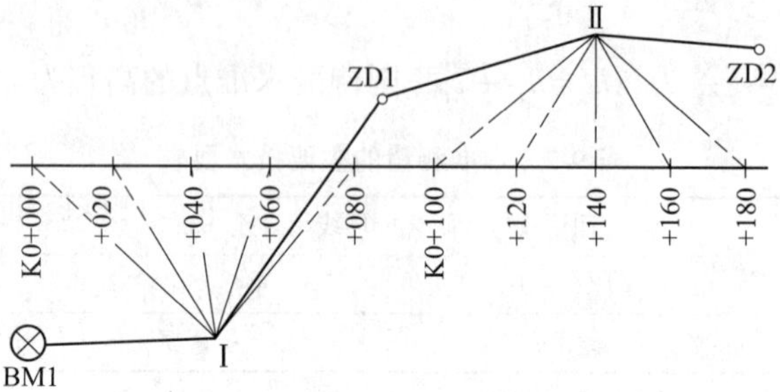


图 9-51 中平测量

**表 9-9 中平数据记录表格**

记录： 复核： 时间： 年 月 日 天气：晴 测量仪器：DS3 水准仪

| 桩号或测点编号 | 水准尺读数 | | | 视线高程/m | 高程/m | 备 注 |
|---|---|---|---|---|---|---|
| | 后视 | 中视 | 前视 | | | |
| BM1 | 2.191 | | | 514.505 | 512.314 | BM1 的高程为基平所测，基平测的 BM2 高程为 524.724 |
| K0+000 | | 1.62 | | | 512.79 | |
| +20 | | 1.90 | | | 512.61 | |
| +40 | | 0.62 | | | 513.79 | |
| +60 | | 2.03 | | | 512.47 | |
| +80 | | 0.90 | | | 513.61 | |
| ZD1 | 3.162 | | 1.006 | 516.661 | 513.499 | |
| +100 | | 0.50 | | | 516.16 | |
| +120 | | 0.52 | | | 516.14 | |
| +140 | | 0.72 | | | 515.74 | |
| +160 | | 1.20 | | | 515.46 | |
| +170 | | 1.01 | | | 515.65 | |
| ZD2 | 2.246 | | 1.521 | 516.376 | 515.140 | |
| … | … | … | … | … | … | |
| K1+240 | | 2.32 | | | 523.06 | |
| BM2 | | | 0.606 | | 524.672 | |
| | | | | | | |
| | | | | | | |

第 页

C 误差控制和数据计算

中平测量只做单程测量，图 9-52 为中平测量计算原理图。一测段观测结束后，应按式（9-9）计算测段闭合差$f_h$。测段高差闭合差应符合中桩高程测量精度要求（二级及以下公路为$f_{h容}=\pm 50\sqrt{L}$mm），否则应重测。

$$\left.\begin{aligned}\Delta_{h基} &= H_2 - H_1 \\ \Delta_{h中} &= \sum a - \sum b \\ f_h &= \Delta_{h基} - \Delta_{h中}\end{aligned}\right\} \tag{9-9}$$

式中，$H_1$、$H_2$ 为起、终水准点高程；$a$ 为后视读数；$b$ 为前视读数；$f_h$ 为测段闭合差。

当$f_h \leqslant f_{h容}$时，按式（9-10）进行下列计算。

$$\left.\begin{aligned}&\text{视线高程} = \text{后视视点高} + \text{后视视读数} \\ &\text{中桩桩高} = \text{视线高程} - \text{中视读数} \\ &\text{转点高程} = \text{视线高程} - \text{前视读数}\end{aligned}\right\} \tag{9-10}$$

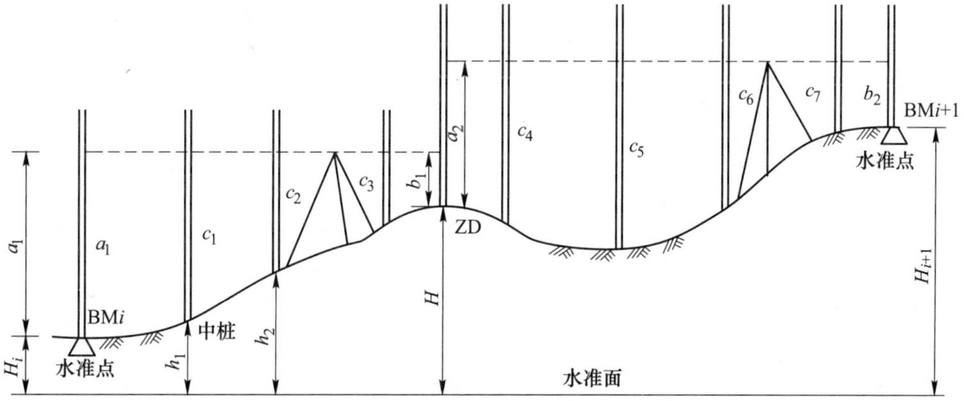


图 9-52 中平测量计算原理图

## 9.1.5 横断面测量

本阶段的任务是现场实测每个中桩处道路法线方向的地面线，以供路基横断面设计、桥涵设计、挡土墙设计和土石方数量计算之用。表 9-10 为横断面阻的仪器和物品。

**表 9-10 横断面组的仪器和物品**

| 序号 | 仪器名称 | 数量 | 备 注 | 序号 | 仪器名称 | 数量 | 备 注 |
|---|---|---|---|---|---|---|---|
| 1 | 花杆 | 5 根 | | 7 | 绘图板 | 1 块 | 大于 45cm×30cm |
| 2 | 手水准 | 2 个 | | 8 | 计算器 | 1~2 个 | 学生自备 |
| 3 | 皮尺 | 2 把 | 50m | 9 | 大三角板 | 1 副 | 学生自备 |
| 4 | 方向架 | 1 个 | 带定向杆 | 10 | 量角器 | 1 个 | |
| 5 | 横断面记录本 | 1 本 | | 11 | 小背包 | 1 个 | |
| 6 | 米厘纸 | 若干 | 出工前带够 | | | | |

9.1.5.1　横断面方向确定

横断面测量应逐桩施测，其方向应与路线中线、切线垂直，曲线路段与测点的切线垂直。一般可采用方向架、方向盘定向，精度要求高的横断面定向可用经纬仪、全站仪定向。

A　方向架法

（1）直线段。方向架确定横断面方向，如图 9-53 所示。将方向架置于直线段准备测量横断面的中桩 *A* 上。在直线段上其他任一中桩 *B* 上立一根花杆。

方向架上有两个相互垂直的固定片，用其中一个三点一线瞄准该直线上其他任一中桩，则另一个固定片的指向即为该中桩的横断面方向。

沿该横断面方向立一根花杆 *C*，花杆与 *A* 点连线即为横断面方向。

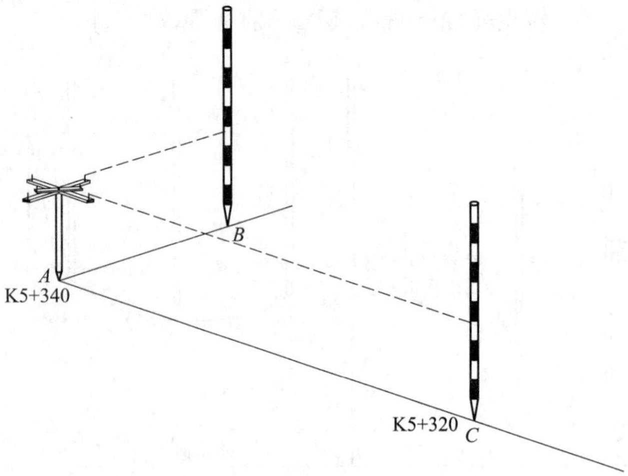


图 9-53　方向架确定横断面方向

（2）曲线段。圆曲线段和缓和曲线段均照此法进行。

先将方向架立在曲线段的起点 *A*（如测曲线后半段，则放于终点，便于测量）上，将方向架的某一固定片 *Y*—*Y* 轴后视对准相邻直线段的某一中桩或交点桩（即曲线段切线方向），转动定向杆 *Z*—*Z* 前视对准准备测量点 *B*。然后拧紧螺母将 *Z*—*Z* 杆方向固定；

将方向架移至测点 *B*，以方向架的另一固定片 *X*—*X* 轴后视对准圆曲线起点 *A*，此时定向杆 *Z*—*Z* 所指的方向即为曲线上 *B* 点的横断面方向，如图 9-54 所示。

沿 *Z*—*Z* 轴方向立一根花杆，花杆与 *B* 点连线即为横断面方向。

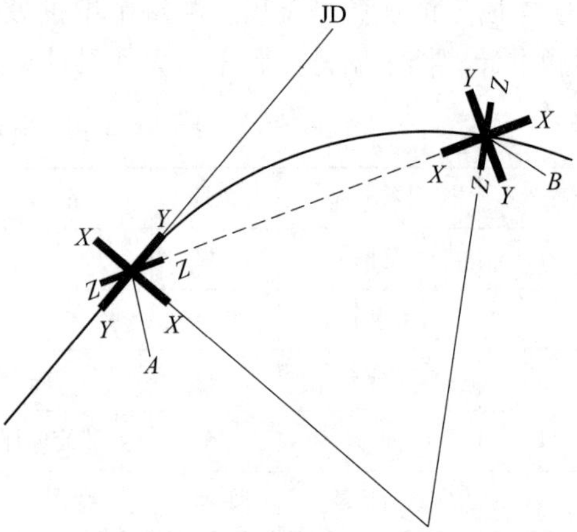


图 9-54　方向架定曲线横断面方向

B 全站仪法

（1）根据某中桩切线方位角 $\theta$，计算该中桩横断面方位角 $\theta_1=\theta+90°$；

（2）在中桩左或右侧取一定距离 $L$（或为半幅路幅宽），计算坐标值 $\Delta x=L\cos\theta_1$，$\Delta y=L\sin\theta_1$，由中桩坐标（$x_0$，$y_0$），推算边桩坐标 $x_1=x_0+\Delta x$，$y_1=y_0+\Delta y$；

（3）由两已知导线点，一点安置全站仪，一点作为后视点，放样（$x_0$，$y_0$）及（$x_1$，$y_1$）两点，这两点连线即为横断面方向。

**注意**：对于中桩切线方位角 $\theta$，直线路段为路线方位角；圆曲线路段为直缓点切线方位角$+L_0/2\times R\times(170/\pi)+$(圆曲线某点里程−缓圆点里程)$/R\times(170/\pi)$；缓和曲线路段为直缓点切线方位角$+L\times L/2\times R\times L_0\times(170/\pi)$。其中，$L$ 是缓和曲线上某一点的里程与直缓点里程之差；$L_0$ 是缓和曲线长；$R$ 是圆曲线半径（右偏+左偏−）。

9.1.5.2 横断面地形测量

确定横断面方向后，即进行横断面地形测量，测出中桩横断面方向上一定宽度范围内地形变化特征点相对中桩的高差和水平距离。施测宽度根据设计需要而定，以保证横断面设计线与地面线能相交。一般情况下，不小于 50m。

高速公路、一级公路的分离式路基和二级、三级、四级公路的回头弯路段，应测出连通上、下行路线横断面，并应注明上下线的联系桩号。横断面中的距离、高差的读数取位至 0.1m。

A 测量方法

根据地形和精度要求的不同，可以采用不同的方法。

（1）抬杆法（花杆皮尺法）。抬杆法简便、易行，低等级公路中经常采用，它适用于横向变化较多、较大的地段，但由于测站较多，测量和积累误差较大，精度较低，适用于山岭重丘区。

这种方法利用两根每隔 20cm 刻有一标记的花杆，一平一竖从路中线分别向左右两侧依次量出各地面变化点之间的水平距离和高差（图 9-55）。为使横杆抬平，利用手水准仪保证花杆的水平。

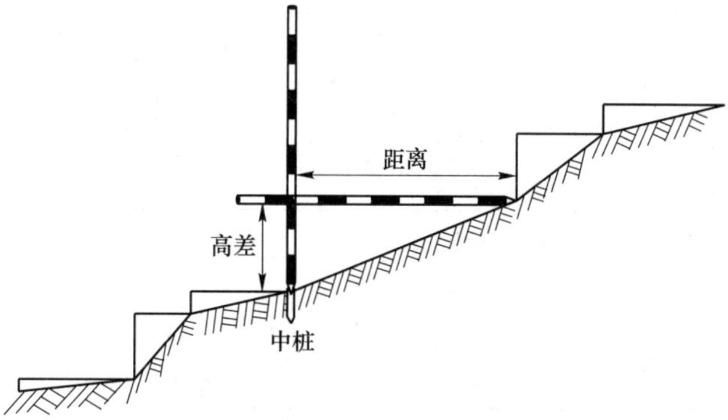


图 9-55 抬杆法

如果采用皮尺测量平距，花杆测量高差，就是花杆皮尺法。使用花杆皮尺法一定要注意将皮尺拉近抬平。

（2）全站仪法。全站仪法适合平原微丘区和山岭重丘区，测量的精度高。其测设步骤如下：

将全站仪安置于合适的地方，最好一次能观测多个中桩的横断面，确定好横断面方向后，分别在中桩和地形变化点上立棱镜，记录中桩的坐标（$X_Z$，$Y_Z$）和高程 $H_Z$ 以及各地形变化点的坐标（$X_i$，$Y_i$）和高程 $H_i$，计算到各地形变化点相对中桩的距离 $L_i$ 和高差 $\Delta H$，采用式（9-11）计算。

$$\left.\begin{aligned} L_i &= \sqrt{(X_i - X_Z)^2 + (Y_i - Y_Z)^2} \\ \Delta H &= H_i - H_Z \end{aligned}\right\} \tag{9-11}$$

B　数据记录

横断面测量数据按表 9-11 所示的格式记录。测量时，高差和距离可以是相对于前一个地形特征点，也可以是相对于中桩的。但同一个项目或一个横断面组宜采用相同的格式，记录时应该注明。注意：记录数据时左右方向为面向路线行进方向时的左右。

**表 9-11　横断面测量记录表**

| $\left(\frac{高差}{距离}\right)$左侧 | | | | | | | | 桩号 | 右侧$\left(\frac{高差}{距离}\right)$ | | | | | | | |
|---|---|---|---|---|---|---|---|---|---|---|---|---|---|---|---|---|
| 8 | 7 | 6 | 5 | 4 | 3 | 2 | 1 | | 1 | 2 | 3 | 4 | 5 | 6 | 7 | 8 |
| | | | -1.5 | 1.2 | 0 | -6 | 2 | +460 | -3 | 0 | -2 | 0 | | | | |
| | | | 5 | 3 | 3 | 12 | 6 | | 8 | 15 | 5 | 6 | | | | |
| | | 0 | -0.6 | -1.5 | 0 | -2 | 1 | +440 | -2 | 0.6 | 1.2 | -0.5 | 0 | | | |
| | | 5 | 2 | 4.3 | 2.8 | 8 | 4.9 | | 6.8 | 2.8 | 6.5 | 4 | 14 | | | |
| | | 3 | 1.8 | 0 | 2.5 | 0.6 | 2 | +420 | -1.8 | 0.6 | -2.5 | -1 | | | | |
| | | 8.4 | 2.5 | 4 | 5.8 | 3 | 2 | | 4.6 | 5 | 8 | 18 | | | | |
| | | 4.5 | 1.6 | 0 | 2 | 0.8 | 1.8 | +400 | -2.1 | 0.6 | 1 | -1.6 | -2.5 | -1.5 | 0 | |
| | | 8.6 | 3 | 3.5 | 6 | 2.2 | 3 | | 2 | 1 | 4.6 | 3.9 | 4 | 3 | 15 | |
| | | | | | 6.4 | 0 | 5 | ZH +385.362 | -4.6 | -1.5 | 0 | | | | | |
| | | | | | 16.8 | 5.2 | 15 | | 21 | 8 | 15 | | | | | |
| | | | | | 6.8 | 0 | 4.8 | +360 | -4.5 | -1.2 | 0 | | | | | |
| | | | | | 18.1 | 5.8 | 16.2 | | 20 | 6.9 | 10 | | | | | |
| | | | | 8.2 | 0 | 2.4 | 2.8 | +340 | -4 | -0.9 | 0 | | | | | |
| | | | | 20.6 | 6.9 | 3.6 | 10.2 | | 18.6 | 8.4 | 12 | | | | | |
| | | | | 6.5 | 0 | 2.6 | 2.6 | K2+320 | -4.2 | -1.3 | 0 | | | | | |
| | | | | 15.9 | 8 | 4.8 | 10.6 | | 16.5 | 9.9 | 12 | | | | | |

C　误差计算

横断面测量除应观测高程变化点之间的距离和高差外，还宜观测最远点到中桩的距离和高差，其与高程变化点之间的距离和高差总和之差不应大于表 9-12 的规定。

表 9-12　横断面检测互差限差

| 路　线 | 距离/m | 高差/m |
|---|---|---|
| 高速公路、一级公路、二级公路 | $L/100+0.1$ | $h/100+L/200+0.1$ |
| 三级及以下公路 | $L/50+0.1$ | $h/50+L/100+0.1$ |

注：1. $L$ 为测点至中桩的水平距离，m；
　　2. $h$ 为测点至中桩的高差，m。

9.1.5.3　绘制横断面地面线图

根据横断面测量的数据，在米厘格纸上按照 1∶200 的比例绘制出横断面地面线图（图 9-56）。图幅一般采用 350mm×500mm。横断面应在现场点绘成图并及时核对。

注意：绘图顺序是从图纸左下方起自下而上、由左向右，依次按桩号绘制，并将桩号标明于所在横断面下方；为了说明地面上的地物情况，可用简明的文字标注在横断地面线上，供设计时参考；中桩零位应取在米厘格子整数粗线条处，相邻断面间并预留一定的间距，避免地面线与之后的内业路基设计线相互重叠。

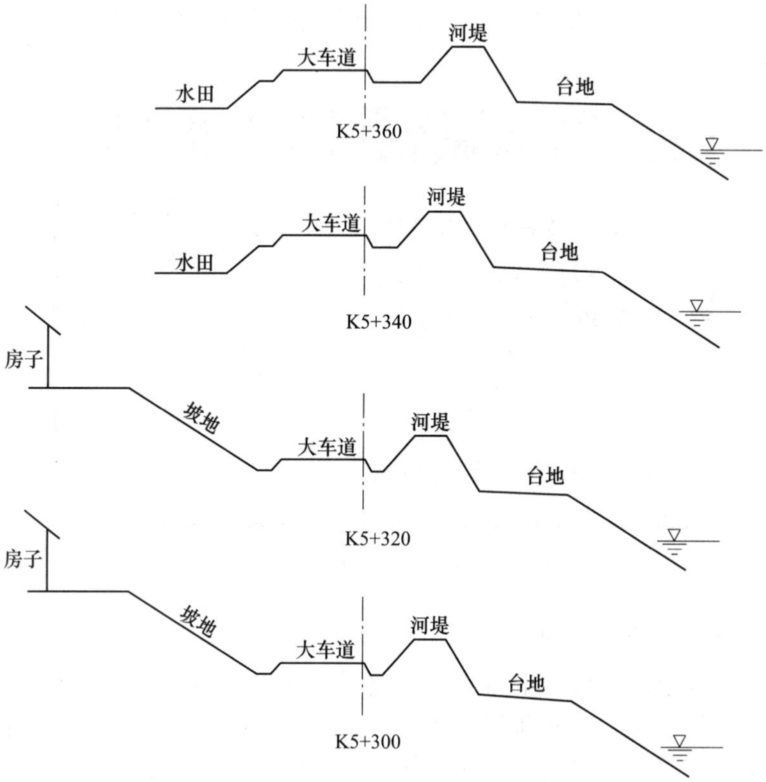


图 9-56　绘制横断面地面线

## 9.2　内　　业

道路勘测实习的内业设计是外业工作的继续与深化，是在纸上定线和现场测量的基础上，通过对已有资料的综合分析和研究，进一步完善路线的纵断面和横断面设计，使设计方案具体化。同时按照交通部颁布的《公路工程基本建设项目设计文件编制办法》的规定和《公路工程基本建设项目设计文件图表示例》的要求，进行设计文件编制，编写设计说明和施工图表等。

### 9.2.1 平面设计

实习内业设计中的平面设计只是生成相关的图表，不再进行平面线位的修改和调整。

9.2.1.1 生成直线、曲线及转角表

直线、曲线及转角表是路线平面设计的重要成果之一。它集中反映了公路平面线形设计的成果和数据，是施工放线和复测的主要依据。表中应列出交点号、交点里程、交点坐标、转角、曲线各要素值、曲线主点桩号、直线长、计算方位角、断链等，如表 9-13 所示。

（1）打开“主线平面设计”对话框，单击“计算绘图”绘制出平面线形；

（2）单击菜单【表格】→【输出直曲转角表】，弹出对话框，如图 9-57 所示；

（3）根据需要选择“表格形式”，单击【计算输出】按钮，程序启动 Excel 程序，生成直线、曲线及转角表。

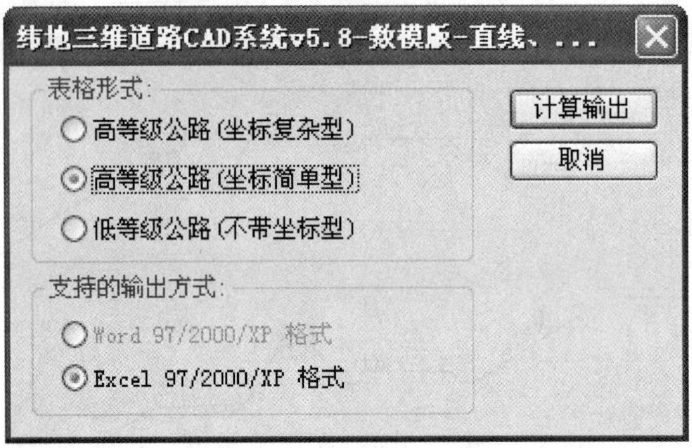


图 9-57 生成直线、曲线及转角表

9.2.1.2 生成路线平面图

路线平面图是道路设计文件的重要组成部分，如图 9-58 所示。该图全面、清晰地反映了道路平面位置和经过地区的地形、地物等，它是设计人员设计意图的重要体现。

平面图作为施工图设计文件的组成部分，其比例尺一般常用的是 1∶2000，在平原微丘区可用 1∶5000。在地形特别复杂地段的路线初步设计、施工图设计可用 1∶500 或 1∶1000。若为纸上移线，则比例尺应更大一些。

路线带状地形图的宽度，一般为中线两侧各 100~200m。对 1∶5000 的地形图，测绘宽度每侧不应小于 250m。

路线一律按前进方向从左至右画，在每张图的拼接处画出接图线。在图的右上角注明共××页、第×张。在图纸的空白处注明曲线元素及主要点里程。

**表 9-13 直线、曲线及转角表**

×××工程 　　　　　　　　　　　　　　　　　　　　第 1 页共 1 页

| 交点号 | 交点坐标 | | 交点桩号 | 转角值 | | | | | | | 曲线主点桩号 | | | | | 直线长度及方向 | | | 备注 |
|---|---|---|---|---|---|---|---|---|---|---|---|---|---|---|---|---|---|---|---|
| | N(X) | E(Y) | | | 半径 | 缓和曲线长度 | 切线长度 | 曲线长度 | 外距 | 校正值 | 第一缓和曲线起点 | 第一缓和曲线终点或圆曲线起点 | 曲线中点 | 第二缓和曲线起点或圆曲线终点 | 第二缓和曲线终点 | 直线段长/m | 交点间距/m | 计算方位角 | |
| 1 | 2 | 3 | 4 | 5 | 6 | 7 | 8 | 9 | 10 | 11 | 12 | 13 | 14 | 15 | 16 | 17 | 18 | 19 | 20 |
| JD1 | 13137. 871 | 357. 877 | K0+000 | | | | | | | | | | | | | | | | |
| JD2 | 12895 | 1373 | K1+043. 752 | 12°10′12. 5″(Y) | 3000 | | 319. 817 | 637. 227 | 16. 999 | 2. 407 | | K0+723. 935 | K1+042. 548 | K1+361. 162 | | 723. 935 | 1043. 752 | 103°27′01. 6″ | |
| JD3 | 12414 | 2376 | K2+153. 716 | 25°50′46. 1(Z) | 1600 | 220 | 477. 399 | 941. 76 | 42. 872 | 13. 037 | K1+676. 318 | K1+896. 318 | K2+147. 198 | K2+398. 078 | K2+618. 078 | 315. 156 | 1112. 371 | 115°37′14. 1″ | |
| JD4 | 12419. 897 | 3873. 931 | K3+638. 622 | 20°45′26. 1″(Y) | 1300 | 120 | 298. 174 | 590. 967 | 22. 093 | 5. 38 | K3+460. 448 | K3+460. 448 | K3+635. 931 | K3+811. 415 | K3+931. 415 | 722. 37 | 1497. 943 | 89°46′28″ | |
| JD5 | 11903. 609 | 5252. 482 | K5+105. 300 | 20°31′52. 8″(Z) | 950 | 100 | 222. 131 | 440. 422 | 15. 901 | 3. 84 | K4+883. 169 | K4+983. 169 | K5+103. 380 | K5+2223. 591 | K5+323. 5591 | 951. 754 | 1472. 059 | 110°31′54″ | |
| JD6 | 11903. 598 | 7075. 034 | K6+924. 012 | | | | | | | | | | | | | 1600. 421 | 1822. 552 | 90°00′01. 2″ | |
| JD7 | | | | | | | | | | | | | | | | | | | |
| JD8 | | | | | | | | | | | | | | | | | | | |
| JD9 | | | | | | | | | | | | | | | | | | | |
| JD10 | | | | | | | | | | | | | | | | | | | |
| JD11 | | | | | | | | | | | | | | | | | | | |
| JD12 | | | | | | | | | | | | | | | | | | | |
| JD13 | | | | | | | | | | | | | | | | | | | |
| JD14 | | | | | | | | | | | | | | | | | | | |
| JD15 | | | | | | | | | | | | | | | | | | | |

编制： 　　　　　　　　　　　复核：

| 交点号 (JD) | 交点桩号 | 偏角 ($\alpha$) | 半径 ($R$) | 缓和曲线长 ($L_S$) | 切线长 ($T$) | 曲线长 ($L$) | 外距 ($E$) |
|---|---|---|---|---|---|---|---|
| 4 | K0+770.46 | 左31°05′34″ | 88.65 | 30 | 39.76 | 78.11 | 3.81 |
| 5 | K0+842.23 | 右23°35′21″ | 100 | 25 | 33.43 | 66.17 | 2.42 |
| 6 | K0+932.84 | 左18°58′40″ | 110 | 25 | 30.92 | 61.43 | 1.77 |
| 7 | K0+997.02 | 右22°10′05″ | 107.8 | 25 | 33.66 | 66.71 | 2.3 |
| 8 | K1+070.54 | 左28°32′16″ | 60 | 25 | 27.85 | 54.88 | 2.36 |
| 9 | K1+143.46 | 右17°51′18″ | 120 | 25 | 31.38 | 62.4 | 1.69 |
| 10 | K1+245.28 | 左19°30′41″ | 110 | 25 | 31.45 | 62.46 | 1.85 |
| 11 | K1+309.70 | 右14°10′36″ | 168 | 25 | 33.41 | 66.57 | 1.45 |
| 12 | K1+392.80 | 右15°05′10″ | 150 | 25 | 32.38 | 64.5 | 1.48 |

| K0+700.00～K1+400.00 | |
|---|---|
| 第2页 | 共40页 |

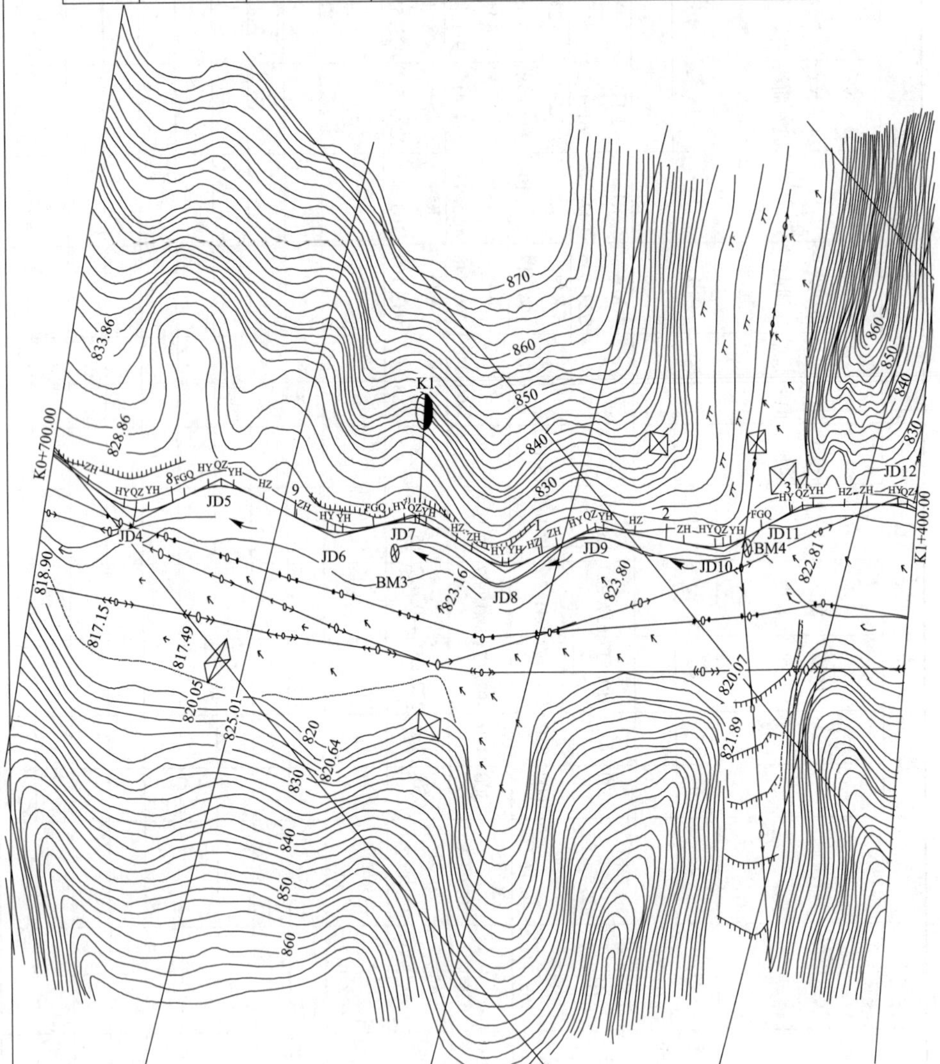


| | | | | | | | | | | |
|---|---|---|---|---|---|---|---|---|---|---|
| ××公路勘察设计院 | ××至××<br>公路改建工程 | 路线平面图 | 设计 | | 复核 | | 审核 | | 图号 | | 日期 | |
| | | | | | | | | | 比例 | 1:2000 | | |

图 9-58 路线平面图

各种比例尺的地形图均应展绘和测出各等级三角点、导线点、图根点、水准点等，并按规定的符号表示。各类构造物及其主要附属设施应按《工程测量规范》的规定绘制在平面图上。

（1）单击菜单【绘图】→【平面图分幅】，弹出对话框，如图9-59所示；根据平面图绘制的要求设置“分图比例与裁剪”“曲线元素表设置”“页码设置”。

（2）单击【开始出图】，软件在布局内生成每张平面图。这种分图方法实际上并未将模型空间地形图裁开，而只是分别设置了若干个布局窗口显示每页图纸，对设计和修改，保持原有图纸的坐标和位置十分方便。

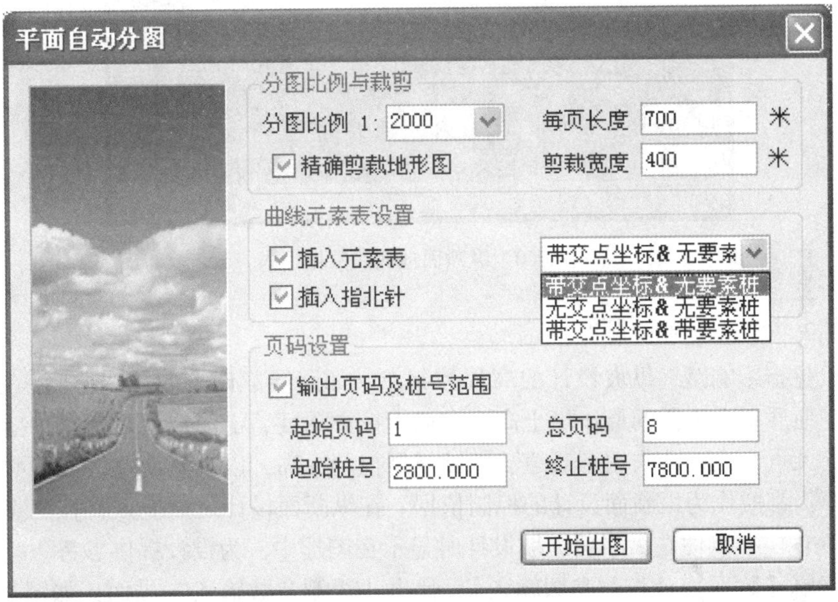


图9-59　平面自动分图

### 9.2.2　纵断面设计

#### 9.2.2.1　输入纵断面地面线数据

将在实习外业中实测的逐桩地面线高程数据输入HintCAD软件中。单击菜单【数据】→【纵断面数据输入】，弹出“纵断面地面线数据编辑器”，如图9-60所示；单击“纵断面地面线数据编辑器”的菜单【文件】→【设置桩号间距】设定按固定间距自动提示下一个要输入的桩号；在“纵断面地面线数据编辑器”对应的“桩号”和“高程”列表里输入桩号和对应的地面高程。

输完所有数据后，在“纵断面地面线数据编辑器”的工具栏上单击【存盘】按钮，系统将地面线数据写入到指定的数据文件中，并自动添加到项目管理器中。

**提示**：（1）每输入完一个数据后要按Enter键确认输入的数据。输入高程数据后按Enter键，系统自动向下增加一行，光标也调至下一行，同时按设定的桩距自动提示桩号。（2）也可以用写字板、Edit、Word及Excel等文本编辑器编辑输入或修改纵断面地面线数据，但数据的格式为HintCAD要求的格式，并且存盘时必须保存为纯文本格式，最后向项目管理器中添加纵断面地面线数据文件。

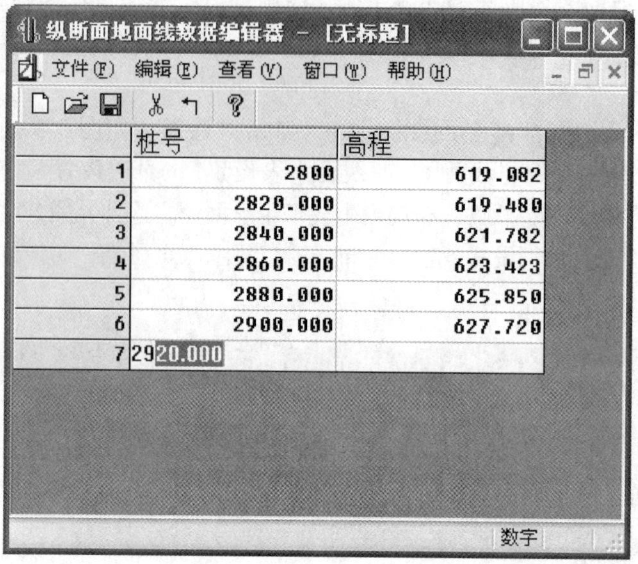


图 9-60 纵断面地面线数据输入

9.2.2.2 标注控制点数据

控制点是指影响路线纵坡设计的高程控制点。如路线起讫点的接线标高，越岭垭口、大中桥涵、地质不良地段的最小填土高度和最大挖方深度，沿溪线的洪水位，隧道进、出口，路线交叉点，人行和农用车通道、城镇规划控制标高，以及其他路线高程必须通过的控制点位等，都应作为纵断面设计的控制依据。在纵断面设计之前应该将控制点的数据输入到 HintCAD 中，以便在纵断面纵坡设计时显示在图形中，为设计提供参考。

单击菜单【数据】→【控制参数输入】，弹出“控制参数输入”界面，如图 9-61 所示；单击对话框中的【桥梁】、【涵洞通道】、【隧道】等选项卡；单击【插入按钮】，添加新的控制对象，并输入相关的详细数据。

**提示**：其他高程控制如沿线洪水和地下水水位控制标高、特殊条件下路基控制标高等数据无法用 HintCAD 软件输入，需要设计人员根据控制的里程和高程手工在 AutoCAD 图形中标注出来，为设计提供参考。这些控制高程点可以在桥梁控制数据中输入，输入时桩号为控制点的桩号，“桥梁名称”输入为控制点名称，“跨径分布”和“结构型式”输入一个空格；“控制标高”输入控制点的控制高程，选择合适的“控制类型”。最后输出图形和表格时注意删除这些数据。

9.2.2.3 纵断面设计与修改

试坡：试坡主要是在已标出“控制点”的纵断面图上，根据技术标准、选线意图，结合地面起伏情况，在这些点位间进行穿插和裁弯取直，试定出若干坡度线。经过对各种可能的坡度线方案进行反复比较，最后选出既符合技术标准，又能满足控制点要求，而且土石方数量较少的设计线作为初定坡度线，再将前后坡度线延长交会，即可定出各变坡点的初步位置。

拉坡时，还应注意下列几点：

(1) 在回头曲线地段拉坡，应按回头曲线技术标准先定出曲线部分的纵坡，然后从两

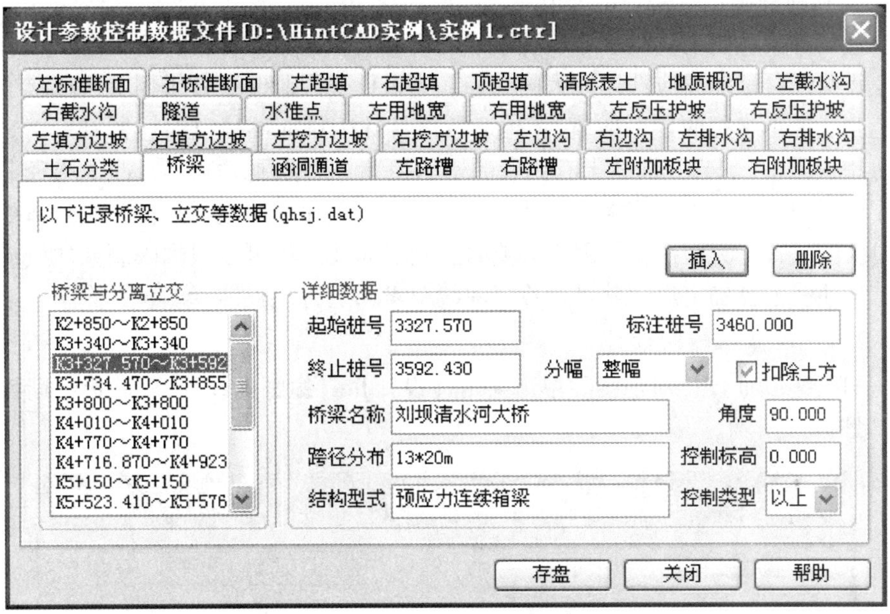


图 9-61 输入控制参数

端接坡，同时注意在回头曲线地段不宜设竖曲线。

(2) 竖曲线与平曲线重合应注意保持均衡，应尽量避免在竖曲线的顶部或底部插入平面急弯或设反向曲线拐点。

(3) 大桥的纵坡不宜大于4%，桥头引道纵坡不宜大于5%，引道紧接桥头部分的线形应与桥上线形相配合；小桥与涵洞处的纵坡应随路线纵坡设计。

(4) 隧道内的纵坡应大于0.3%并小于3%，但短于100m的隧道不受此限；高速公路，一级公路的中、短隧道，当条件受限制时，经技术经济论证后最大纵坡可适当加大，但不宜大于4%。

(5) 平面交叉范围内，两相交公路的纵面宜平缓；主要公路在交叉范围内的纵坡应在0.15%~3%的范围内，次要公路紧接交叉的引道部分应以0.5%~2.0%的上坡通往交叉。

调整：试定纵坡后，首先将所定的坡度与选（定）线时考虑的坡度进行比较，两者应基本符合。若有较大差异，则应全面分析，找出原因，然后对照《标准和规范》检查设计的最大纵坡、合成坡度、坡长限制等是否超过规定限值，以及平面线形与纵面线形的配合是否适宜等。若发现有问题，应进行调整。

调整时应以少脱离控制点、少变动填挖值为原则，以使调整后的纵坡与试定期纵坡变化不太大。

核对：根据调整后的坡度线，选择有控制意义的重点横断面，如高填深挖、陡峭山坡路基、挡土墙、重要桥涵等断面，在纵断面图上直接读出对应中桩的填（挖）高度，检查是否有填挖过大、坡脚落空或挡土墙工程过大等情况。若发现有问题，应及时调整纵坡。

定坡：经调整核对无误后即可定坡。所谓定坡就是逐段把坡度线的坡度值、变坡点位置（桩号）和高程确定下来。坡度值要求取值0.001%，变坡点一般要调整到10m整桩位上，其位置可直接从图上读出桩号，变坡点的高程是根据坡度、坡长依次推算而来。

设计竖曲线：竖曲线应选用较大的半径。当条件受限制时，宜采用大于或接近于规范规定的竖曲线最小半径的“一般值”；地形条件特殊困难而不得已时，方可采用竖曲线最小半径的“极限值”。当竖曲线上有比较严格的控制标高限制时，其竖曲线半径应根据控制标高计算得到，且计算值应大于规范的规定值。当竖曲线的起终点位置受到诸如平纵配合中平曲线的位置、大中桥位等因素影响时，其竖曲线半径可以根据限制的曲线或切线长来确定。竖曲线半径确定后，就可计算竖曲线要素，进行高程计算。

9.2.2.4 计算机辅助设计

（1）打开纵断面设计对话框。单击菜单【设计】→【纵断面设计】，弹出纵断面设计对话框，如图9-62所示。

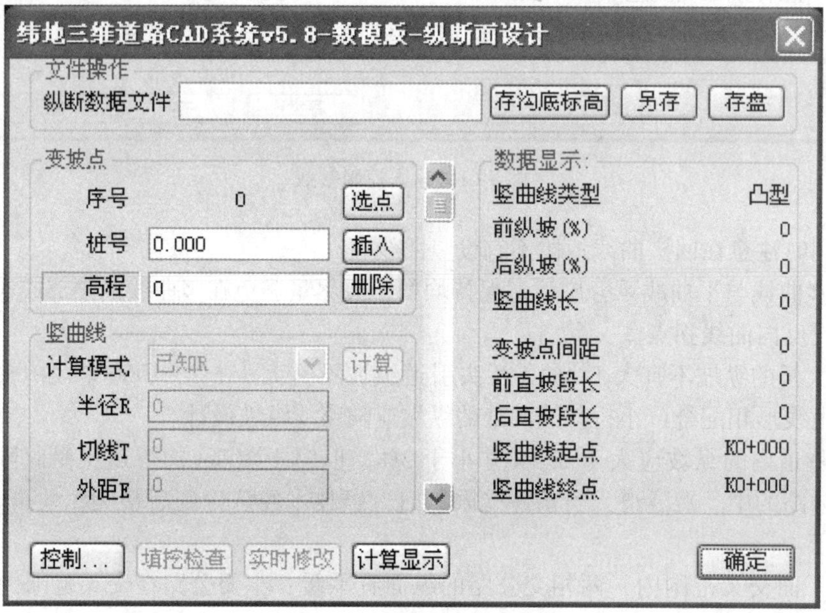


图9-62 纵断面设计对话框

此对话框启动后，如果项目中存在纵断面设计数据文件（*.zdm），系统将自动读入纵断面变坡点数据，并进行计算和显示相关信息。“纵断面数据文件”编辑框用来输入纵断面变坡点的数据文件路径和名称，一般情况下不需要在此输入任何信息，软件根据项目的设置自动显示数据文件的名称。

（2）设置变坡点。在“桩号”编辑框输入路线起点桩号，在“高程”编辑框输入设计高程。

单击纵断面设计对话框中的【插入】按钮，可以连续增加新的变坡点或在两个变坡点之间插入变坡点。

**说明**：“选点”按钮可以在屏幕上直接点取变坡点，也可以通过键盘修改变坡点的桩号和高程。“插入”按钮用于通过鼠标点取的方式在屏幕上直接插入（增加）一个变坡点，并且直接从屏幕上获取该变坡点的数据。“删除”按钮用于删除在屏幕上通过鼠标点取需要删除的变坡点。凸显的“高程”按钮右侧的编辑框用来直接输入当前变坡点的设计高程。为了使路线纵坡的坡度在设计和施工中便于计算和掌握，系统支持在对话框中直接输入坡度值。鼠标单击凸显“高程”按钮，右侧数据框中的变坡点高程值会转换为前（或后）纵坡度，可输入该变坡点前后纵坡的坡度值。

（3）设置竖曲线。通过滚动纵断面设计对话框中的上下滑动块选择要设置竖曲线的变坡点；单击纵断面设计对话框“计算模式”右侧的，选择竖曲线的设置模式；根据不同的计算模式输入相应数据；单击【计算】按钮，完成竖曲线半径的设置。

（4）修改调整设计线。单击纵断面设计对话框上（图 9-62）的【实时修改】按钮；根据命令行提示，从图 9-63 中点取需要修改的变坡点（图 9-63 中变坡点上的小圆圈）；根据命令行提示，选择合适的修改方式，对变坡点、坡度线或竖曲线进行实时修改，随着鼠标的移动，图 9-63 中的变坡点、竖曲线或坡度线会实时计算刷新，同时屏幕左上角参数框动态显示当前变坡点相关参数；移动鼠标到合适位置单击左键确定变坡点新的位置。

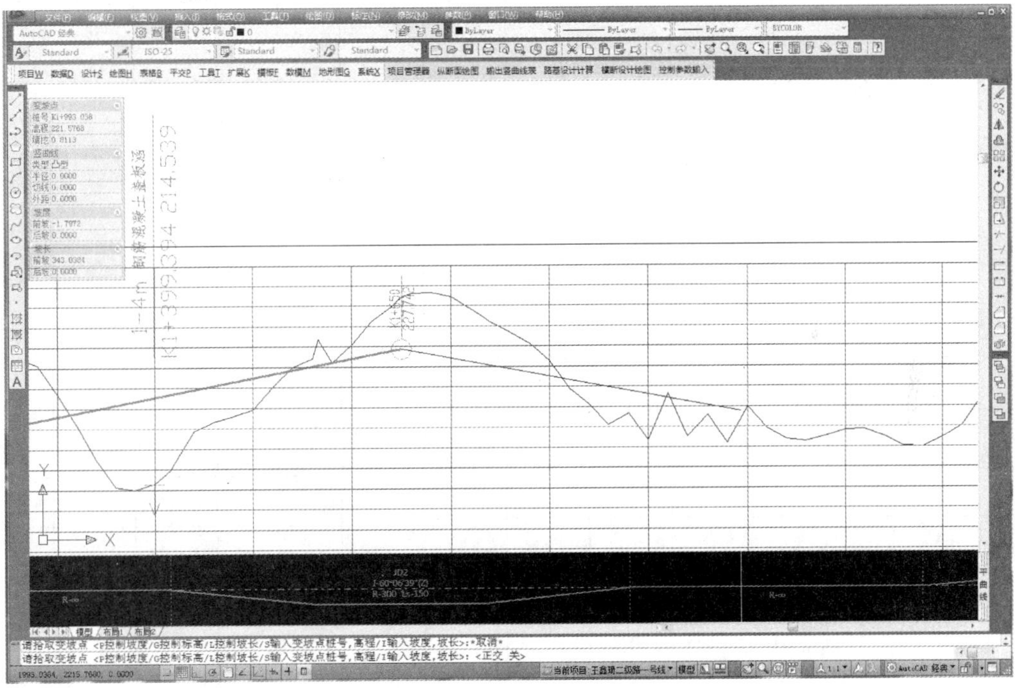

图 9-63　纵断面设计拉坡图

**说明：**

（1）利用“实时修改”功能，可以对变坡点的位置进行沿前坡、后坡、水平、垂直、自由拖动等方式的实时移动，也可以对竖曲线半径、切线长及外距进行控制性动态拖动；另外也可以对整个坡段实现绕前点、后点或整段自由拖动的实时修改。“S”“L”键控制鼠标拖动步长的缩小与放大。

（2）“填挖检查”按钮可以实时显示当前鼠标位置所在桩号处的填挖高度、设计高程、地面高程以及坡度。设计时用该功能查看填挖高度。

（3）保存数据在操作过程完成后，应该用“存盘”或“另存”命令对纵断面变坡点及竖曲线数据进行存盘。“确定”按钮保存纵断面设计对话框中的数据，并关闭对话框。

9.2.2.5 输出纵断面设计成果

（1）输出纵坡竖曲线表。单击菜单【表格】→【输出竖曲线表】，弹出对话框，如图9-64所示；选择表格输出方式，输出纵坡竖曲线表，如表9-14所示。

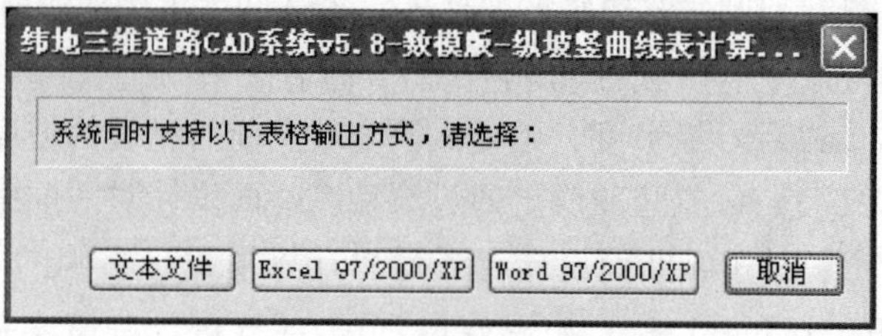


图9-64 生成纵坡竖曲线表

**表9-14 纵坡、竖曲线表**

205国道莱芜至新泰段高速公路

| 序号 | 桩号 | 竖曲线 | | | | | | | 纵坡/% | | 变坡点间距/m | 直坡段长/m | 备注 |
|---|---|---|---|---|---|---|---|---|---|---|---|---|---|
| | | 标高/m | 凸曲线半径 $R$/m | 凹曲线半径 $R$/m | 切线长 $T$/m | 外距 $E$/m | 起点桩号 | 终点桩号 | + | − | | | |
| 0 | | | | | | | | | | | | | |
| 1 | | | | | | | | | | | | | |
| 2 | | | | | | | | | | | | | |
| 3 | | | | | | | | | | | | | |
| 4 | | | | | | | | | | | | | |
| 5 | | | | | | | | | | | | | |
| 6 | | | | | | | | | | | | | |
| 7 | | | | | | | | | | | | | |
| 8 | | | | | | | | | | | | | |
| 9 | | | | | | | | | | | | | |
| 10 | | | | | | | | | | | | | |
| 11 | | | | | | | | | | | | | |
| 12 | | | | | | | | | | | | | |
| 13 | | | | | | | | | | | | | |
| 14 | | | | | | | | | | | | | |
| 15 | | | | | | | | | | | | | |
| 16 | | | | | | | | | | | | | |

编制： 复核：

（2）绘制纵断面图。路线纵断面图是公路设计重要技术文件之一，它反映路线所经地区中线地面起伏情况与设计标高之间的关系。纵断面图采用直角坐标，以横坐标表示距离，纵坐标表示高程，为了明显地表明地形起伏，通常横坐标的比例尺采用 1∶2000，纵坐标采用 1∶200。公路路线纵断面图如图 9-65 所示。单击菜单【设计】→【纵断面绘图】，弹出“纵断面图绘制”对话框，如图 9-66 所示。

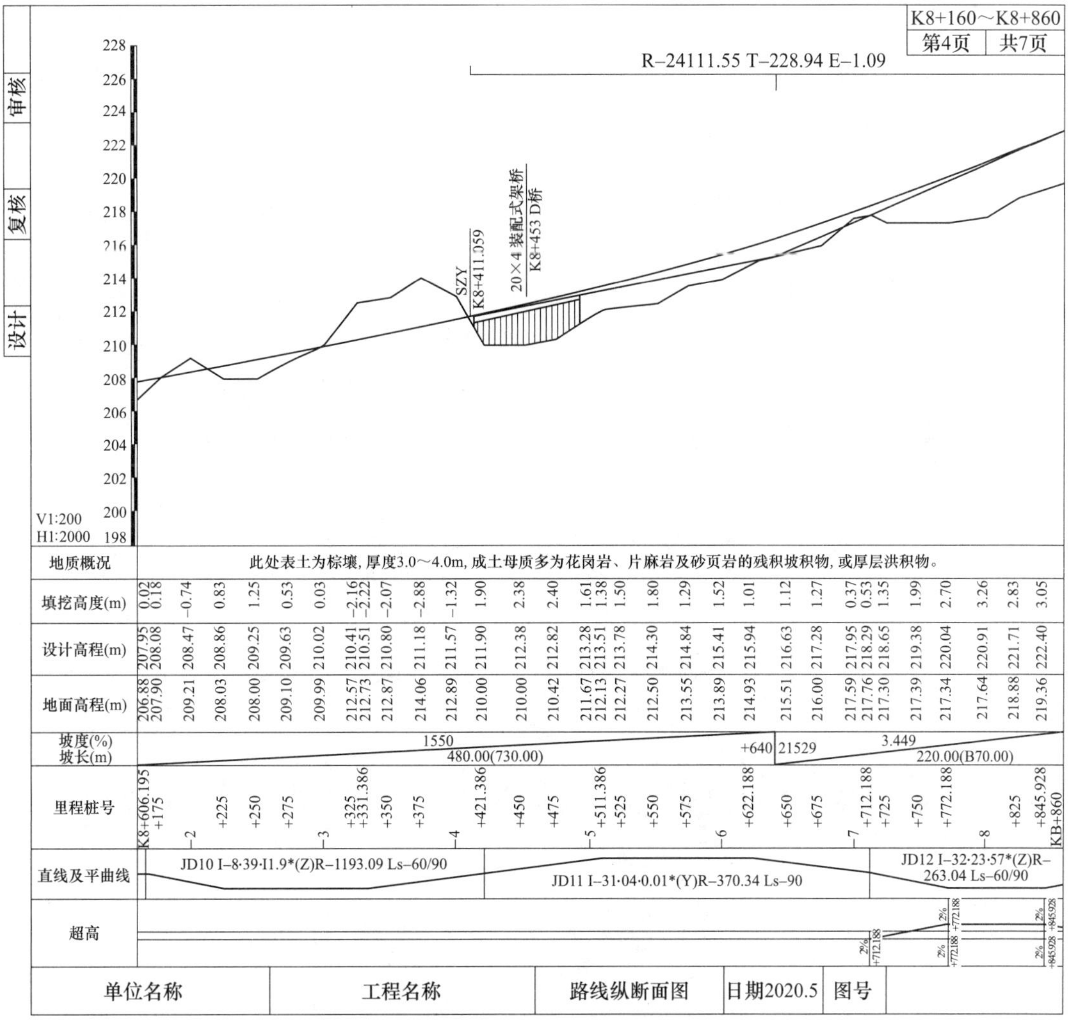


图 9-65　路线纵断面图

设置“绘图”控制中的选项。一般情况下设置的“纵向比例”应该为“横向比例”的 10 倍。“绘图栏目选择”。一般情况下，施工图按图 9-66 的设置即可，单击【高级】按钮可以为每个绘图栏目进行详细的设置（图 9-67）。

设置纵断面图中的“构造物标注”和“网格设置”。一般情况下全部选中。在设置网格间距时的“水平间距”和“垂直间距”时，单位均以米计，如果图纸横向比例为 1∶2000，网格的水平距离输入 20m，则打印输出的图纸中网格线的水平间距为 1cm。

设置绘图范围。绘制全线的纵断面图时，单击【搜索全线】按钮，软件自动搜索出全线的起始桩号和终止桩号。

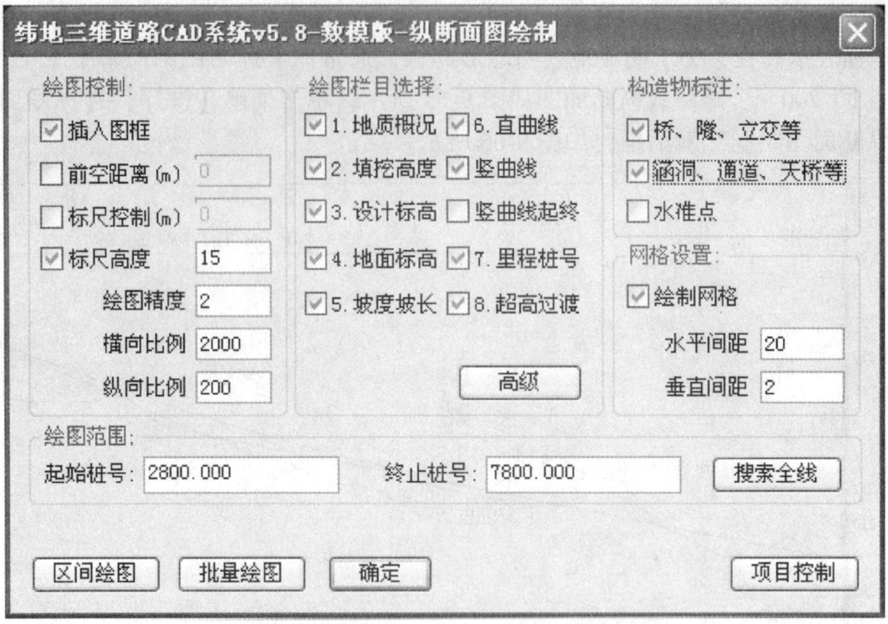


图 9-66 绘制纵断面图

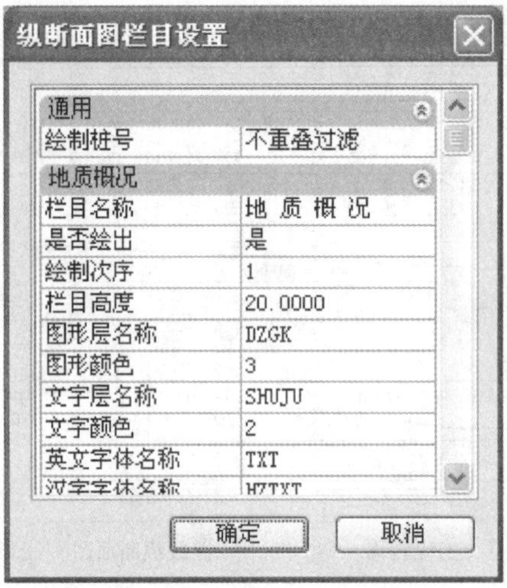


图 9-67 纵断面绘图栏目设置

单击【批量绘图】按钮分幅绘制纵断面图。根据提示，输入起止页码和图形插入点；单击【区间绘图】按钮不分幅绘制纵断面图，根据提示，只需要输入图形插入点。

### 9.2.3 横断面设计

横断面设计是在路线平纵面设计完成后进行的。

9.2.3.1 横断面设计步骤

一般情况下，横断面设计按下列步骤进行：

(1) 路基设计计算。路基设计计算包括每个横断面方向上的宽度及设计标高的计算（即路基加宽和超高计算），并将计算结果填入路基设计表。

（2）确定路基标准横断面图。路基横断面的形式及其横断布置、构造尺寸（主要包括路幅尺寸、坡度值、边坡高度、护坡道宽度、边沟尺寸、排水沟尺寸、截水沟位置与尺寸、挖台阶的宽度等）和选用条件均要参考路基标准横断面图进行设计和绘制，所以应先绘制路基标准横断面图。标准横断面图中应包括路基横断面中各种可能的形式及有关的支挡防护形式。例如路基横断面中出现了低填方、高填方、全挖方、半填半挖、路堤墙五种形式，则绘制标准横断面图中就应包括上述的五种横断面的形式。双车道公路常见的路基标准横断面如图 9-68 所示。

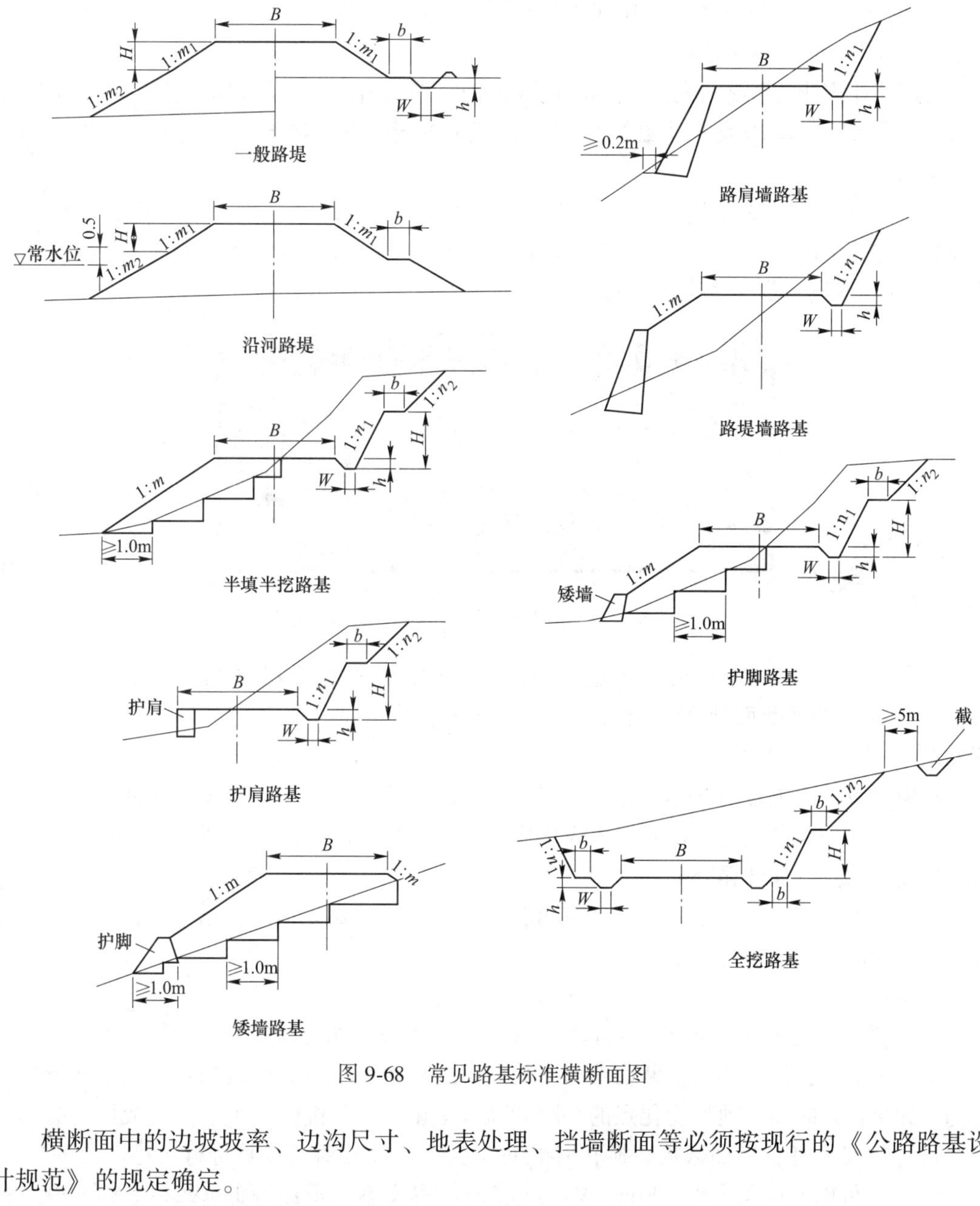


图 9-68　常见路基标准横断面图

横断面中的边坡坡率、边沟尺寸、地表处理、挡墙断面等必须按现行的《公路路基设计规范》的规定确定。

（3）绘制路基横断面图。在横断面地面线基础上，根据路基设计表中的有关数据，绘制路幅的位置和宽度；参照路基标准横断面图绘制路基边坡线与地面线相交，并在需要设置支挡防护处绘制支挡结构物的断面图；检查弯道路段横断面内侧的视距是否满足要求，是否需要清除障碍及设置视距台；根据综合排水设计，绘制路基边沟、排水沟和截水沟等在横断面上的位置。

（4）土石方计算和调配。通过计算横断面的面积和体积，即获得土石方数量，然后进行土石方调配，以便确定填方用土的来源、挖方弃土的去向，以及计价土石方的数量和运量。通过调配，合理解决各路段土石方数量的平衡与利用问题，在符合国家政策和技术经济的原则下，降低计价方数量，避免不必要的借方和弃土。

9.2.3.2　输入横断面地面线数据

通过外业实测得到的逐桩横断面地面线数据，采用 HintCAD 软件提供的“横断面数据输入”工具输入。单击菜单【数据】→【横断面数据输入】，弹出桩号提示对话框，如图 9-69 所示。

如果已经输入了纵断面地面线数据，则应该选择“按纵断面地面线文件提示桩号”，这种提示方式可以避免出现纵、横断面数据不匹配的情况；否则选择“按桩号间距提示桩号”，并在“桩号间距”编辑框中输入桩距。

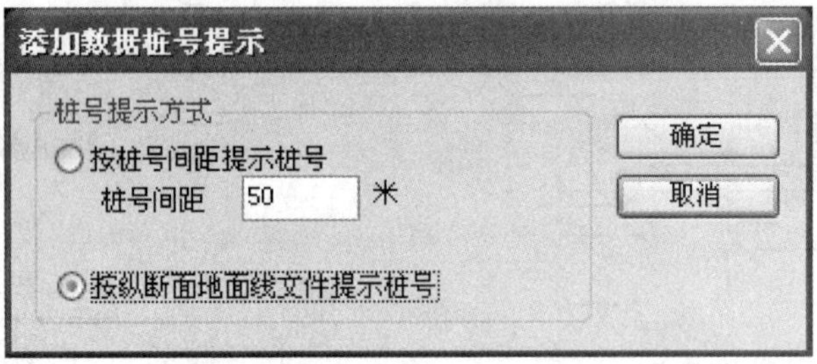


图 9-69　桩号提示

单击桩号提示对话框中的【确定】按钮，弹出横断面地面线数据输入工具，如图 9-70 所示；图 9-70 的横断面地面线输入界面中，每三行为一组，分别为桩号、左侧数据、右侧数据。

在确认或输入桩号后回车，光标自动跳至第二行开始输入左侧地面线数据，每组数据包括两项，即平距和高差。左侧输入完毕后，直接按两次回车，光标便跳至第三行，输入右侧地面线数据，如此循环输入。

输完数据后，在工具栏上单击【存盘】按钮，将横断面地面线数据写入指定的数据文件，并自动添加到项目管理器中。

**说明：**

（1）横断面地面线输入界面里的平距和高差既可以是相对于前一地形变化点，也可以是相对于中桩的；但最终的横断面地面线数据里的平距和高差必须是相对于前一地形变化点的；如果输入时每个地形变化点的平距和高差是相对于中桩的，则输入完成后，必须通过菜单【数据】→【横断面数据转换】→【相对中桩】→【相对前点】进行转化。

（2）也可以使用写字板、Edit、Word 及 Excel 等文本编辑器编辑修改横断面地面线数据，但请注意数据的格式为 HintCAD 要求的横断面地面线格式，并且存盘时必须保存为纯文本格式，最后在项目管理器中添加横断面地面线数据文件。

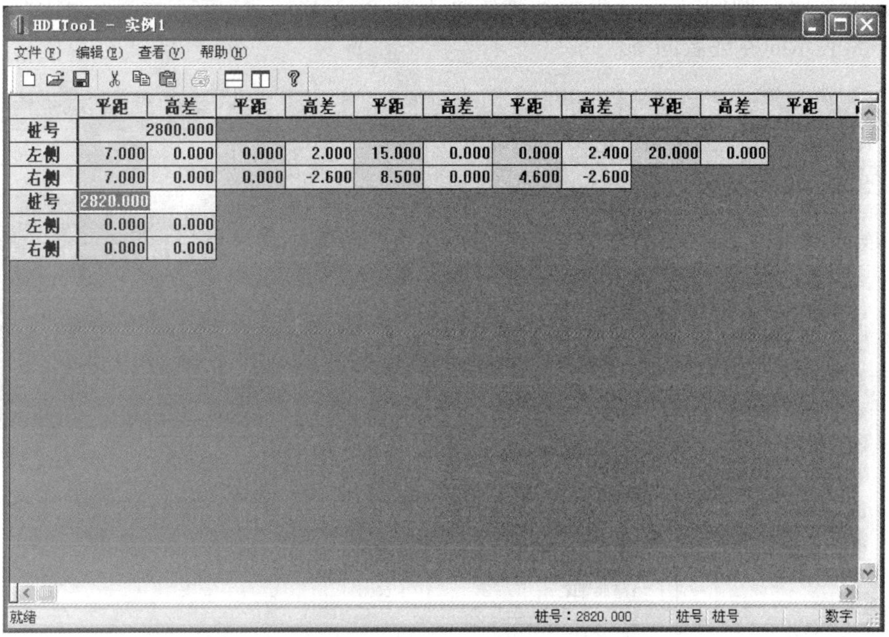


图 9-70　横断面地面线数据输入

### 9.2.3.3　支挡防护工程数据录入

在横断面戴帽子时，必须将路基沿线左右侧设置的路基支挡防护工程形式及其段落数据录入 HintCAD 系统中，系统在横断面设计绘图时可以直接在横断面图中绘制出支挡防护构造物的断面图，并准确计算路基填挖的土方面积和数量。

（1）设置支挡防护构造物的几何尺寸。HintCAD 系统提供了部分标准挡墙的形式及其尺寸，但在实际设计项目中，系统提供的标准挡墙可能无法满足设计的需要，此时可将设计项目特殊的挡土墙形式和尺寸添加到标准挡墙库中，以满足工程设计需要。添加新的标准挡土墙的步骤和方法如下：

单击菜单【设计】→【支挡构造物处理】，打开“挡土墙设计工具”窗口（图 9-71）；“挡土墙设计工具”窗口分为三个区域：左侧为树状的“挡土墙编辑管理”窗口（简称树窗口）；右上为挡土墙的“图形显示编辑窗口”（简称图形窗口）；右下为“挡土墙属性窗口”（简称属性窗口）。三个窗口的大小均可自由调整。单击树窗口内展开的“标准挡墙”下的“左侧标准挡墙”，按鼠标右键，在弹出的快捷菜单中选择“新增挡墙”（如果用户需要新建一组不同高度的标准挡墙，选择“新增目录”）；在属性窗口修改新建挡墙的名称；在图形窗口中用鼠标绘制出该挡墙的大致断面形式，完成后单击鼠标右键；在属性窗口修改新建的挡墙名称；单击树窗口内展开的“标准挡墙”下的“左侧标准挡墙”左侧的“-”，变成“+”后再单击该“+”展开“左侧标准挡墙”，这样软件自动刷新属性窗口的数据；单击树窗口内新建的“示例挡墙”；在属性窗口输入该新建标准挡墙的“墙顶填土高度”“墙身高度”“墙底埋深”等属性，并修改挡墙断面各边的尺寸，输入准确数据（图 9-72）。

**提示**：其中坡度为 0 时，表示垂直方向（|）；坡度为 9999 时，表示水平（—），坡度大于零表示向右倾斜（/），小于零表示向左倾斜（\）；高度大于零表示向右或者向上，小于零表示向左或者向下。

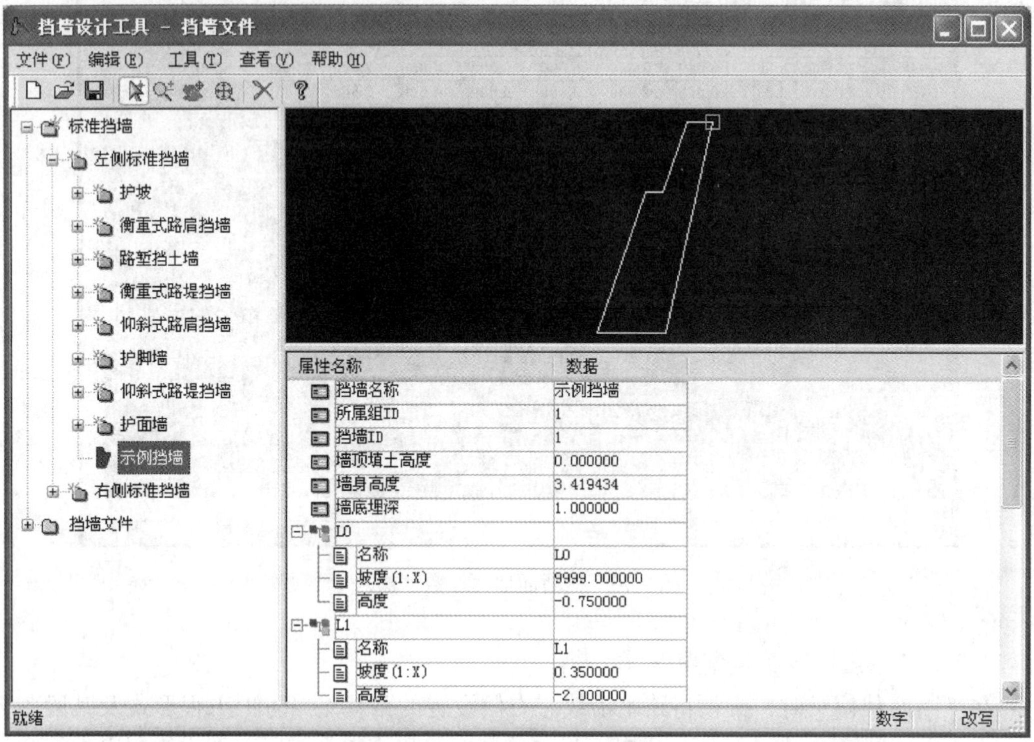


图 9-71　挡土墙设计工具

选中树窗口内新建的“示例挡墙”，单击鼠标右键，在弹出的快捷菜单中选择“设置填土线”，启动“设置填土线”对话框（图 9-73）。

“填土线”是挡墙断面中与路基填土相接触的一条或几条连续的边，图 9-74 为墙背填土线。如图 9-74 所示，挡墙断面中 L5 为填土线，A 点是近路面点（L0 线段的起点），也就是挡墙断面的插入点。系统将在横断面设计时自动搜索断面填土线，从而与横断面地面线相交，准确计算在设置挡墙情况下的路基土石方面积。

**提示**：

1）添加“右侧标准挡墙”的方法与左侧相同；也可直接选择“左侧标准挡墙”中的挡墙，然后拖放到“右侧标准挡墙”中，选取该挡墙，按鼠标右键菜单中的“垂直镜像挡墙”命令，系统自动将其镜像为右侧的标准挡墙断面。

2）可以通过鼠标拖动或复制某一已有的挡墙断面，然后进行挡墙属性的修改，得到新的标准挡墙。

（2）为当前设计项目设置挡墙。设置好标准挡墙后，根据设计路段支挡工程的设置情况为每个段落选择挡墙形式，并设置挡墙属性。设置挡墙的步骤如下（以设置左侧挡墙为例）：

单击树窗口内展开的“挡墙文件”下的“左侧挡墙”；在属性窗口输入“左侧挡墙”

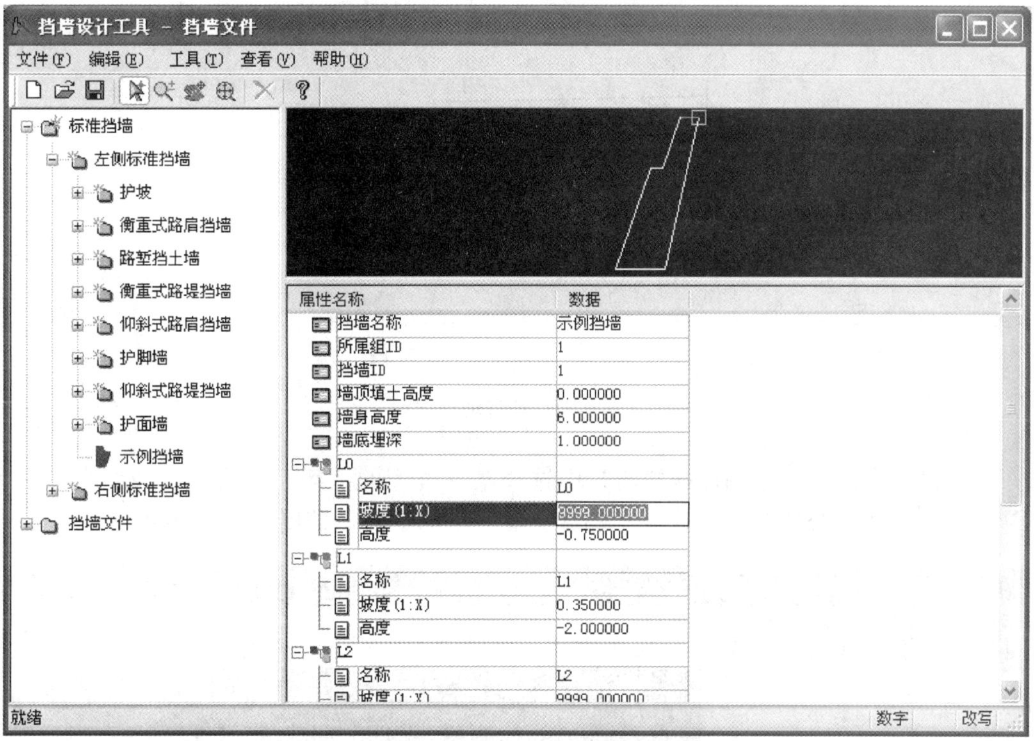


图 9-72 修改挡墙断面尺寸

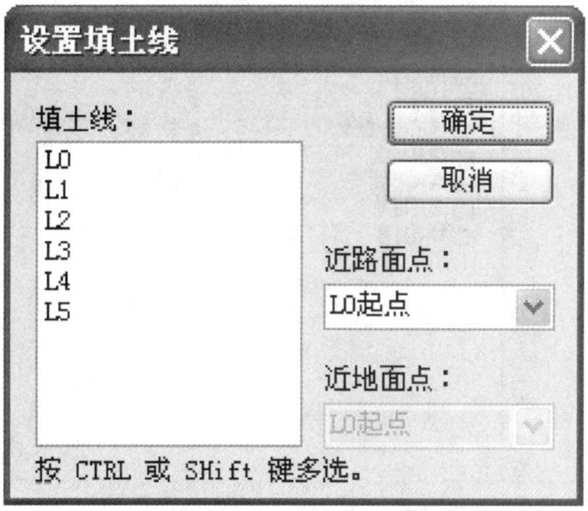


图 9-73 设置墙背填土线

的“起点桩号”和“终点桩号”，一般直接将其设定为路线的起终点桩号。

单击树窗口内展开的“挡墙文件”下的“左侧挡墙”，按鼠标右键，从弹出的快捷菜单中选择“新增挡墙分段”，并修改此范围内挡墙的名称“所有的护坡”，输入该范围内所有挡墙的起终点桩号。

**提示**：可以用建立挡墙分段的方法来管理相同类型的挡墙；如果当前工程项目中的挡墙形式单一、数量不多，可以省略此步骤。

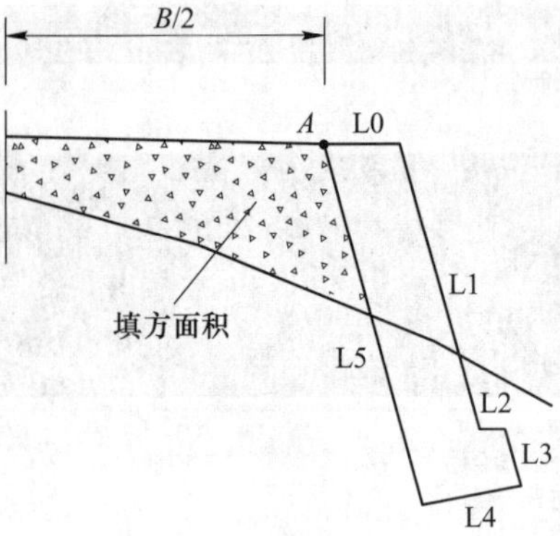


图 9-74 墙背填土线

在树窗口中，从“左侧标准挡墙”中选择某一类型的挡墙，拖放到“挡墙文件”下新建的“左侧挡墙分段”中，或者“挡墙文件”下的“左侧挡墙”中（图 9-75）。

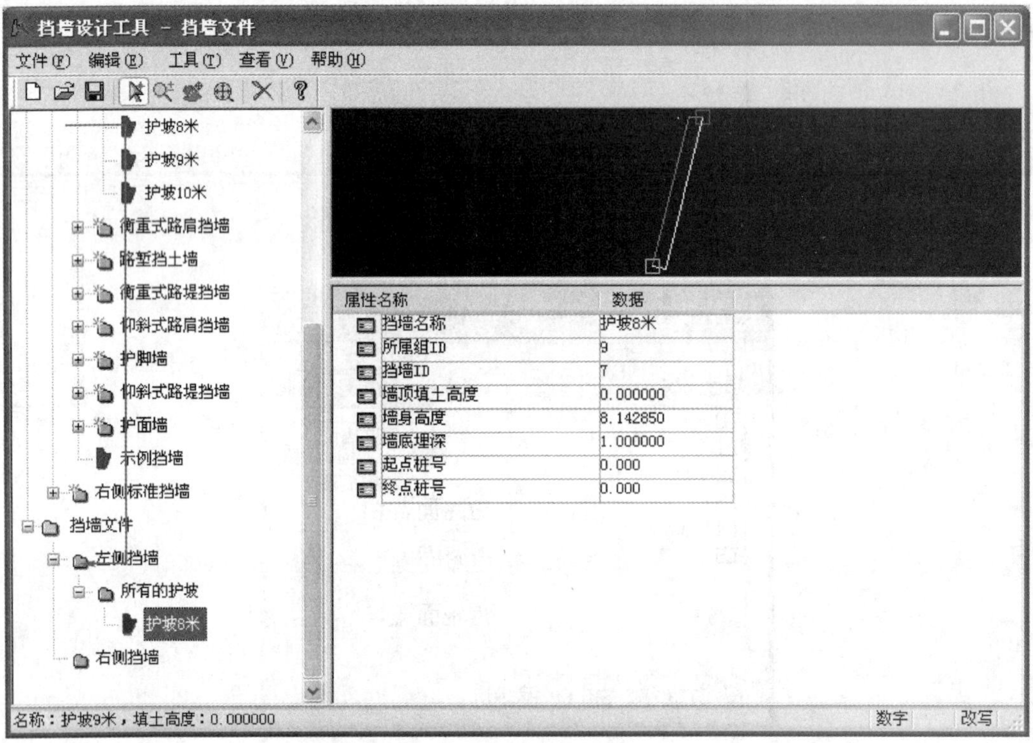


图 9-75 拖放标准挡墙到挡墙文件中

在属性出口输入该段挡墙的起终点桩号；单击该挡墙，按右键在弹出菜单中选择“自动变换墙高度”，横断面设计绘图时，系统会针对每个断面不同的填土高度自动在该侧同类型标准挡墙中调用不同墙高的挡墙进行横断戴帽。对于路堤挡墙，在弹出菜单中可以设置“自动变换墙高度”或“自动变换填土高度”两种变化形式。要在挡墙的外侧设置排水沟时，在弹出菜单中选择“墙外设置排水沟”。

**提示**：设置完毕后分别单击“左、右侧挡墙”，按鼠标右键，选择弹出菜单的“排序”，对各段挡墙按桩号自动进行排序处理，若排序时系统未提示出错信息，说明挡墙设置基本正确。

右侧挡墙的设置与左侧相同。

9.2.3.4　路基设计计算。

单击菜单【设计】→【路基设计计算】，打开“路基设计计算”窗口（图9-76）。

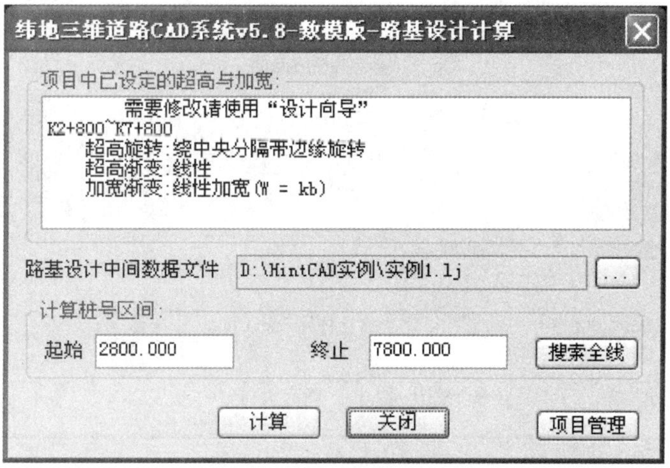


图9-76　路基设计计算

单击窗口右侧的...，指定路基设计中间数据文件的名称和路径；输入“计算桩号区间”，或单击“搜索全线”按钮来指定计算整个路段；单击【项目管理】打开项目管理器，检查当前项目的超高与加宽文件以及其他设置是否正确；单击【计算】按钮来完成路基计算。

**注意**：如果项目中已经存在路基设计数据文件，系统会提示询问是覆盖文件还是在原文件后追加数据，一般情况下，如果没有分段计算时，应该选择覆盖原来的数据；每次修改了设计项目的类型、超高旋转位置与方式、加宽类型与加宽方式、超高和加宽过渡段等内容之后，必须重新进行路基设计计算。

9.2.3.5　横断面设计与修改

A　横断面设计

单击菜单【设计】→【横断面设计绘图】，打开“横断面设计绘图”界面（图9-77）。

a　设置“设计控制”选项

（1）左右侧沟底标高控制。只有进行路基排水沟的纵坡设计，并在项目管理器中添加了左右侧沟底标高设计数据文件，“沟底标高控制”中的“左侧”和“右侧”控制才可用。在绘制横断面图时，可选择是否按排水沟的设计纵坡进行排水沟的绘制，且可选择是否按照变化的沟深进行设计（默认方式为固定沟深）。

（2）自动延伸地面线不足。当横断面地面线测量宽度不够，会导致戴帽子时边坡线与地面线无法相交，不能计算填挖面积。选择“自动延伸地面线不足”时，系统可自动按地面线最外侧一段的坡度延伸，直到边坡线与地面线相交。

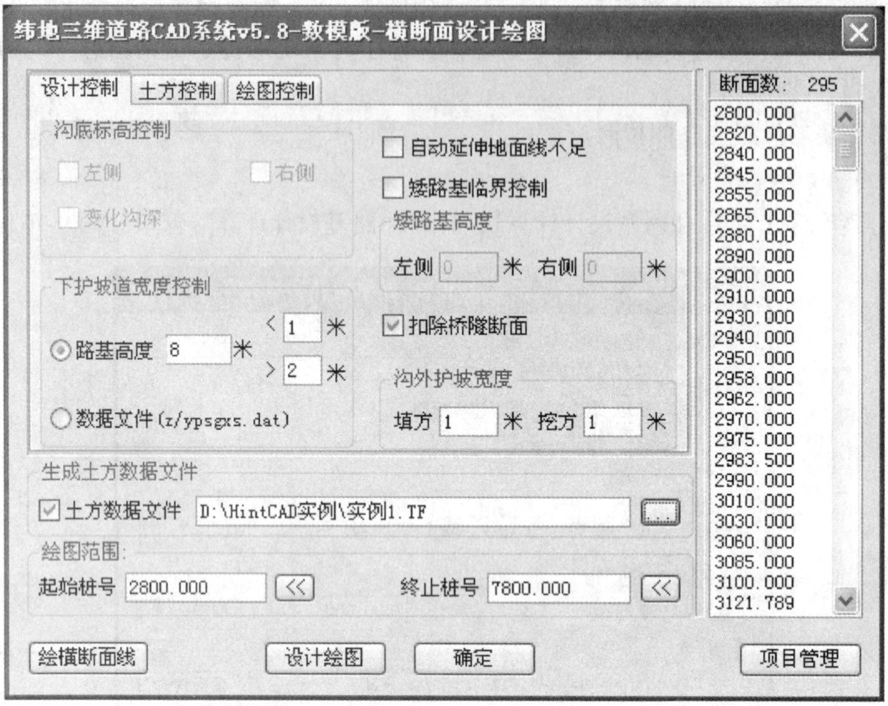


图 9-77　横断面设计—设计控制

**注意**：当最外侧的地面线铅垂时，即使选择了“自动延伸地面线不足”也无法使边坡线与地面线相交。不建议使用该功能，当地面线宽度不够时，应该补测或者设置支挡构造物收缩坡脚。

（3）矮路基临界控制。当路基边缘填方高度较小时，外侧应该直接按照挖方路段一样设置边沟。选择此项后，应输入左右侧填方路基的一个临界高度数值（一般为边沟的深度），当路基填方高度小于临界高度时，不按填方放坡之后再设计排水沟，而是直接在路基边缘设计边沟。

利用此项功能还可以进行反开挖路基等特殊横断面设计。

（4）下护坡道宽度控制。用来控制高等级公路填方断面下护坡道的宽度。支持两种控制方式，一是根据“路基高度”控制，用户输入路基填土高度后，再指定当路基高度大于该数值时下护坡道的宽度值和小于该数值时下护坡道的宽度（图 9-78）；二是根据“数据文件”控制，软件根据设计控制参数中路基左右侧排水沟的尺寸控制。

如果采用第二种控制方式，路基左右侧排水沟数据的第一组数据必须是下护坡道的数据，且其坡度值为 0。如果采用第一种控制方式，系统会自动忽略左右侧排水沟数据中的下护坡道控制数据。

（5）扣除桥隧断面。用户选择此项后，系统将不绘制桥隧桩号范围内横断面图。

（6）沟外护坡宽度。用来控制戴帽子时排水沟（或边沟）的外缘平台宽度，用户可以分别设置沟外护坡平台位于填方或挖方区域的宽度。当沟外侧的边坡顺坡延长 1 倍沟深后判断是否与地面相交，如果延长后沟外侧的深度小于设计沟深的 2 倍时，直接延长沟外侧坡度与地面线相交；反之则按原设计边沟尺寸绘图，在沟外按用户指定的护坡平台宽度

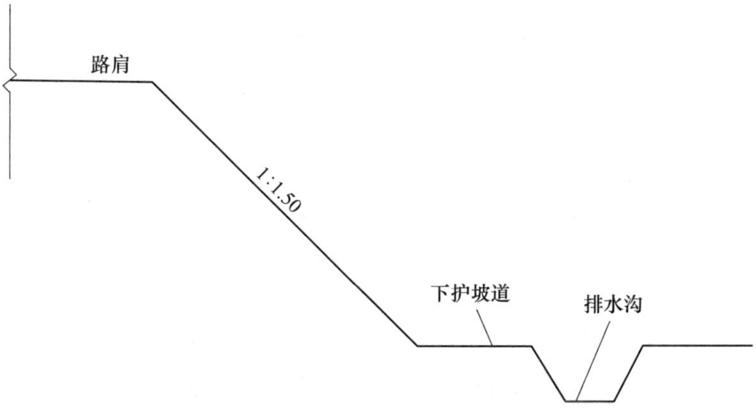


图 9-78　下护坡道示意图

生成平台，最后继续判断平台外侧填挖，并按照控制参数文件中填挖方边坡的第一段非平坡坡度开始放坡交于地面线。

b　设置“土方控制”选项（图 9-79）

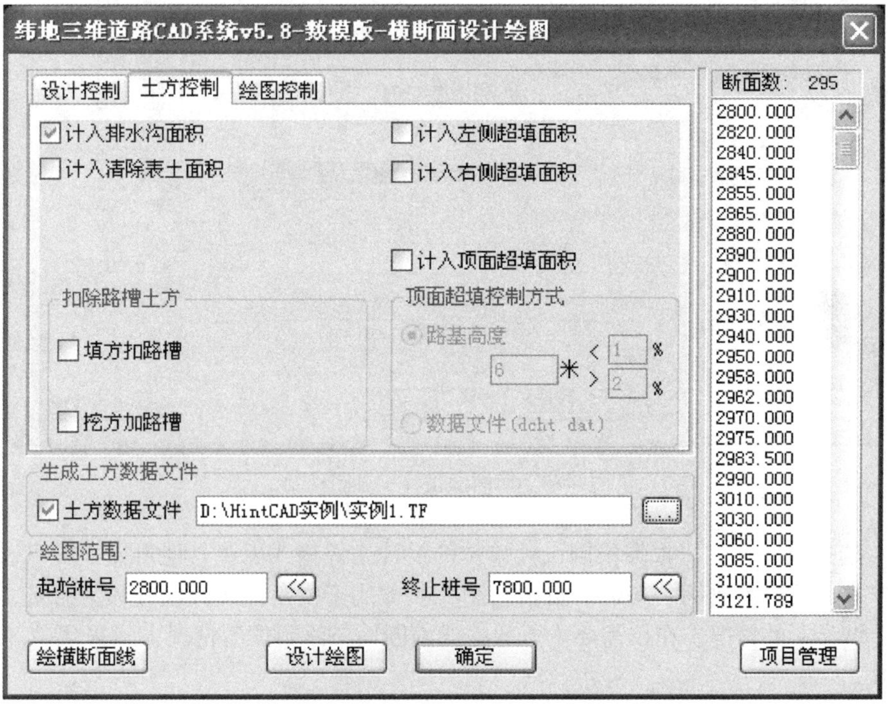


图 9-79　横断面设计—土方控制

（1）计入排水沟面积。计算横断面的挖方面积时是否计入排水沟的土方面积。

（2）计入清除表土面积。横断面的面积中是否计入清除表土面积。清除表土的具体分段数据、宽度以及厚度由控制参数文件中的数据来控制。

（3）计入左右侧超填面积。横断面面积计算中是否计入填方路基左右侧超宽填筑部分的土方面积。左右侧超填的具体分段数据和宽度见设计参数控制文件。

(4) 计入顶面超填面积。主要用于某些路基沉降较为严重，需要在路基土方中考虑因地基沉降而引起的土方数量增加的项目。顶面超填也分为“路基高度”和“文件控制”两种方式，路基高度控制方式，即按路基高度大于或小于某一指定临界高度分别考虑顶面超填的厚度（路基高度的百分数）。

(5) 扣除路槽土方。横断面面积中是否扣除路槽部分土方面积。可以选择对于填方段落是否扣除路槽面积和挖方段落是否加上路槽面积。路基各个不同部分（行车道、硬路肩、土路肩）路槽的深度在控制参数数据中确定。

c 设置“绘图控制”选项（图 9-80）

图 9-80 横断面设计—绘图控制

(1) 选择绘图方式。根据不同设计单位的设计文件格式以及其他需要，可以选择不同的绘图方式以及绘图比例。其中“自由绘图”一般用于横断面设计检查和为路基支挡工程设计时提供参考的情况，在仅需要土方数据或横断面三维数据等情况下，采用“不绘出图形”方式。

(2) 插入图框。在横断面设计绘图时是否自动插入图框，图框模板为 HintCAD 安装目录下的“Tk_ hdmt. dwg”文件，也可以根据项目需要修改图框内容。

(3) 中线对齐。在横断面绘图时是否以中线对齐的方式来对齐，默认方式是以图形居中的方式排列。

(4) 每幅图排放列数。指定每幅横断面图中横断面排放的列数，一般适用于低等级公路横断面宽度较窄的情况。

(5) 自动剪断地面线宽度。在横断面绘图时，根据指定的宽度将地面线左右水平距离超出此宽度的多余部分裁掉，保持图面的整齐。

**提示**：当设计边坡后的坡脚到中线的宽度大于此宽度时，系统将保留设计线及其以外一定的地面线长度。

（6）绘出路槽图形。在横断面绘图时是否绘出路槽部分图形。

（7）绘制网格。在横断面设计绘图时是否绘出方格网，需要绘制方格网时，可以指定格网的大小。

（8）标注部分。根据需要选择在横断面图中标注不同的内容，包括：路面上控制点标高及标注形式、沟底标高及精度控制、坡口坡脚距离和高程、排水沟外缘距离和标高、边坡坡度、横坡坡度、用地界与用地宽度以及横断地面线每一个折点的高程等。每个横断面的断面数据的标注可以选择“标注低等级表格”“标注高等级表格”和“标注数据”三种方式。

（9）输出相关数据成果部分。在横断面设计绘图时，选择输出横断面设计“三维数据”和路基的“左右侧沟底标高”，其中“三维数据”用于结合数模数据建立公路三维模型。“左右侧沟底标高”数据输出的临时文件为 HintCAD 安装目录下的“\ Lst \ zgdbg. tmp”和“\ Lst \ ygdbg. tmp”文件，可以为公路的边沟、排水沟沟底纵坡设计提供地面线参考，利用 HintCAD 的纵断面设计功能进行边沟或排水沟的设计，完成后选择保存为“存沟底标高”，再次进行横断面设计，并按沟底纵坡控制模式重新进行横断面设计。

（10）生成土方数据文件。选择是否需要生成土方数据文件，如果选择生成土方数据文件，需要指定数据文件名称和路径。

（11）绘图范围。从右侧显示的断面桩号列表中选择起点桩号，单击“起始桩号”编辑框后的[<<]按钮；选择终点桩号，单击“终止桩号”编辑框后的[<<]按钮，完成绘图范围的指定。单击【设计绘图】按钮，开始进行横断面设计和绘图。

B 横断面修改

因地形和地质条件的复杂多变，不管采用什么辅助设计系统，无论把系统做得多么完善，总会有一些不合实际的设计断面出现，需要设计者进行修改。HintCAD 提供了基于 AutoCAD 图形界面的横断面修改功能，操作步骤如下：

打开或用“横断面设计绘图”功能生成横断面图；在 AutoCAD 中，将横断面图中的“sjx”图层设置为当前层；用 AutoCAD 的“explode”命令炸开整条连续的设计线，并对其进行修改；在完成修改后单击【设计】→【横断面修改】，按照提示点选修改过设计线的横断面图中心线，系统开始重新搜索修改后的设计线并计算填挖方面积、坡口坡脚距离以及用地界等，同时弹出横断面修改对话框（图 9-81）；根据需要修改对话框中各个选项的内容，修改完成后单击【修改】按钮，系统刷新项目中土方数据文件 *. TF 里该断面的所有信息和横断面图形，实现数据和图形的联动。

**注意**：

（1）修改横断面设计线一定要在设计线图层（“sjx”）上进行，不要将与设计线无关的文字、图形绘制到设计线图层中，以免影响系统对设计线数据的快速搜索计算。

（2）修改后的设计线必须是连续的，且与地面线相交，否则无法完成横断面修改。

截水沟也在设计线图层上修改，系统不将截水沟的土方计入断面面积中，但会自动将

图 9-81　横断面修改

用地界计算到截水沟以外。

（3）横断面修改功能所搜索得到的填挖方面积只是纯粹的设计线与地面线相交所得到的面积，并未考虑路槽、清表等。

C　横断面重新分图

修改完个别横断面后，横断面的大小可能发生了改变，为了保证最终生成的横断面图整齐美观，需要重新调整排列横断面在图框中的位置。“横断面重新分图”功能可以解决横断面自动排版分图的问题。

在所有横断面修改完并最终确定后，单击【设计】→【横断面重新分图】，弹出横断面重新分图对话框（图 9-82）。

单击重新分图对话框中的“设置”选项，切换到设置界面（图 9-82）。在设置界面内完成有关的绘图设置（设置的内容与前面的横断面设计对话框中的“绘图控制”相同）。

分图参数设置完成后，单击【横断面】选项，切换到横断面桩号列表栏，选择分图范围。此时系统默认所有桩号全部选中，桩号列表显示为蓝色，使用鼠标右键菜单的“全选”命令来选择全部桩号进行分图，还可以使用“Shift”键选择桩号列表中某一区间范围的桩号重新分图；重新分图的桩号范围选定后，按鼠标右键，选择“分图”命令，并根据 AutoCAD 命令行提示“选取绘图起点”，在图形屏幕上点选绘图起点位置，系统在当前位置开始对所选桩号范围的横断面全部重新分幅排列。

### 9.2.3.6　输出横断面设计成果

A　输出路基设计表

路基设计表是公路设计文件中的主要技术文件之一，它是综合路线平、纵、横设计资

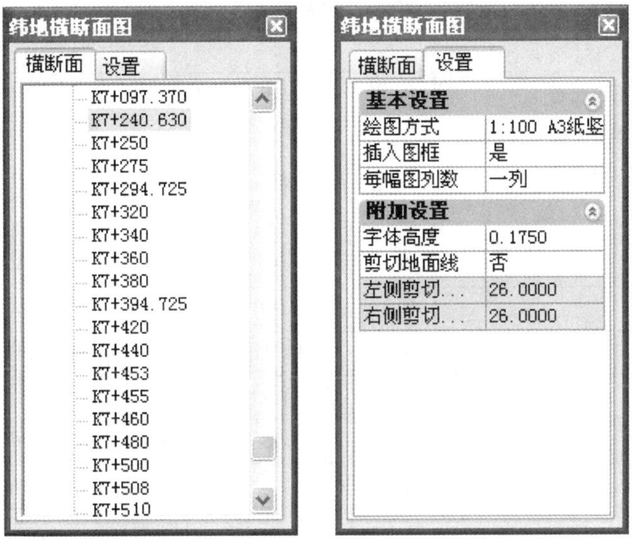


图 9-82　横断面重新分图

料汇编而成的，在表中填有公路平面线形、纵断面设计资料以及路基加宽、超高等数据。它是路基横断面设计的基本依据，也是施工放样、检查校核及竣工验收的依据（路基设计表例见表 9-15、表 9-16）。单击菜单【表格】→【输出路基设计表】，弹出对话框，如图 9-83 所示。

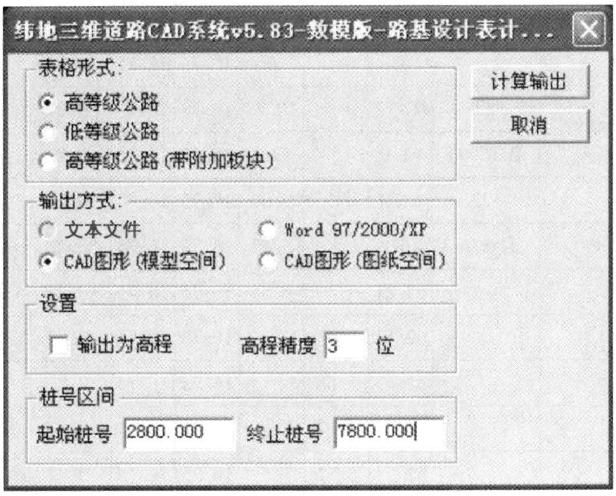


图 9-83　输出路基设计表

选择【表格形式】；选择路基设计【输出方式】。一般情况下，建议使用“CAD 图形”的输出方式；设置路基设计表中是否标注“高程”值和输出高程或高差值时小数点后保留的小数位数。不选择的情况下，输出横断面上各高程点与设计高之高差；输入“绘图区间”的起始桩号和终止桩号；单击【计算输出】按钮，在当前图形的模型空间或布局窗口中自动分页输出路基设计表。

表 9-15　路基设计表（样例）

| ××××公路设计 | | | | | | | | | 第1页　共9页 | | | | | |
|---|---|---|---|---|---|---|---|---|---|---|---|---|---|---|
| 桩号 | 平曲线 | 变坡点高程桩号及纵坡坡度坡长 | 竖曲线 | 设计高程 | 填挖高度/m | | 路基宽度/m | | 路基边缘及中桩与设计高之高差/m | | | 施工时中桩高度 | | 备注 |
| | | | | | 填 | 挖 | 左 | 右 | 左 | 中 | 右 | 填 | 挖 | |
| 1 | 2 | 3 | 4 | 5 | 6 | 7 | 8 | 9 | 10 | 11 | 12 | 13 | 14 | 15 |
| K23+500 | | | | 72 | | 1.63 | 16.75 | 16.75 | 0.335 | 0 | 0.335 | | | |
| K23+550 | | | | 71 | | 5.67 | 16.75 | 16.75 | 0.335 | 0 | 0.335 | | | |
| K23+600 | | | | 69.9 | | 13.85 | 16.75 | 16.75 | 0.335 | 0 | 0.335 | | | |
| K23+650 | | | | 68.9 | | 11.1 | 16.75 | 16.75 | 0.335 | 0 | 0.335 | | | |
| K23+700 | | | | 67.75 | | 3.75 | 16.75 | 16.75 | 0.335 | 0 | 0.335 | | | |
| K23+750 | | | | 66.7 | 11.9 | | 16.75 | 16.75 | 0.335 | 0 | 0.335 | | | |
| ZH+757.87 | | | | 66.6 | 6.6 | | 16.75 | 16.75 | 0.28 | 0 | 0.28 | | | |
| K23+775 | | 2.07% | | 66.35 | 9.05 | | 16.75 | 16.75 | 0.31 | 0 | 0.31 | | | |
| K23+800 | | 530 | | 65.72 | 11.94 | | 16.75 | 16.75 | 0.35 | 0 | 0.35 | | | |
| K23+825 | | | | 65.19 | 1.44 | | 16.75 | 16.75 | 0.4 | 0 | 0.4 | | | |
| K23+850 | | | | 64.63 | | 5.29 | 16.75 | 16.75 | 0.44 | 0 | 0.44 | | | |
| K23+875 | | | | 64.2 | | 7.4 | 16.75 | 16.75 | 0.49 | 0 | 0.49 | | | |
| K23+900 | | | | 63.8 | | 9.53 | 16.75 | 16.75 | 0.54 | 0 | 0.54 | | | |
| K23+925 | | | | 63.45 | | 7.68 | 16.75 | 16.75 | 0.58 | 0 | 0.58 | | | |
| K23+950 | | | | 63 | | 6 | 16.75 | 16.75 | 0.63 | 0 | 0.63 | | | |
| K23+975 | 左 $JD_1$ | | 凹 | 62.72 | | 10.78 | 16.75 | 16.75 | 0.67 | 0 | 0.67 | | | |
| K24+000 | R-750 | 68.7 | R-16000 | 61.9 | | 12.1 | 16.75 | 16.75 | 0.72 | 0 | 0.72 | | | |
| K24+25 | $L_S$-300 | | T-172.8 | 61.9 | | 9.06 | 16.75 | 16.75 | 0.76 | 0 | 0.76 | | | |
| K24+50 | | +30 | E-0.93 | 62 | | 5.67 | 16.75 | 16.75 | 0.81 | 0 | 0.81 | | | |
| HY+57.87 | | | | 62.21 | | 4.56 | 16.75 | 16.75 | 0.83 | 0 | 0.83 | | | |
| K24+75 | | | | 62.13 | 0.45 | | 16.75 | 16.75 | 0.83 | 0 | 0.83 | | | |
| K24+100 | | | | 62.43 | 3.68 | | 16.75 | 16.75 | 0.83 | 0 | 0.83 | | | |
| K24+125 | | | | 62.5 | 5.07 | | 16.75 | 16.75 | 0.83 | 0 | 0.83 | | | |
| K24+150 | | | | 62.71 | 6.51 | | 16.75 | 16.75 | 0.83 | 0 | 0.83 | | | |
| K24+175 | | | | 62.81 | 8.34 | | 16.75 | 16.75 | 0.83 | 0 | 0.83 | | | |
| K24+200 | | | | 63 | 10.5 | | 16.75 | 16.75 | 0.83 | 0 | 0.83 | | | |
| K24+225 | | 0.90% | | 64.72 | 2.47 | | 16.75 | 16.75 | 0.83 | 0 | 0.83 | | | |
| K24+250 | | 520 | | 62.51 | 10.11 | | 16.75 | 16.75 | 0.83 | 0 | 0.83 | | | |
| K24+275 | | | | 62.6 | 11.7 | | 16.75 | 16.75 | 0.83 | 0 | 0.83 | | | |

编制：　　　　　　　　　　　　　　复核：

**表 9-16 路基土石方数量计算表**（样例）

××××公路设计　　　　　　　　　　　　　　　　　　　　第 9 页共 11 页

| 桩号 | 横断面面积/$m^2$ | | 距离/m | 挖方分类及数量/$m^3$ | | | | | | | | | | | | | 填方数量/$m^3$ | | | 借方数量/$m^3$及运距/km | | 弃方数量/$m^3$及运距/km | | 备注 |
|---|---|---|---|---|---|---|---|---|---|---|---|---|---|---|---|---|---|---|---|---|---|---|---|---|
| | | | | 总数量 | 土 | | | | | | 石 | | | | | | | | | | | | | |
| | | | | | Ⅰ | | Ⅱ | | Ⅲ | | Ⅳ | | Ⅴ | | Ⅵ | | | | | | | | | |
| | 挖方 | 填方 | | | % | 数量 | % | 数量 | % | 数量 | % | 数量 | % | 数量 | % | 数量 | 总数量 | 土 | 石 | 土 | 石 | 土 | 石 | |
| K3+960 | 23.68 | | 20.00 | 413 | 20 | 83 | 60 | 248 | 20 | 83 | | | | | | | | | | | | | | |
| K3+980 | 31.45 | | 20.00 | 551 | 20 | 110 | 60 | 331 | 20 | 110 | | | | | | | | | | | | | | |
| K4+000 | 40.22 | | 20.00 | 717 | 20 | 143 | 60 | 430 | 20 | 143 | | | | | | | | | | | | | | |
| K4+020 | 49.37 | | 20.00 | 896 | 20 | 179 | 60 | 538 | 20 | 179 | | | | | | | | | | | | | | |
| K4+040 | 55.64 | | 20.00 | 1050 | 20 | 210 | 60 | 630 | 20 | 210 | | | | | | | | | | | | | | |
| K4+060 | 58.51 | | 20.00 | 1141 | 20 | 228 | 60 | 685 | 20 | 228 | | | | | | | | | | | | | | |
| K4+080 | 62.09 | | 20.00 | 1206 | 20 | 241 | 60 | 724 | 20 | 241 | | | | | | | | | | | | | | |
| K4+100 | 71.87 | | 20.00 | 1340 | 20 | 268 | 60 | 804 | 20 | 268 | | | | | | | | | | | | | | |
| K4+120 | 81.39 | | 20.00 | 1533 | 20 | 307 | 60 | 920 | 20 | 307 | | | | | | | | | | | | | | |
| K4+140 | 88.73 | | 20.00 | 1701 | 20 | 340 | 60 | 1021 | 20 | 340 | | | | | | | | | | | | | | |
| K4+160 | 96.21 | | 20.00 | 1849 | 20 | 370 | 60 | 1110 | 20 | 370 | | | | | | | | | | | | | | |
| K4+180 | 105.37 | | 20.00 | 2016 | 20 | 403 | 60 | 1209 | 20 | 403 | | | | | | | | | | | | | | |
| 小计 | | | | 60007 | | 12001 | | 36004 | | 12001 | | | | | | | 1 | 1 | | | | | | |
| 累计 | | | | 194781 | | 38956 | | 116868 | | 38956 | | | | | | | 93357 | 93357 | | | | | | |

编制：　　　　　　　　　　　　　复核：

B　绘制路基横断面设计图

横断面图的输出与横断面设计界面相同。横断面图中各个断面的排列顺序是按里程从左向右、从下到上排列，每个断面图上一般需要标明桩号、左右路基宽度、中桩填挖高、填挖面积，如图 9-84 所示。

C　输出路基土石方数量表

单击菜单【表格】→【输出土方计算表】，弹出对话框，如图 9-85 所示。

选择【计算模式】：若选择“每公里表”选项，在土石方计算表输出时会每公里做一次断开，便于查询统计每公里土石方计算表；输入土方和石方的“松方系数”。松方系数是指压实方与自然方之间的换算系数。选择【计算控制】：可以选择在输出土石方计算表时是否扣除大中桥、隧道的土方数量，本桩填方是否利用本桩挖方中的石方。选择【输出方式】：选择土石方计算表为“Word”格式或是 Excel 格式，单击【计算输出】按钮，输出路基土石方数量计算表，如表 9-16 所示。

**提示**：输出路基土石方数量表之前，需要在控制参数输入中分段输入土石分类比例。

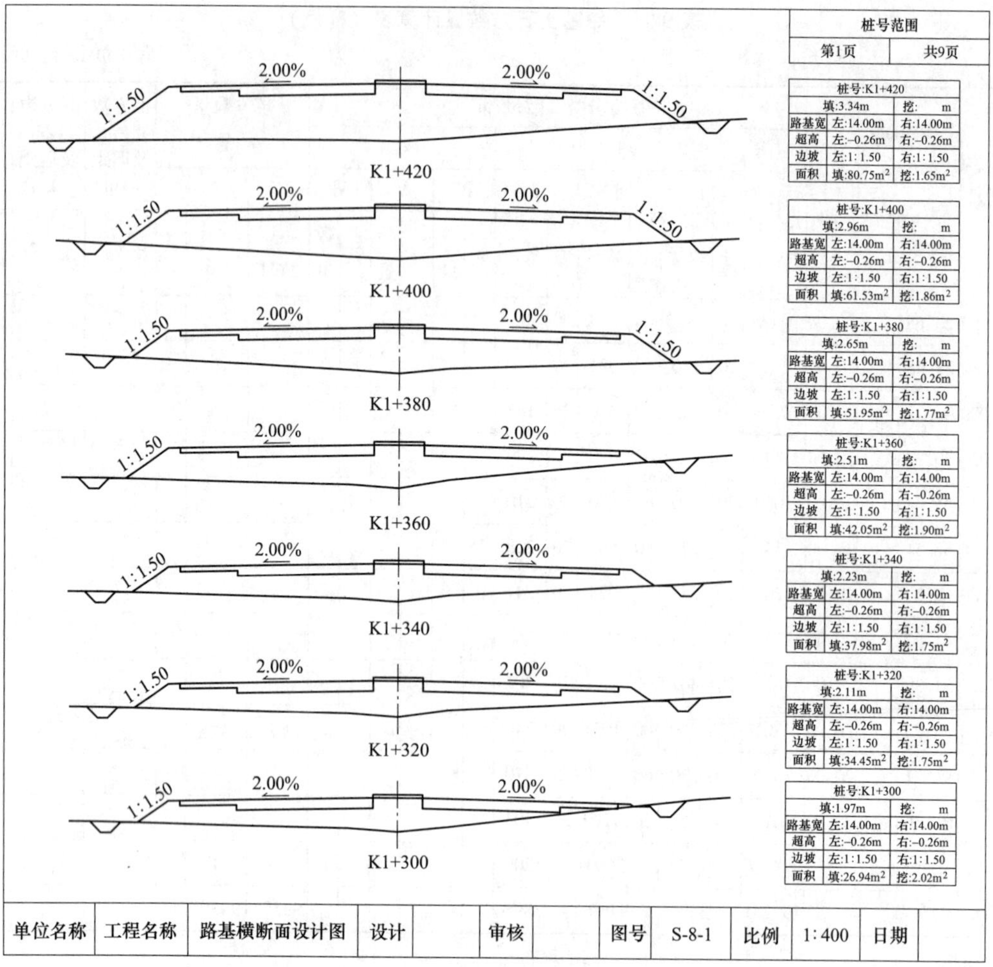


图 9-84 路基横断面图

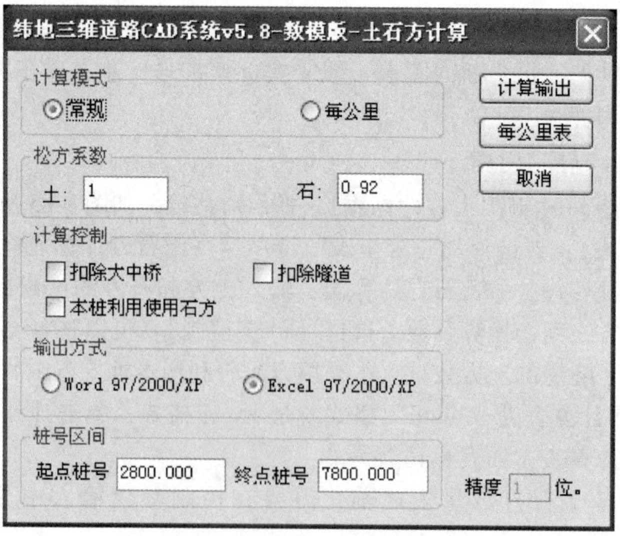


图 9-85 输出土方计算表

## 9.3 设计说明书

道路勘测实习说明书应包括外业勘测和内业设计两个方面。外业勘测说明应包括实习路段的地形地貌、地质、水文、气候等自然条件，路线设计依据与设计标准，路线布局方案，以及实地定线方法、程序和各作业组的基本工作内容。内业设计说明应包括平面、纵断面、横断面的设计原则，指标采用，计算说明以及设计成果等。

设计说明书目录示例：

**1 设计概述**

1.1 目的和要求

1.2 设计依据

1.3 公路设计概况

1.4 公路起讫点桩号和坐标

1.5 设计三级公路的意义

1.6 所选地形地貌及沿线情况简介

**2 平面设计**

2.1 直线在平面设计时长度的限制

2.1.1 直线的最大长度

2.1.2 直线的最小长度

2.2 圆曲线最小、最大半径及超高

2.2.1 圆曲线最小半径

2.2.2 圆曲线最大半径

2.2.3 圆曲线的超高

2.2.4 圆曲线的要素

2.3 缓和曲线设计依据

2.3.1 缓和曲线的最小长度

2.3.2 缓和曲线的形式

2.3.3 缓和曲线选择时考虑的因素及作用

2.3.4 各级公路缓和曲线的最小长度

2.4 平曲线线形设计

2.4.1 平曲线线形选择原则

2.4.2 平曲线最小长度

2.4.3 平面线形要素的组合类型

**3 定线**

3.1 平原、微丘区定线的步骤

3.2 选线的依据和原则

3.2.1 选线的依据

3.2.2 选线的原则

3.3 选线的一般步骤

3.4 纸上定线

3.4.1 交点间距、坐标方位角及转角值的计算

3.4.2 直线上中桩坐标计算

3.4.3 简单介绍单曲线中桩坐标计算

**4 路线方案的拟定和比选**

4.1 路线选择应考虑的因素

4.2 路线方案的比选

**5 纵断面设计**

5.1 纵坡设计的一般要求

5.2 纵断面设计方法与步骤

5.3 纵断面设计最小纵坡和最大纵坡

5.3.1 最大纵坡

5.3.2 最小纵坡

5.4 坡长限制

5.4.1 最小坡长限制

5.4.2 最大坡长限制

5.5 视距的设计

5.6 平、纵曲线组合

5.6.1 平、纵组合的设计原则

5.6.2 平、纵组合的基本要求

5.7 竖曲线

**6 横断面设计**

6.1 横断面设计原则

6.2 道路横断面设计的基本要求

6.3 横断面设计步骤

6.4 线性组合（平曲线、纵断面、横断面）线形组合设计原则

6.4.1 平、纵线形组合设计原则

6.4.2 线形组合的基本要求

6.5 土石方量计算及调配

6.5.1 土石方数量计算

6.5.2 土石方调配

**7 设计图纸及计算说明部分**

7.1 计算说明部分（附表）

7.2 图纸部分（附图）

## 思 考 题

(1) 纸上定线、中平测量、横断面测量各包括哪些内容?

(2) 平面设计、纵断面设计、横断面设计、附属设施设计包括哪些内容?

# 附　录

## 附录1　公路工程概算案例

### 报 表 目 录

项目名称：×××××××新建工程

| 序号 | 图表名称 | 编号 | 备　注 |
|---|---|---|---|
| 1 | 2 | 3 | 4 |
| | 甲组文件 | | |
| 1 | 编制说明 | | |
| 2 | 表 A.0.2-1　项目前后阶段费用对比表 | | |
| 3 | 表 A.0.2-2　建设项目属性及技术经济信息表 | 00 表 | |
| 4 | 表 A.0.2-3　总预算汇总表 | 01-1 表 | |
| 5 | 表 A.0.2-4　总预算人工、主要材料、施工机械台班数量汇总表 | 02-1 表 | |
| 6 | 表 A.0.2-5　总预算表 | 01 表 | |
| 7 | 表 A.0.2-6　人工、主要材料、施工机械台班数量汇总表 | 02 表 | |
| 8 | 表 A.0.2-7　建筑安装工程费计算表 | 03 表 | |
| 9 | 表 A.0.2-8　综合费率计算表 | 04 表 | |
| 10 | 表 A.0.2-9　综合费计算表 | 04-1 表 | |
| | 设备费计算表 | | |
| 1 | 表 A.0.2-10　设备费计算表 | 05 表 | |
| 2 | 分项设备费计算表 | 05-1 表 | |
| 11 | 表 A.0.2-11　专项费用计算表 | 06 表 | |
| 12 | 表 A.0.2-12　土地使用及拆迁补偿费计算表 | 07 表 | |
| 13 | 表 A.0.2-13　工程建设其他费计算表 | 08 表 | |
| 14 | 表 A.0.2-14　人工、材料、施工机械台班单价汇总表 | 09 表 | |
| | | | |
| | 乙组文件 | | |
| 1 | 表 A.0.3-1　分项工程预算计算数据表 | 21-1 表 | |
| | 分项工程预算表 | | |

续表

| 序号 | 图表名称 | 编号 | 备注 |
|---|---|---|---|
| 1 | 2 | 3 | 4 |
| 1 | 表A.0.3-2 分项工程预算表 | 21-2表 | |
| 2 | 分项工程预算表_显示设备购置费 | 21-2-1表 | |
| | | | |
| 2 | 表A.0.3-3 材料预算单价计算表 | 22表 | |
| 3 | 表A.0.3-4 自采材料料场价格计算表 | 23-1表 | |
| 4 | 表A.0.3-5 材料自办运输单位运费计算表 | 23-2表 | |
| 5 | 表A.0.3-6 施工机械台班单价计算表 | 24表 | |
| 6 | 表A.0.3-7 辅助生产人工、材料、施工机械台班单价数量表 | 25表 | |
| 1 | 原始数据表（预） | 附表01 | |
| 2 | 造价文件属性和补充定额 | | |
| 3 | 工程量计算表 | | |
| 4 | 工程量计算数据表 | | |
| 5 | 总预算对比表 | 16表 | |

# 附录2 公路工程预算案例

## 报表目录

项目名称：×××××改造工程

| 序号 | 图表名称 | 编号 | 备注 |
|---|---|---|---|
| 1 | 2 | 3 | 4 |
| | 甲组文件 | | |
| 1 | 编制说明 | | |
| 2 | 表A.0.2-1 项目前后阶段费用对比表 | | |
| 3 | 表A.0.2-2 建设项目属性及技术经济信息表 | 00表 | |
| 4 | 表A.0.2-3 总概算汇总表 | 01-1表 | |
| 5 | 表A.0.2-4 总概算人工、主要材料、施工机械台班数量汇总表 | 02-1表 | |
| 6 | 表A.0.2-5 总概算表 | 01表 | |
| 7 | 表A.0.2-6 人工、主要材料、施工机械台班数量汇总表 | 02表 | |
| 8 | 表A.0.2-7 建筑安装工程费计算表 | 03表 | |
| 9 | 表A.0.2-8 综合费率计算表 | 04表 | |
| 10 | 表A.0.2-9 综合费计算表 | 04-1表 | |
| | 设备费计算表 | | |
| 1 | 表A.0.2-10 设备费计算表 | 05表 | |

续表

| 序号 | 图表名称 | 编号 | 备　注 |
|---|---|---|---|
| 2 | 分项设备费计算表 | 05-1 表 | |
| | | | |
| 11 | 表 A. 0. 2-11　专项费用计算表 | 06 表 | |
| 12 | 表 A. 0. 2-12　土地使用及拆迁补偿费计算表 | 07 表 | |
| 13 | 表 A. 0. 2-13　工程建设其他费计算表 | 08 表 | |
| 14 | 表 A. 0. 2-14　人工、材料、施工机械台班单价汇总表 | 09 表 | |
| | 乙组文件 | | |
| 1 | 表 A. 0. 3-1　分项工程概算计算数据表 | 21-1 表 | |
| | 分项工程概算表 | | |
| 1 | 表 A. 0. 3-2　分项工程概算表 | 21-2 表 | |
| 2 | 分项工程概算表_ 显示设备购置费 | 21-2-1 表 | |
| 2 | 表 A. 0. 3-3　材料预算单价计算表 | 22 表 | |
| 3 | 表 A. 0. 3-4　自采材料料场价格计算表 | 23-1 表 | |
| 4 | 表 A. 0. 3-5　材料自办运输单位运费计算表 | 23-2 表 | |
| 5 | 表 A. 0. 3-6　施工机械台班单价计算表 | 24 表 | |
| 6 | 表 A. 0. 3-7　辅助生产人工、材料、施工机械台班单价数量表 | 25 表 | |
| 1 | 原始数据表（预） | 附表 01 | |
| 2 | 造价文件属性和补充定额 | | |
| 3 | 工程量计算表 | | |
| 4 | 工程量计算数据表 | | |
| 5 | 总概算对比表 | 16 表 | |

# 参考文献

[1] 中华人民共和国交通部.《公路工程基本建设项目设计文件编制办法》[S]. 交公路发 [2007] 358号.
[2] 中华人民共和国交通部《公路工程标准施工招标文件》(上下册) [OL]. 交公路发 [2009] 221号.
[3] 中华人民共和国交通部.《公路工程基本建设项目概算预算编制办法》[S]. JTG B06-2007.
[4] 中华人民共和国交通部.《公路工程概算定额》[S]. JTG/T B06-01-2007.
[5] 中华人民共和国交通部.《公路工程预算定额》[S]. JTG/T B06-02-2007.
[6] 中华人民共和国交通部.《公路工程机械台班费用定额》[S]. JTG/T B06-03-2007.
[7] 中华人民共和国交通部.《公路勘测规范》[S]. JTG C10-2007.
[8] 中华人民共和国交通部.《公路勘测细则》[S]. JTG/T C10-2007.
[9] 中华人民共和国交通部.《公路路线设计规范》[S]. JTG D20-2006.
[10] 中华人民共和国交通部.《公路路基设计规范》[S]. JTG D30-2004.
[11] 中华人民共和国交通部.《公路土工试验规程》[S]. JTG E40-2007.
[12] 中华人民共和国交通部.《公路工程沥青及沥青混合料试验规程》[S]. JTJ 052-2000.
[13] 中华人民共和国交通部.《公路工程水泥及水泥混凝土试验规程》[S]. JTG E30-2005.
[14] 中华人民共和国交通部.《公路路基路面现场测试规程》[S]. JTG 3450-019.
[15] 中华人民共和国交通部.《公路工程质量检验评定标准》[S]. JTG F801/1-2018
[16] 中华人民共和国交通部.《公路土工试验规程》[S]. JTG E40-2007.
[17] 许金良.《道路勘测设计》(第五版) [M]. 北京：人民交通出版社，2018.